JN232944

現代財政学の基礎

川瀬雄也

新評論

はしがき

　このテキストでは，一通りのマクロ，ミクロ分析の理解を必要としている。しかし，それらの参考書と共に読み進む事は，十分可能である。

　財政学や公共経済学の分野では，すでに多くの優れた好著，良書が出版されている。この意味では，屋上屋を架すきらいを禁じ得ない。然しながら，これまで，実に多様な学習レベルと興味をもつ学生諸君と接してきた経験から，とりあえずテキストとしても多くのメニューを提供し，各自の理解と興味に応じて，適宜，補完的或いは代替的に選択，学習してもらうのが，教育効果の点で望ましいのではないかと思われる。

　本著も，こうしたメニューのひとつを目指すものであるが，注文に応じた満足のいくメニューとなっているかどうかについては，もとより確信はない，意を尽くせなかったところもある。読者諸賢のご叱正を待ち，改めていきたいと考えている。

　凡その中身については，以下の如くである。

　まず，序論では，市場経済と財政との関わりについて触れ，第1章では，現代の財政の主要な資源配分，所得再配分，安定化という三つの機能について説明している。第2章では，そうした機能を活かし実践する実際の我が国の予算制度および予算改革，また関連する政治的過程について述べている。

　第3章では，政府支出の規模，現状を通観し，特に問題となっている医療保険，年金関係と公共事業の支出について取り上げ検討し，その解決の一助ともなる費用・便益分析そして公共財供給の際の問題点にも触れている。

　第4章では，租税について我が国の現状を若干の国際比較を試みながら概観し，公平性，効率性という現代の主要な租税原則に関して論じ，税のもつ誘因効果そして税務行政上の費用最小化問題について述べている。

第5章では，我が国の公債の制度や実態について概略的に触れると共に，問題となっている負担や持続可能性といった課題について検討している。

　第6章は，現在の我が国の，公債と並んで大きな問題でもある地方財政について，まず制度や財政構造を説明し，いわゆる三位一体改革にも関係する，地方公共財のあり方や補助金の作用，効果についての考察を行っている。

　以上が，各章の概括であるが，読者各自がこれらの中から興味のあるテーマを見つけ学習し，様々な財政問題について理解を深められる事を願っている。

　非才なる著者にとっては，今回も大変な作業となった。多くの方々の学恩とご助力がなければ成就は難しかったであろう。紙幅という制約条件下では，総ての方々のお名前を挙げられない事をご宥恕いただきたい。

　高橋房二先生（現独協大学名誉教授），そして長谷部亮一先生（元小樽商科大学学長），小林好宏先生（現札幌大学経営学部教授），林昭健先生（元札幌大学経済学部教授）をはじめとして北海道大学大学院の諸先生には，今日まで様々な形でご指導，ご教示をいただいている。心よりお礼申し上げたい。同学また関連する研究分野の先輩，同輩，後輩の方々からのご助言，啓蒙，啓発にも感謝申し上げたい。

　更に，すでに物故された大学院指導教授前田新太郎先生，本学元学長柴田義人先生，還暦を待たずに逝った学兄若林信夫小樽商科大学教授に，謝意を捧げさせていただきたい。

　最後に，今回も新評論会長二瓶一郎氏，同社長武市一幸氏に多大なお世話をいただいた。深甚なるお礼を申し上げたい。

2004年1月

　　　　　　　　　　　　　　　　　　　　　　　　　川瀬　雄也

目　次

はしがき　1

序　論　財政と市場経済 ……………………………………………9
　　1　財政とは　9
　　2　市場の働き　10

第1章　財政の機能 ……………………………………………15
　　1.1　資源の最適配分機能 ……………………………………15
　　　　　不完全競争市場
　　　　　費用逓減産業の存在
　　　　　公共財
　　　　　外部効果
　　　　　情報の不完全性
　　　　　セカンド　ベスト（Second Best）
　　1.2　所得再分配機能 …………………………………………29
　　　　　不均等所得分配の測定
　　　　　望ましい所得分配の考え方
　　　　　再分配の手段と関連する問題
　　1.3　安定化機能 ………………………………………………39
　　　　　自動安定化作用
　　　　　裁量的政策
　　　　　IS-LM分析
　　　　　物価の安定化
　　　　　国際収支の安定化

第2章　予算制度と政治的過程 …………………………………65

2.1　我が国の予算制度 ……………………………………………65
　　　予算の形式
　　　予算の種類と態様
　　　予算過程
2.2　予算制度改革 …………………………………………………72
2.3　政治的過程 ……………………………………………………77
　　　多数決ルール
　　　中間投票者定理（median voter theorem）
　　　レント・シーキング（rent-seeking）
　　　政党・政治家の行動
　　　官僚の行動
　　　ゲーム理論的分析

第3章　政府支出 ……………………………………………………95

3.1　現状と問題 ……………………………………………………95
　　　政府支出の規模
　　　医療保険・年金問題
　　　公共事業に関する問題
3.2　費用・便益分析 ………………………………………………109
　　　便益・費用の測定
　　　割引率
　　　公共投資基準
　　　不確実性
3.3　公共財供給 ……………………………………………………122

第4章　租税 …………………………………………………129

4.1　我が国の現状と国際比較 ……………………………129
　　　租税の原則
4.2　効率性 ………………………………………………133
　　　超過負担の測定
　　　効率性に関わる問題
4.3　公平性 ………………………………………………143
　　　最適線型所得税
　　　最適（非線型）所得税
　　　最適間接税
4.4　誘因効果 ……………………………………………148
　　　法人所得課税
　　　貯蓄への効果
　　　リスク資産選択への影響
　　　キャピタル・ゲイン課税の凍結効果
4.5　税務行政に関する費用の最小化 ……………………165

第5章　公債 …………………………………………………171

5.1　制度と現状 …………………………………………171
　　　国債の種類
　　　国債の構成及び保有状況
　　　国債の発行
　　　国債の償還
　　　国債の借換え
　　　国債管理政策
　　　国債残高問題
5.2　公債の作用と効果 …………………………………187

　　　　　需要への効果
　　　　　負担問題
　　　　　分配上の公平性と効率性問題
　　　　　持続可能性

第6章　地方財政 …………………………………………201

　　6.1　制度と歳出，歳入構造 ……………………………201
　　　　　地方財政の役割
　　　　　歳出構造
　　　　　歳入構造
　　　　　地方税
　　　　　地方交付税
　　　　　地方譲与税
　　　　　国庫支出金
　　　　　地方債
　　　　　都道府県支出金
　　6.2　地方財政の状況と課題 ………………………………216
　　6.3　地方公共財と自治体 …………………………………220
　　6.4　補助金の経済効果と問題点 …………………………225
　　　　　補助金の経済効果
　　　　　補助金の問題点

参考文献　235
事項索引　241

現代財政学の基礎

序論　財政と市場経済

1　財政とは

　財政は，かつて課税権に着目した強制獲得経済であると云われたり，一定の歳出をどのように賄うのかという点から量出制入経済と云われたりしたが，今日では端的に国や地方公共団体の経済と考えてよいであろう。

　従って，国や地方公共団体の予算つまり歳出，歳入が国や地域の経済に如何なる作用，効果をもたらすのかを追究，考察するのが，財政学である。

　財政学では，経済学が分析の中心的役割を果たすが，政治学，行政学，経営学，会計学，社会学，にも関連する対象を扱っている。[1]

　また1960年代後半から，厚生経済学やどちらかというとミクロ経済学の体系的応用による公共経済学と呼ばれる学問分野が発展してきているが，財政の歴史や制度的記述を除けば，ほとんど対象とするところは変わらないといってよい。[2]

　我々の経済社会は，市場機構を中心に営まれている。財市場，労働市場，金融市場等により資源の配分が行われ，また所得が分配されている。もし，

---

[1] Colm, G. *Essays in Public Finance and Fiscal Policy*, Oxford Univ.Press, 1955 （『財政と景気政策』木村元一，大川政三，佐藤博共訳，弘文堂，1957）参照。

[2] Margolis, J. & Guitton, H. *Public Economics*, Macmillan, 1969. Johansen, L. *Public Economics*, North-Holland, 1965 （『公共経済学』宇田川璋仁訳，好学社，1970）等が嚆矢として挙げられよう。

市場のメカニズムが働かなかったり、これを市場の失敗というが、社会的に公平、公正と思われる所得の分配が達成されなかったりした時、どのような調整、矯正がどこで行われなければならないのであろうか。ここに現代の財政の役割がある。

そして個々の家計や企業の見通す将来への視野は限られている。いまだ誕生しない世代に関する配慮もまた、経済成長や環境問題、社会保障負担問題で明らかな如く財政への課題でもある。

これらは現代財政の「資源配分」,「所得再分配」,「安定・成長」機能と呼ばれている。市場の失敗を矯正、補完する国や地方公共団体いわゆる公共部門の経済活動は、予算制度、政治的過程を通して具体化されるが、時に政策自体やその発動のタイミング、組織上の非効率性等から、所期の成果が得られない事があり、これは政府の失敗とも呼ばれるのである。

これらは以下で順次説明されるが、その前に財政の役割を浮き彫りにし、理解を容易にするためにも市場のメカニズムについてみておく事にしよう。

2　市場の働き

市場のメカニズムが、十全に働く市場は完全競争市場と言われる。この市場では、製品の差別化は存在せず、多数の生産者、消費者が市場にいて、市場から自由に退出そして自由に参入が行われ、情報も完全にいきわたっている。また外部効果は存在せず、生産技術、消費の選好の凸性、いわゆる二階条件も満たされ、財等の微小分割も可能とされている。

このような厳密な条件の下で価格、取引量の均衡解が得られる。これはどのような経済的意味を持っているのであろうか。

以下では2財 X, Y、2生産要素、資本 K、労働 L、2消費者 A, B、2生産者 $1, 2$、の簡単なモデルで考えてみることにしよう。

消費者 A (B) は、夫々所有している生産要素を生産要素市場に提供し、そこで決定されている資本、労働の価格に応じて所得を形成し、各々の好み

によって X, Y 財を購入するが，これは次の如き経済問題を解いている事になる。

すなわち A, B の所得 Ia, Ib，効用関数 Ua (X, Y)，Ub (X, Y)，X 財，Y 財の価格 Px, Py とすると

 max. Ua (X, Y), subject to Ia ≧ Px・X + Py・Y

 max. Ub (X, Y), subject to Ib ≧ Px・X + Py・Y

である。

A, B は各々の予算制約式の下で各々の効用を最大化しようとしている訳である。

この解は

 $(\partial Ua/\partial X)/(\partial Ua/\partial Y) = Px/Py =$
 $(\partial Ub/\partial X)/(\partial Ub/\partial Y)$ (1)

で与えられる。すなわち A, B の X 財，Y 財の限界効用の比，或いは限界代替率（MRS）が，夫々その価格比に等しい，図—1でいえば A (B) の無差別曲線が，夫々の予算制約式に E 点で接しているのである。

図—1

この様にして決まった A, B の X, Y 財購入量の合計は，X, Y 財の供給量を，$\bar{X}$，$\bar{Y}$ とすると夫々の価格の下で，$\bar{X}$，$\bar{Y}$ に一致する。すなわち，$\bar{X} = Xa + Xb$，$\bar{Y} = Ya + Yb$ である。

生産されたものは無駄なく配分され消費されている。いわば効率的消費が実現し

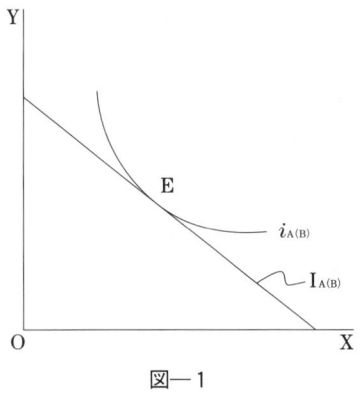

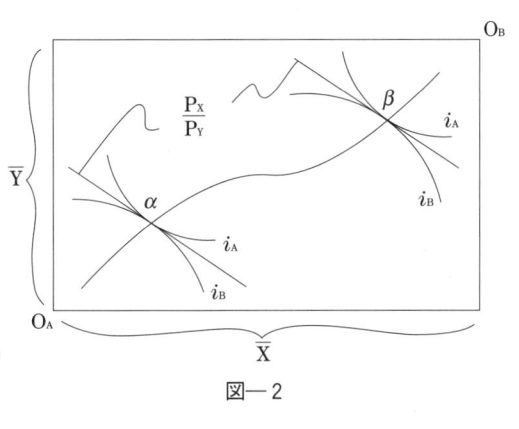

図—2

ている。これは消費のパレート (Pareto) 最適といわれる。

ここで留意すべきは，A が高所得者，B が低所得者或いは逆であってもパレート最適は成立しうる事である。

周知の如く図―2 の Bowley‑Edgeworth の Box Diagram の契約曲線 (Contract Curve) 上の点 α, β にそれをみる事が出来る。

つまりパレート最適であっても所得分配は平等，公平であるとは限らない。

生産について X 財，Y 財を生産している生産者 1，生産者 2 を取り上げると，各々生産要素市場から，資本，労働の生産要素を購入して，利潤最大化すべく生産を行う。

生産者 1，生産者 2 の利潤を R_1, R_2 とし完全競争市場下の資本，労働市場の均衡価格を夫々，$\bar{r}$, $\bar{w}$ とし，生産関数を $X_1=X_1(K_1, L_1)$，$Y_2=Y_2(K_2, L_2)$ とすると，次の如く表現される。

max. $R_1 = P_x \cdot \bar{X_1} - (\bar{r}K_1 + \bar{w}L_1)$, subject to $\bar{X_1} \leq X_1(K_1, L_1)$

max. $R_2 = P_y \cdot \bar{Y_2} - (\bar{r}K_2 + \bar{w}L_2)$, subject to $\bar{Y_2} \leq Y_2(K_2, L_2)$

この結果，利潤最大化生産では，価格と限界費用 (MC) が等しくなるが，次式の如き関係も成立する。

$$(\partial X_1/\partial K_1)/(\partial X_1/\partial L_1) = (\partial Y_2/\partial K_2)/(\partial Y_2/\partial L_2) = \bar{r}/\bar{w} \tag{2}$$

つまり生産要素間の技術的限界代替率 (MRTS) が要素価格比に等しい。これは，また各要素市場の総供給量，と各財生産者の各要素需要量が等しい事を意味している。

つまり $\bar{K} = K_1 + K_2$, $\bar{L} = L_1 + L_2$ である。更に，この生産量以上，X 財，Y 財どちらの財を増産しても利潤は増えない。

この事は，いま生産可能性曲線 $F(X, Y) = 0$ を取り上げると，限界変形率 (MRPT) が，X 財，Y 財の価格比に等しくなっている事を意味している。つまり

$$\mathrm{MRPT} = (\partial F/\partial X)/(\partial F/\partial Y) = P_x/P_y \tag{3}$$

である。

(2), (3)式は，社会的に効率的生産が行われている事を示している。これ

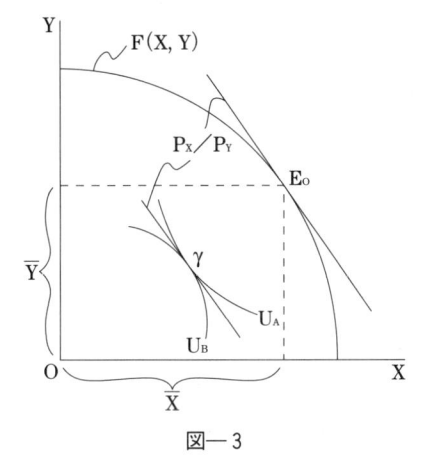

はまた生産のパレート最適条件といわれる。

　生産可能性曲線に，各財の生産要素集約度に差があり，収穫逓減を仮定して，上述の生産，分配，消費の関係をみたのが図—3である。

　以上，述べてきたところから完全競争市場ならパレート最適である事が分る。これは時に厚生経済学の第1命題と呼ばれ，先に挙げた条件の下パレート最適なら，適当な分配が行われると，それはまた競争均衡である事もいえて，これは厚生経済学の第2命題と呼ばれている。

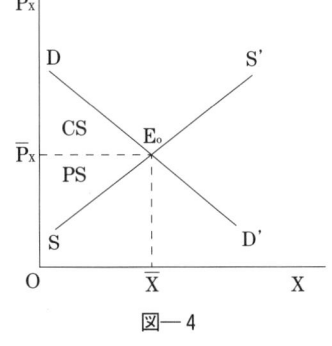

　つまり完全競争市場は，生産や消費の社会的効率性を達成する優れた機構なのである。

　これは，また次の如く表現する事もできる。いま X 財市場を取り挙げると均衡価格，取引量は図—4の $\bar{P}x, \bar{X}$ となるが，この E_0 では，消費者がそれなしですますよりは積極的に支払う分の実際の支払い額を超える部分，図形 $DE_0\bar{P}x$ のいわゆる消費者余剰（CS：Consumer's surplus）そして総収入から総可変費用或いは限界費用を差し引いた図形 $\bar{P}xE_0S$ の生産者余剰（PS：Producer's surplus）を合計した，図形 DE_0S の社会的余剰（SS：Social surplus）も最大化しているのである。[3]

　Y 財市場についても同様である。

図—3

図—4

3）　拙著『公共部門と経済的厚生』新評論，1996，第1章参照。

以上，述べてきた如く完全競争市場は，限られた資源を最適に配分し効率的成果をもたらす。従って1970年代後半以降の世界各国の規制緩和，経済構造改革等の究極的な理論上のバックボーンとなっている。

　然しながら，完全競争市場の前提条件は現実には，満たされない。そして社会には市場では，適切に供給されない財，市場が働かない対象もある。また先に指摘した如く，完全競争市場下では，必ずしも社会的に公平，公正な所得分配状態が出現するとは限らない。

　この様な問題を財政は解決していかねばならないのである。以下では，これらを現代財政の機能として取り上げ，考える事にしよう。ただ，公共部門も限られた資源を利用する以上，効率性を欠くことは出来ない訳であって，この意味で，完全競争市場による成果との隔たり，方向性のずれは，常に意識しておく必要性はあろう。

第1章　財政の機能[1]

1.1　資源の最適配分機能

市場のメカニズムが働かず，財政による補完，矯正が求められる現象，対象を市場の失敗という。具体的には次の如き例が挙げられる。すなわち，不完全競争市場，費用逓減産業の存在，公共財，外部効果，情報の不完全性である。

不完全競争市場

一般的に不完全市場といわれるものには，独占，寡占，多占等がある。いま独占を取り上げると，独占企業は価格や生産量をいわば戦略変数に用いて利潤を最大化しようとする。この企業の利潤を RM，価格 P，生産量 Q，費用関数 $C(Q)$ とすると

$$\max. RM = P \cdot Q - C(Q)$$

---

[1] Musgrave, R. A. *The Theory of Public finance : A study in public economy*, McGraw-Hill, New York & London, 1959. chap. 1.
　『財政理論』I，木下和夫監修，大阪大学財政研究会訳，有斐閣，1963，第1章参照。

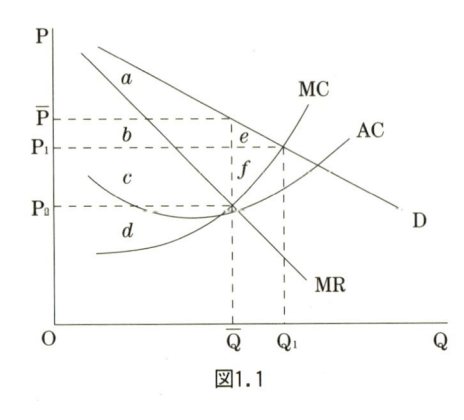

と行動する結果，限界収入＝限界費用（$MR=MC$）の点で生産量を決定する。

この生産量と独占市場での需要とによって独占価格が決まってくる。この関係は，図1.1で示されている。尚，図の D は需要関数，MC，MR，AC は夫々限界費用，限界収入，平均費用関数である。

図1.1

もしもこの企業が完全競争市場下の企業として行動したとすると均衡価格は P_1，生産量は Q_1 となるであろう。然るに独占企業としての均衡点は価格は $\overline{P}$，生産量 $\overline{Q}$ となる。

完全競争市場と比較して価格は高く，生産量は少なくなっていて，資源のロスが発生している。これは先に触れた余剰概念を使って確認する事が出来る。

完全競争市場だとしたら消費者余剰は，$a+b+e$ 部分，生産者余剰は，$c+d+f$ 部分となるが，独占市場では消費者余剰は a，生産者余剰は $b+c+d$ 部分に夫々なる。従って，全体の社会的余剰は，$(a+b+e+c+d+f)-(a+b+c+d)=e+f$ 部分だけ少なくなっているのである。この部分は厚生損失（welfare loss）或いは死荷重損失（deadweight loss）と呼ばれ，効率性が損なわれている事を示しているのである。

現実の市場の形態は，独占市場より寡占市場が多い。寡占市場を説明する理論は数多いが，ここでは，そのひとつとしていわゆるプライス リーダー理論について考えてみよう。

これは支配的な市場シェアを占める企業が結託，利潤を最大化すべく価格を先導的に決定，支配的なシェアをもたない企業は，その価格を受容し利潤の最大化を図るというものである。[2]

支配的シェアをもつ企業を先導者と呼び，そうでない企業を追従者と呼ぶ

と，図1.2において MC_d は，先導者の限界費用（供給量）を水平に合計したものである。

追随者の供給量が S_f であると先導者の需要は総需要より S_f を水平にひいた D_dD となり，その限界収入は MR_d と表される。そこで利潤最大化の価格，数量は，$MR_d=MC_d$ より P_1，Q_1 となる。

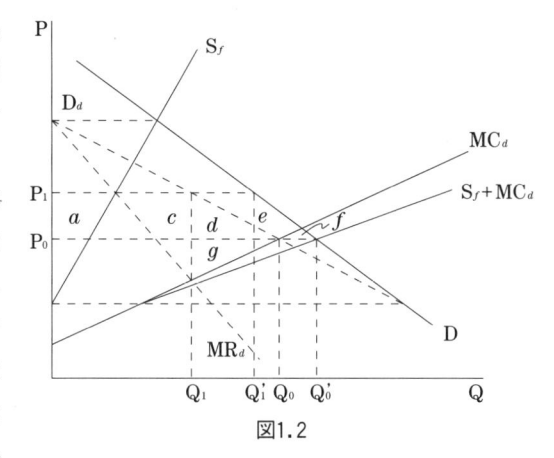

図1.2

追随者は，その価格で $Q_1'-Q_1$ の供給を行う事となる。

もしも，シェアは兎も角，市場が競争的であるなら，均衡価格は P_0，先導者の供給量は $Q_0'-Q_0$ である。

この結果，経済的厚生変化としては，先導者の利得として図1.2の $a+b+c-g$ 部分，追随者の利得は a 部分＝$e+f$ 部分であり，消費者余剰ロス部分は $a+b+c+d+e+f$ であるから，全体のロスは $d+g$ となる。

以上みてきた如く独占ばかりではなく，寡占市場においても経済的厚生損失が発生するのである。これらを出来るだけ最小化する事が望ましい。公共部門は何をすべきであろうか。

まず出来るだけ効率的市場にしなければならない。その為には市場をめぐる，時代変化に対応できない硬直的な制度，規制，誤った行政指導等を改めなければならない。また常に効率的な市場となっているか監視し，いわゆる市場のメカニズムが働く様，誘導する必要がある。これには，公正取引の確保と私的独占の禁止に関する法，すなわち独禁法に基く，公正取引委員会の

---

2) 例えば，Just, R. E., Hueth, D. L. & Schmitz, A. *Applied Welfare Economics and Public policy*, Prentice-Hall, Englewood cliffs, 1982, pp. 218-220 参照。

活動が重要である。

公正取引委員会は，これまでカルテル，景品表示，大型合併，国際二重価格，談合といった問題を扱つてきているが，これからグローバリゼーションが進む中では国際的競争についての見識の確立とこれに伴う独禁法の見直し，改正などが求められるであろう。

費用逓減産業の存在

費用逓減産業とは，生産に多くの固定設備を要したり，技術の不可分性から多くの資本と労働の組み合わせが求められたりして，需要に対して費用が逓減するところでの供給となっている産業を云う。具体的には鉄道，電力，電気通信等が挙げられる。

規模の経済が働き，企業規模が拡大するにつれ平均費用が逓減し，市場が1社で占められ自然独占が成立する場合，先に述べた独占の問題が生じうるので，独占供給を許すなら見返りに価格規制が考えられなければならない。

なお，最近では自然独占成立について規模の経済と区別して，費用の劣加法性（subadditivity）という概念が使われる事がある。

これは，いま或る単一生産物を生産する同一技術をもつ n の数の企業があり，i 企業の生産量 Q_i，その費用関数 $C(Q_i)$ とし，市場全体の需要量 $\overline{Q}$ とすると $\overline{Q}=\sum_{i=1}^{n} Q_i$ となるが，次の如き関係が成立するとき，費用関数は劣加法性を満たしているというのである。

すなわち，$C(\overline{Q}) < \sum_{i=1}^{n} C(Q_i)$ となるときである。

つまり，1社が $\overline{Q}$ 生産するコストが，n 社の企業夫々が分割生産するよりも，そのコストが小さいのである。

平均費用が逓減し規模の経済が存在すると費用の劣加法性は満たされるが，規模の経済性が成立しない時にも劣加法性が満たされる場合もあり得る点留意が必要である。[3]

---

3) 新庄浩二「自然独占と規模の経済性」（講座・公的規制と産業①，植草益編『電力』NTT出版，1998，第2章）参照。

さて，もしも，かつての国鉄の如き国有化がなされる時，その根拠は如何様に考えられるであろうか。

図1.3において，もし効率的料金決定が行われる時には，その料金（価格）は E_0 点で P_0 となるが，Q_0 の供給では平均費用は E_1Q_0 つまり P_1 で全体とし

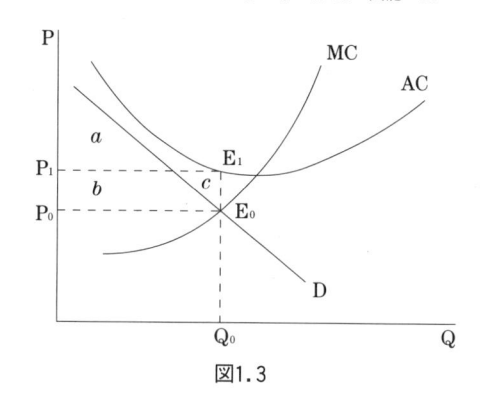

図1.3

て $b+c$ 部分の赤字が生じる。しかし，社会的余剰としての消費者余剰部分は $a+b$ であるから，純余剰分は $a-c$ となる。もしも $a-c>0$ なら，赤字でも社会的余剰が，それより大であるから一般会計から財源補填をしても，この事業継続の意味はある事になる。しかし $a-c<0$ なら，もはやこの事業を公共部門で抱える意味はない事になる。但し，$a-c>0$ でも一般会計から赤字補填をし，いわゆる限界費用価格形成原理による効率的料金設定を行うか，後に触れる次善（Second Best）の考えから，価格と平均費用を等しくし，効率性を犠牲にして赤字分を減らすかの選択はある。

公共財

市場で扱われる私的財には，競合性や排除性がある。しかし非競合性（等量消費）や排除原則が成立しない，社会的に不可欠で且つ有用な財，サービスが存在する。これが公共財で，従って市場では提供されない。具体的には，国防，外交，司法，警察や大気清浄化の為の排出基準等のサービスに関するものが挙げられる。

勿論，公共部門が提供するものでも非競合性，非排除性の程度が緩くなったり，片方の条件のみが作用する，いわば私的財と公共財の中間に位置する財が存在し，これは準公共財といわれる。また，公的に提供される私的財もある。例えば，教育，医療サービス等である。

ここで扱うのは，非競合性，非排除性が完全に成立する純粋公共財である。では，市場で提供されない公共財が，効率的に提供される条件は如何なるものであろうか。

いま，社会構成員が A, B で，私的財 X の各々の消費を X_A, X_B とし公共財 G は等量消費，排除原則不成立とすると，A, B の効用関数は，$U_A(X_A, G)$，$U_B(X_B, G)$ と表される。社会全体の生産可能性曲線は，$F(X_A+X_B, G)=0$ と表現される。

この時，A あるいは B について，他者の効用を悪化させる事なしには，もはや自らの効用を高める事が出来ない，いわゆるパレート最適条件を求めると次式の如くになる。

$$\frac{(\partial U_A/\partial G)}{(\partial U_A/\partial X_A)}+\frac{(\partial U_B/\partial G)}{(\partial U_B/\partial X_B)}=\frac{(\partial F/\partial G)}{(\partial F/\partial X)} \tag{1.1}$$

左辺は，A, B 夫々の私的財と公共財との限界代替率 $(MRS)_A, (MRS)_B$ で，右辺は私的財と公共財との限界変形率 $(MRPT)$ である。

もしも X, G 財共に私的財とすれば，パレート最適条件は，$(MRS)_A=MRPT, (MRS)_B=MRPT$ となるから，$(MRS)_A+(MRS)_B=MRPT$ は私的財市場では達成されないのである。なお，(1.1) 式は，Samuelson 条件式と呼ばれている。

これらの関係を示したのが，図1.4である。[4] PP' は生産可能性曲線で，いま A が効用水準 U_A 上にある時，B の選択可能領域は，$PP'-U_A=α'β'$ となるから，パレート最適点は，例えばγ点となる。そこでは $(MRS)_B=(MRPT)-(MRS)_A$ となっているから，$(MRS)_B+(MRS)_A=MRPT$ を得るのである。勿論，A, B の順序を変えても同様な結果を得る。

ここで留意すべきは，U_A の水準がより高くなれば U_B の水準は低下する訳で，これは公共財の提供が，所得分配に影響を与え得る事を示している。従って，公共財の提供がどのようになされるかは，重要な問題であるが，私

---

4) 例えば，Atkinson, A. B. & Stiglitz, J. E. *Lectures on Public Economics*, McGraw-Hill International Editions, 1980, pp. 487-490 参照。

的財市場では提供され得ないから，政治的過程で決定される事となる。これについては，以下の2，3章で扱う事にしよう。

外部効果

外部効果とは，或る経済主体の行為が，市場を経由せず，直接的に他の経済主体の効用や利潤にプラスやマイナスの影響を与える事をいう。プラスの効果を外部経済，マイナスの効果を外部不経済という。Scitovskyは，金銭的外部経済と技術的外部経済に区分しているが，前者はやがて市場で扱われるから問題となるのは，後者の外部効果である。

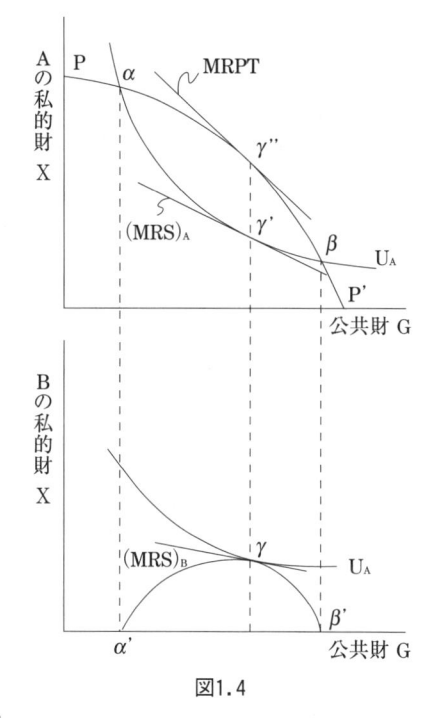

外部効果は，消費者間，生産者間，消費者—生産者間で生じうる。Meade の挙げる養蜂業者と果樹園所有者の外部経済の例は分りやすいが，次の如き外部効果の例を考えてみよう。

いま X 財を生産している企業 $1, 2$ があり，X 財市場での，その価格を P_X とし企業 $1, 2$ 間には外部効果が存在しているとする。企業 $1, 2$ の生産量を q_1, q_2 とすると各々の企業の費用関数は $C_1(q_1, q_2), C_2(q_1, q_2)$ となる。

外部効果が存在しない時のパレート最適条件は，$P_X = \partial C_1(q_1, q_2)/\partial q_1 = \partial C_2(q_1, q_2)/\partial q_2$ で，夫々の企業において，価格＝限界費用となるのである。しかし外部効果が存在する時のパレート最適条件は，企業 1 については，

$$P_X = \partial C_1(q_1, q_2)/\partial q_1 + \partial C_2(q_1, q_2)/\partial q_1$$

となり，企業 2 については

$$P_X = \partial C_2(q_1, q_2)/\partial q_2 + \partial C_1(q_1, q_2)/\partial q_2$$ となる。明らかに，完全競争の場

図1.4

そこで，いま企業1が企業2に外部不経済を，企業2は企業1に外部経済を与えているとすると，$\partial C_2(q_1, q_2)/\partial q_1 > 0$, $\partial C_1(q_1, q_2)/\partial q_2 < 0$ となるから，企業1は，効率的水準に比べて過剰に生産を行い，社会的により費用をかけている一方，企業2は，費用面から見て，社会的に必要な生産量を達成していない事になる。この意味で非効率なのである。

従って，この問題を解決するためには，出来るだけ$\partial C_2(q_1, q_2)/\partial q_1$を小さく，他方$\partial C_1(q_1, q_2)/\partial q_2$を大きくし，価格＝限界費用に近づける事が求められる。その為に，Pigouは，外部不経済を与えている企業には課税をし，生産量を減少させ，外部経済をもたらしている企業には補助金を与え，生産量を増加させる政策を考えた。これを課税・補助金政策と云う。

次に，この政策も含め，やや広く，他のとりわけ外部不経済を解決する方法について吟味してみよう。[5]

社会的に有用だが，生産に伴う外部不経済も発生している財（例えば，自動車と大気汚染，交通事故，地球温暖化或いは，水系上流立地の紙パルプ工場と下流域で操業の漁業組合間の水質汚染，汚濁による漁獲減少等の問題）を取り上げる。

この財Qの生産による社会的な限界便益をSMB，財生産に伴う企業，産業の私的な限界費用をPMC，外部不経済の限界的損失をMD，社会的限界費用をSMCとするとそれらの関係は，例えば図1.5の如くになろう。

ここで$SMC = PMC + MD$である。私的企業や産業における均衡は$MB = PMC$で，E_1点である。生産量はQ_1で外部不経済はOE_2Q_1だけ発生している。社会的に最適な点は$SMC = MB$であるE_4点である。何故なら生産量をQ_1からQ_2へ減らす時，失われる私的利潤は，$E_5E_4E_1$の部分であるが社会的に望ましい外部不経済の減少分は，作図より$Q_2E_6E_2Q_1 = E_5E_4E_3E_1$部分で，これは明らかに$E_5E_4E_1$部分より大きいからである。勿論，外部不経済はな

---

5) Rosen, H. S. *Public Finance*, 6th ed. McGraw-Hill/Irwin, 2002, pp. 80–96 参照。

くなってはいないが，外部不経済を含んだ最適点なのである．従って，E_1 から E_4 点を目指さなければならない．

先の課税政策は，PMC＋課税によって E_4 点を得ようというものである．ただ，どのような形態の税をどの程度課すのかは難しい問題ではある．

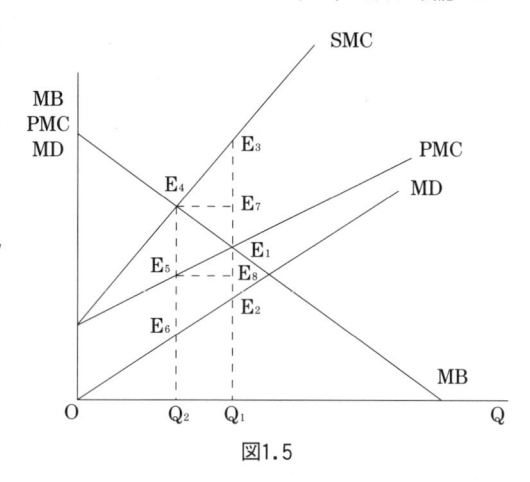

図1.5

補助金政策は，生産量を Q_1 から Q_2 へ減少させると E_4 点での単位当りの損失は $MB-PMC$ より E_4E_5 となり，横軸に垂直な E_3Q_1 線と E_4, E_5 からそれぞれ横軸に平行に引いた線との交点を，E_7, E_8 とすれば，補助金充当部分は，$E_5E_4E_7E_8$ となり，生産量削減による利潤減少分 $E_5E_4E_1$ より大となるのである．

従って，企業は喜んで生産量を削減し，社会的最適点は達成されよう．しかし，この補助金財源捻出の為の増税問題とか，そもそも外部不経済を生み出す企業，産業に補助金を交付すべきかどうかという問題がつきまとう事になろう．

課税・補助金政策以外の方法としては，入札価格制度，Coase の考えかたの応用，直接的規制が考えられる．

入札価格制度は，通常公共部門の事業を行う際，税金を無駄なく使用する為に，公共部門が想定する標準的経費に近く，出来れば，それを下回る予算額を入札した業者に，その事業を落札，施行させるが，この場合，外部不経済を与えるのであるから，出来るだけ高い，いわば操業許可価格で入札した業者に生産を認めようとするものである．生産に伴う負担を求める訳であるから一種の課税と同様である．

具体的実施に関しては，入札価格の目処設定，また入札に応ずる事が出来るのは大企業に限られ，競争状態に歪みが出てくる恐れがある等の問題がある。

Coaseの考え方は，例えば，環境権を与え，それに基づき補償させるという事より，外部不経済の交渉を通じた内部化によって，外部不経済を解決しようとするものである。ただし，この場合前提条件がある。ひとつは，外部不経済に関する因果関係が明確になっている事であり，いまひとつは，当事者間の交渉能力に差がなく，交渉自体の，いわば取引費用も小さい事である。

いま，水系を汚染する上流立地の工場と河口で操業する漁協の例を取り上げてみよう。まず早くから立地している工場に環境権があるとしよう。因果関係が確認され，外部不経済の解決について交渉が行われる時，話としては次の如くになるであろう。

環境権を有する工場に対し，漁協は今，受けている損失以下の金額を申し出，問題の解決を図ろうとするであろう。すなわち，$MD \geq$ 申し出金額である。他方，工場としては，交渉が意味があるのは，その申し出金額が，操業度を下げて失われる利潤以上でなければならない。すなわち，申し出金額$\geq MB - PMC$ である。

交渉が成立するのは，この双方の要求が成立するところである。つまり，$MD \geq$ 申し出金額 $\geq MB - PMC$ から，$MD =$ 申し出金額 $= MB - PMC$ となるであろう。この関係は，ただちに分るように，$MB = MD + PMC$ と表され，これは図1.5の E_4 点となっている。つまり，社会的に最適な点が達成されている。

今度は，環境権が漁協にある場合であるが，漁協は当然，損害の賠償を要求するであろう。その補償額は，MD 以上でなければならない。すなわち，補償額$\geq MD$ である。他方，工場は補償額が，操業度を下げて失われる利潤以下でなければ交渉の意味はない事になるから，$MB - PMC \geq$ 補償額なる事が必要である。

交渉が成立するのは，この双方の要求が満足される $MB - PMC \geq$ 補償額

$\geq MD$ つまり $MB-PMC=MD$ が満たされる時である。すなわち $MB=MD+PMC$ で，図1.5の E_4 点であり，先と同様，社会的最適な点である。

以上の如く，例えば環境権に基づく内部化によって外部不経済を解決する事が出来るが，この方法は，先に挙げた前提条件が満たされていなければならない事に留意する必要がある。なお，この考え方は社会的（或いは世界的）に最適な外部不経済水準設定から各企業，産業（或いは各国）に，例えば排出量を割り当て，各企業，産業（或いは各国）間のオークション取引によって，最適水準を達成する，いわゆる排出権取引にも連なっている。

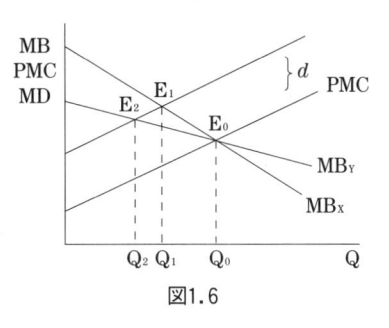

図1.6

最後に直接的規制についてであるが，これは水質基準や大気，土壌，騒音等に関する環境基準を設定，法律による規制を行うもので，運用，罰則等が適切であれば効果的である。しかし，規制の場合，留意すべきは効率性に関してであろう。図1.6に示される如く，いま外部不経済を与えている X,Y の2企業の MB が各々 MB_X, MB_Y で2企業の PMC は等しいとする。

均衡点は E_0 で生産量は Q_0 となるが，MD の大きさを d とすれば，社会的に最適な点は X 企業 Q_1，Y 企業 Q_2 となる。PMC は同じだから，この事は，Q_0Q_1 量だけ，或いは Q_0Q_2 量だけの同一量削減規制では，前者の場合 Y 企業の過剰生産，後者の場合には X 企業の過少生産を求める事になる。

つまり規制により効率性が損ねられたのである。

情報の不完全性

完全競争市場では，生産者も消費者も十分なる情報をもつて市場に参加しパレート最適を達成する。現実の市場では，例えば生産者は財の特徴，利点，欠陥について十分情報を有しているが，消費者はほとんど情報をもっていないという，いわゆる情報の非対称性が生じている事がよくみられる。

情報の非対称性の問題は，G. Akerlofによってレモン市場（質の悪い中古車市場）を例として初めて取り扱われた。そのエッセンスを要約すれば次の如くになろう。

　いま，自らの車の性能，特質についての情報は十分持っていて，中古車市場へ車を供給する，悪い車と良い車を所有する売り手が，夫々いるとする。悪い車の売り手は低い価格でしか売れないと考え，良い車の所有者はより高い価格で売れると考えるであろう。一方，買い手は車の性能，特徴についてほとんど正確な情報はもっていない。しかし，価格には，それらの情報が体化していると考え，概略的な悪い車と良い車の平均的価格を想定して市場に参加するであろう。

　平均的価格であるから，悪い車の売り手にとっては高い需要価格提示となる一方，良い車の売り手にとっては，低い需要価格提示となるから，市場には悪い車の供給がより増大し，良い車は市場から姿を消してしまう事になる。

　つまり情報の非対称性により市場が成立しなくなるのである。

　この様に，極端な場合には市場が成立しなくなるが，情報の非対称性が市場に歪みを与え効率性を損なう例は，時によくみられる事でもある。例えば，自動車の損害保険市場で保険会社とドライバーの間に情報の非対称性がある時に，保険会社が保険料を値上げすると，余程運転に自信がなく高い保険料を払い，よく事故を起こし高い保険支払いとなるドライバー以外，高い保険料を払えなく，よく事故を起こすドライバーはもちろん保険に入らないであろう。そうすると自動車保険の主旨もくずれ保険が成立しなくなってしまう。

　これは情報の非対称性によって本来の選択でない選択が行われたわけで，逆選択といわれる。

　また，医療保険サービス市場において公的補助により，医療サービスの供給，需要側に情報の非対称性が存在すると過剰診療，受診が生じ，本来の医療保険制度が機能しなくなる恐れが出てくる。これはモラル・ハザード（moral hazard 倫理の欠如，道徳的危険）といわれるものである。

　いずれにせよ，情報は市場が十分機能する為には重要な要素であるから，

情報が行き渡り，本来の主旨の下，それが生かされる制度，法整備そして公共部門の適切な運用また十分な情報開示が必要とされよう。

以上，市場の失敗及び公共部門のそれへの対応について触れてきたが，その解決は，いわば完全競争市場でのパレート最適達成を目指していた。然しながら，現実には先に挙げた諸条件を満たす完全競争市場実現は困難である。この時，実現困難な最善（First Best）をあくまで求めるより，効率性は下がるが，とりあえず達成可能な次善（Second Best）の状態を実現した方がよいという，いわゆる次善問題に直面する。

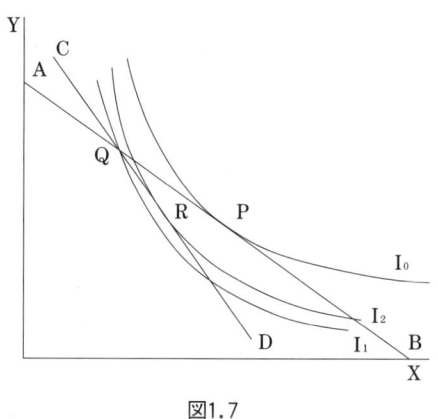

図1.7

セカンド ベスト（**Second Best**）

そもそも次善問題は，Lipsey & Lancaster の所説によるもので，例えば図1.7でそれを端的にみる事ができる。Y 財，X 財をそれぞれ縦軸，横軸にとり AB 直線は生産可能線，CD は制約条件を表す直線である。或る社会的無差別曲線 I_0 を考えると完全競争状態での最適点は P 点である。もしも制約条件 CD が導入されると，もはや最適点 P 点は達成されない。CD 線に沿った Q 点が選択されようが，それより，AB 直線より内側になるので，効率性は下がるが，次善の状態として R 点が選択されるのである。何故なら Q 点での I_1 より R 点での I_2 は，より東北方面に位置し，その効用は高いからである。

勿論，Lipsey & Lancaster の所説に対して効用関数，生産可能性曲線が分離可能ならば，最善状態が達成される等の批判はあるが，現実的には留意しなければならない考えでもある。

図1.8

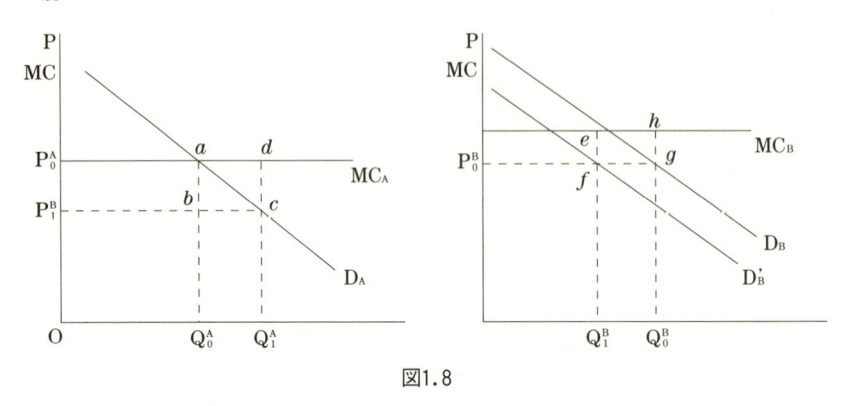

Boadway & Wildasin による次の如き例を考えてみよう。[6]

いま公共部門が運営する地下鉄のような公営事業とこの事業と代替的な民間経営によるバスの如き事業があるとする。前者を A 事業，後者を B 事業としておこう。

各々の事業の限界費用は一定で，A 事業では交通渋滞といった外部不経済はなく，効率的ではあるが，B 事業にはラッシュ時等の交通渋滞による外部不経済があるとする。

一般的に，こうした外部不経済の解決は容易ではない。あくまで B 事業の効率性を達成すべく社会的に多くの費用を掛けるより次善の策として図1.8から，次のような解決方法が考えられる。

A 事業の均衡点は，$P=MC$ より a 点で，B 事業では g 点で $P<MC$ である。そこで A 事業の価格を下げてやれば，利用者が増え Q_1^A となるが，a 点から c 点への移動によって費用は $aQ_0^A Q_1^A d$ だけ増える。他方，社会的余剰は $aQ_0^A Q_1^A c$ であるから，A 事業ではネットで，この差 acd 分の赤字が発生する。

しかし，この A 事業の価格引き下げは，代替的である B 事業の需要を奪うから，B 事業の需要関数は，D_B から D_B' へとシフトする。均衡点は g 点

---

6) Boadway, R. W. & Wildasin, D. E. *Public Sector Economics*, second ed. Little, Brown and Company, Boston, Tronto, 1984, pp. 176–179 参照。

から f 点へ変わる事になる。この結果，B 事業の社会的余剰は $fQ_1^BQ_0^Bg$ だけ失われるが，費用も $eQ_1^BQ_0^Bh$ 分だけ減少する。ネットでは，$efgh$ 分の費用の減少となり，これは非効率性の減少分でもある。

　従って，もし acd より，この $efgh$ 分が大きいなら，社会的余剰減少分より，いわば社会的費用の減少分が大きい事となり，ネットでは，社会的厚生は高まるのである。これが次善の理論の教えるところである。

　なお，この例では，歪みのある部門で $P<MC$ であり，歪みのない部門と代替的であったから，歪みのない部門の $P<MC$ が解であったが，もし B 事業と A 事業が補完的であるなら A 事業では $P>MC$ とするのが解となる。また B 事業で $P>MC$ となっていたら，A 事業が代替的なら $P>MC$ が，補完的なら $P<MC$ が解となる。

　以上の様に，出来るだけ効率的解決を追求しても，最善状態達成が困難な時，制約が大きい時，当面の次善の解決を求める事になる。

　これは，税制改革等で効率性と公平性の如く目標間にトレード・オフが存在している時にも，現実的な解を模索する過程で，よく出てくる状況である。

1.2　所得再分配機能

　所得の分配は，基本的には各経済主体が所有する生産要素を要素市場に提供し，その対価としての所得を得て決まってくるが，すでに引退したり，要素市場に参加したいのに出来なかったり，結果として均等でない所得分配状態が出現する。また，そもそも要素市場に参入する以前に，遺産相続，教育，健康，能力，結婚そして運といった要因によって，すでに均等でない所得分配状態に各経済主体はおかれているともいえるであろう。

　この様な分配状態の所得を再分配するのが現代の財政の重要な機能である。その際，留意すべき幾つかの点がある。第一には，どの程度の均等でない分配状態にあるかを確認することである。第二には，それをどのような分配状態へ移行させるのか，つまり社会的に公平，公正な，望ましい所得分配状態

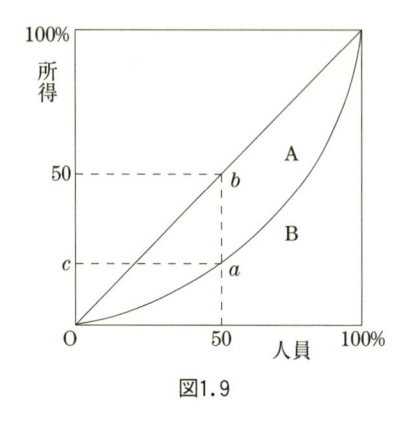

とは如何なるものなのかという問題であり，第三には，その分配状態を達成する手段とそれに関わる問題である。順次これらについて触れる事にしよう。

不均等所得分配の測定

所得分配が，どの程度不均等分布しているのかについては，M. C. Lorenz, V. Pareto, R. Gibrat, C. Gini, 最近ではA. B. Atkinson 等の測定の仕方があるが，ここでは利用例の多い Lorenz カーヴ，Gini 係数，Atkinson 指数について取り上げる事とする。

Lorenz カーヴは，低所得者層からの累積パーセンテージと対応する累積人員パーセンテージを図示化する時図1.8の如きカーヴとなる事をいうのである。

図1.9の Lorenz カーヴ上の a 点では，累積人員50%の人々が，累積所得の c%を得て，これは50%以下であり，もしも完全平等が実現すれば b 点となる事から，このカーヴは45°線から離れる程度で不均等分配をみようというものである。

視覚的に45°線より大きく離れれば，不均等分配程度が増え，45°線に近づけば，より均等分配が実現する事を容易にとらえ得るところにメリットがある。しかし，例えば年度毎の比較を試みた時，Lorenz カーヴが交差してしまう事がある。この時には，所得分配が均等化しているのか，そうではないのか判断がつかなくなってしまうというデメリットもある。

そこで，45°線と Lorenz カーヴに囲まれた領域 A と Lorenz カーヴとその下の定義領域 B とから，$\delta = A/(A+B)$ の係数を Gini は考えている。この場合，完全平等では $A = 0$ となるから，$\delta = 0$ となる。また A 面積が最大になる時には $B = 0$ となるから，$\delta = 1$ となる。従って $1 \geq \delta \geq 0$ なる値が通常

得られるが，0に近ければ近いほど均等分配を意味する事となる。ちなみに，我が国の家計調査の全世帯収入でみると，2000年で0.3程度で，いわゆる高度成長期には0.3を切り，平等化が進み，バブル期には0.3を上回り，平成不況でややさがつている。

Atkinson 指数は，単純化すると次の如くになる。図1.10におい
て社会的に分配を決める社会的厚生関数 $W(Y_A, Y_B)$ を考える。社会構成員は A, B で，それぞれの所得を Y_A, Y_B とする。所得分配が $Ya>Yb$ である α 点である時 α 点から45°線へ垂線を下ろし，対応する所得水準を $\overline{Y}$ とすると $\overline{Y} = (Ya+Yb)/2$ となる。つまり，この状態で均等なる分配が実現したら，どの位の水準となるかを示している。

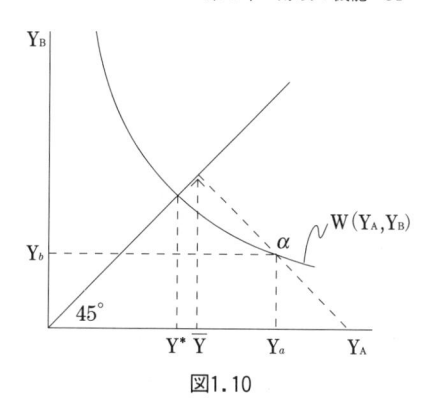

次に，この社会的厚生関数の下で均等分配が実現するとすれば，どの程度の所得分配となるかを考えるとそれは Y^* である。これと先の $\overline{Y}$ との比，$Y^*/\overline{Y}$ が，Atkinson の平等指数，また $1-Y^*/\overline{Y}$ が不平等指数とよばれるのである。

それが，どの程度であるべきかは，この社会的厚生関数の特定化に依存する事になる。この事は，結局社会が公平，公正な所得分配をどう考えるのか，その価値判断に帰着する事となる。そして，これは Gini 係数の大きさを，どの程度にすべきかにも当然関係してくる訳である。そこで次に社会的に望ましい公平，公正な所得分配について代表的と思われる幾つかの考え方について検討する事にしよう。

望ましい所得分配の考え方

まず功利主義に基づく立場からのものであるが，この場合，社会的厚生関

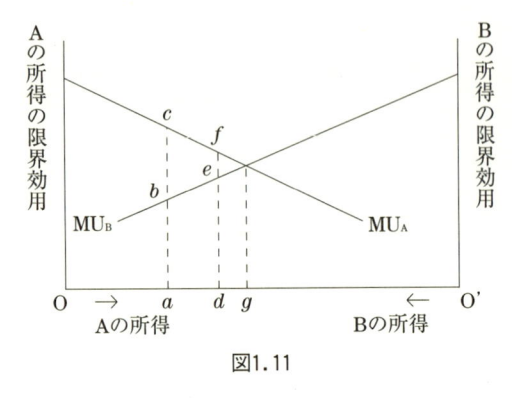

図1.11において、A,Bそれぞれの所得の限界効用をU_A, U_Bとして、$W(U_A, U_B) = U_A + U_B$と考え、出来るだけ、これを最大化する事が望ましい所得分配であるとするのである。従って、この状態を達成すべく所得再分配が意味をもつ事になる。

つまり、図1.11において、A,Bそれぞれの所得の限界効用MU_A, MU_BをOから右側へAの所得を取りO'から左側へBの所得を測って表し夫々の限界効用は逓減し、同様な効用関数は夫々の所得のみに依存して、A,Bの所得の合計はOO'で一定であるとする。

いま、所得分配がa点である時、$U_A + U_B$を最大化する為には、所得の高いBに課税し、それをAに移転支出をし、均等な所得分配を実現する事が望ましい。何故なら、課税額をadとすれば、失われるBの効用分は$abed$で、移転支出を受けるAの効用は$acfd$で、社会全体のネットの効用増分は$bcfe$となり、それがg点すなわち均等分配のところで最大化するからである。

この様な功利主義の分配の考え方については、効用の可測性や所得の限界効用逓減ケースの限定等について問題はあるものの、ある種の倫理観から、例えば、選挙権について、周到に配慮する人も、すぐ買収に応じる人も、社会構成員としては等しく一票が、とにかく与えられねばならないといった点から敷衍すれば、是認されるところもあろう。なお大きな問題は、課税前後で総所得が変わらない点であろう。つまり課税による労働供給等に関する誘因効果が一切捨象されているからである。

次なる代表的考え方は、Rawlsのそれである。[7] Rawlsは、彼のいう根源的状態においての自由且つ自主的、理性的な人間の相互の話し合いによる一種

の契約によって，公正というものは設定されるとする。

更に，各人は他を害さない限り最大限の自由なる権利をもつ事や制度的構造によって生じ得る不平等は，総ての人の利益となり且つそうした不平等をもたらす地位，職業が総ての人に開放されている時，いわゆる Rawls の原理といわれる分配状態が得られるというのである。

それは Max－Min 原理といわれる。いま社会構成員 A, B の所得を I_A, I_B と表すと，$\mathrm{Min}(I_A, I_B)$ つまり A, B のうち，低い所得を出来るだけ高める，Max にするという分配状態こそが望ましい分配状態であるというのである。先の社会的厚生関数でいえば，$W(U_A, U_B) = \delta_1 U_A + \delta_2 U_B$ において，分配上のウエイト δ_1, δ_2 を考え，$I_A \lessgtr I_B$ に応じて $\delta_1 \gtrless \delta_2$ とする所得分配を行うという事でもある。

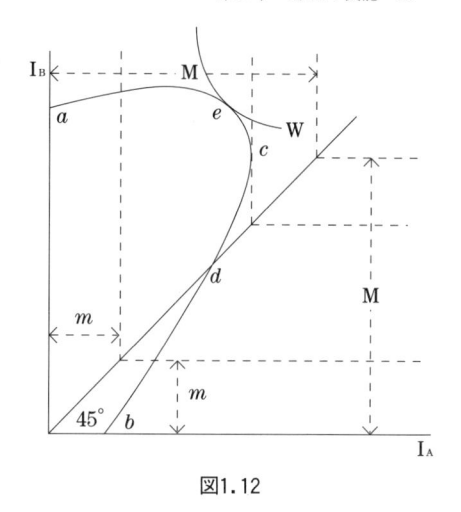

Max－Min 原理は，また次の様にも解釈が出来る。図1.12を使って説明すると，A, B の所得を夫々横軸，縦軸に取り ab 曲線は，社会において可能な分配領域を表すものとすれば，c 点が Max－Min 点である。

いま，いわゆる健康で文化的な最低の生活水準，シビルミニマム水準を m と表せば，A, B にとって，この m を分配可能領域で最大化するとそれは c 点を得るのである。つまりシビルミニマムを最大化する事が Max－Min 分配になる訳である。

図1.12

---

7) Rawls, J. *A Theory of Justice*, Harvard Univ. Press, 1971.（矢島鈞次監訳『正義論』紀伊國屋書店，1979）

なお，鈴木光男『計画の論理』東洋経済新報社，1975，第6章「公正の原理と仁」，pp.164－180参照。

また社会のほぼ共通した理想的分配状態の所得水準を M とすると，各社会構成員の所得水準とギャップがあり，それは各構成員の不満部分とみる事が出来る。その不満部分の大きな構成員の所得水準差を最小にするという分配つまり Min－Max$(M-I_A, M-I_B)$ 分配は，c 点を通る事になる。従って Max－Min 分配である。この Max－Min 分配は，社会において最も恵まれない人を最大限配慮する分配であるから，多くの人々の共感を呼ぶであろうが，この考え方をめぐって様々な議論もなされている。

例えば，Max－Min 原理では，人々は自分が最悪な状態になるリスクを出来るだけ小さくしようとしている。これは危険回避者行動である。しかし社会には，一般的には危険に対し中立的，或いは愛好的行動を取る人々も存在する。この様な人々の行動を包含する場合は，Max－Min 分配のみが望ましいであろうか。

また，A が B を雇い事業を行っていて，A は課税され，B の所得は課税最低限以下であるとする。Max－Min 分配は A の課税から移転支出が行われるから，その結果 B の所得は賃金と移転支出との合計となる。もしも更なる移転支出の為の増税がなされるとする，それにより A は B を解雇した時，Max－Min 分配では，増税分の移転支出のみが B の所得となるであろう。従って，同じ Max－Min 分配でも相対的に所得は下がってしまうのである。

以上，功利主義，Max－Min 原理に基づく分配について検討したが，つまるところどのような社会的厚生関数を社会構成員の価値判断として選択するかという事になろう。

例えば，Atkinson 等は，次の如き社会的厚生関数を取り上げている。

$$W = \left[\sum_{h=1}^{H} U_h^a\right]^{\frac{1}{a}}, \quad \alpha \leq 1, \quad h = 1, \cdots, H.$$

ここで，H は社会構成員の数，α は分配に係わる係数である。
この時，もし $\alpha = 1$ なら，これは功利主義的分配となり，$\alpha = -\infty$ になるなら Max－Min 分配となる。従って，この厚生関数は極端なケースとして功利主義，Max－Min 分配を含む一般的な表現ともなっている。

問題は如何なる α 値が選ばれるかであるが, 図1.12の e 点, d 点工夫により45°線上の分配可能領域外の点も選択可能となるであろう。

価値判断の収束先を先見的に決定する事は難しく, 現実的には政治的過程による事になるであろう。そして手段として課税や政府支出が使われる以上, そうした政策が,

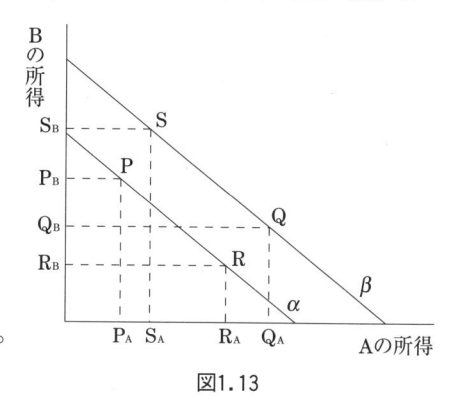

図1.13

どの程度まで行われるべきかが問題となる。これは, また一般的に分配に影響を与える政策全般の是非に関する判断基準にも関係する。

次に, これらの基準について触れておこう。その基準とは, N. Kaldor の基準, J. R. Hicks の基準, T. Scitovsky の基準である。

Kaldor の基準とは, 政策等により分配状態が, 分配状態 α から分配状態 β に変化する時, それにより利益を受ける主体が, 損失を被る主体を補償し, なお分配状態 α より双方の分配状態が良化している時, この分配状態の変化及びその政策も是認されるというものである。

図1.13において分配状態 α 上の P 点で, 社会構成員 A, B 夫々の所得分配は P_A, P_B であるとする。

そこで分配状態 β の Q 点へ, 所得分配の変化がなされ, A, B 各々の所得は Q_A, Q_B となる時, A の経済状態は P_A から Q_A と良化し, B のそれは P_B から Q_B へと悪化する。

経済状態が良化して A は, $Q_A - S_A$ 分を B に補償分として与え, S 点に到達出来る。S 点では, P 点と比較して A も B も共に経済状態は良くなっている。従って, こうした所得分配の変化, それを生み出す政策は是認されるというのが, Kaldor 基準である。

Hicks 基準とは, 分配状態 α から β への移行によって, 損失を被る B が,

図1.14

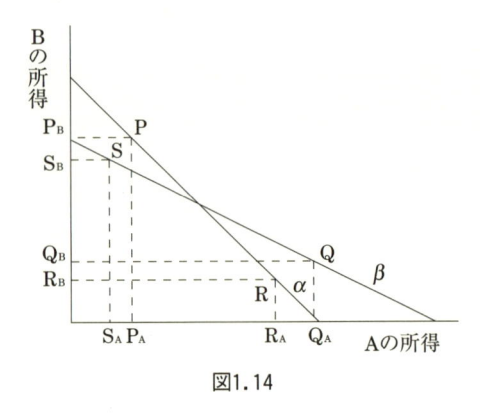

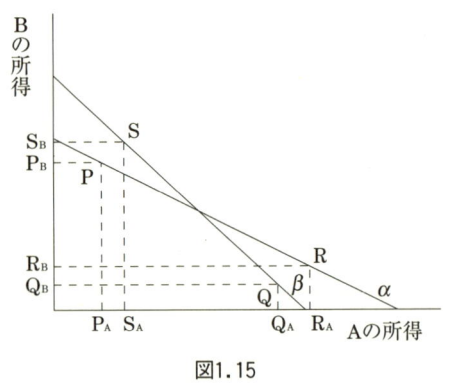

図1.15

利益を受ける A に、その移行を止めさせようと図1.13では P_B-R_B だけの所得提供を申し出たり、買収を試みても、A にとっては R 点より Q 点の方が、より経済状態は良くなるから、この買収申し出は失敗する、この時、分配状態 β への移行を阻止出来ないのだから、分配状態 β そしてそれをもたらす政策は是認されるというものである。

Scitovsky 基準は、一方において Kaldor 基準が成立し、他方において Hicks 基準が成立する時、分配状態 α から β への移行及びそれをもたらす政策は是認されるという基準である。

何故 Scitovsky がこの基準を考えたかは、図1.14,図1.15を見ると理解出来るであろう。図1.14では、分配状態 α から β への移行について、Kaldor 基準は満たされていないが、Hicks 基準は満たされている。図1.15では、Kaldor 基準は達成されるが Hicks 基準は達成されていないのである。

以上、述べてきた如く再分配は、微妙で難しい問題を含んでいるが、社会的価値判断の反映なので政治的過程を通じて社会の多数の人々の納得する方向が、絶えざる調整を伴い模索される事となろう。

再分配の手段と関連する問題

再分配を行う手段としては歳出,歳入両面で考える事が出来る。

生活保護,老人,母子福祉,身体障害者保護等の社会福祉そして医療,年金等の社会保険また保健衛生対策や職業転換対策事業,雇用保険国庫負担等の失業対策といった社会保障関係費が公共部門支出の代表的なものである。

歳入面では,所得に対する超過高率累進課税制度,相続税,贈与税そしてその他の資産課税等で,いわば垂直的な公平の達成を図るのである。

以上の如き諸手段を行使する時,留意すべき点がある。それは以下のようなものである。

1) 支えるに適当な人々を支え,支えるに適当でない人々への援助はやめる事,
2) 労働意欲を維持し,自律的に生計を立て社会参加する誘引効果をもつものである事,
3) 政策目標を達成する費用は効率的である事,

等である。[8]

例えば生活保護の場合,厳しい資力検査 (means test) に加え,クーラー,自動車所有(現在では居住地域での普及度,仕事上の必要性等を考慮して認められている)等について支給との関係がよく問題化する。上述の 1) の点からチェックは必要ではあろうが,目的を考えれば 2) の点も重要である。かつて,こうした問題を解決すべく,米国等で Negative income tax(負の所得税)が考えられた。

負の所得税は,一定水準以下の所得の人々に生活保護費を支給し,更に労働供給してもらい稼得した所得に対して,現行の最低所得税率より更に低い税率を適用し,納税してもらい実質所得を増やし現行の課税最低限を超え,現行所得税下の可処分所得以上となったら現行所得税が適用となるシステムである。

---

[8] Bohm, P. *Social Efficiency : A Concise Introduction to Welfare Economics*, Macmillan, 1984.

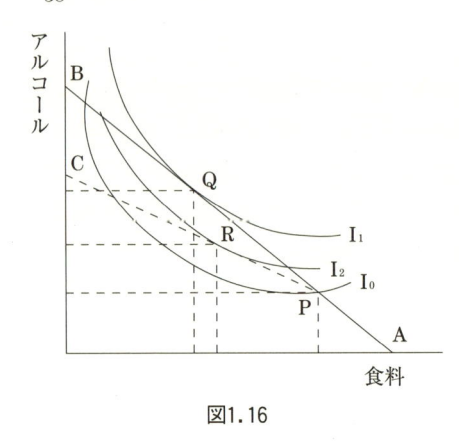

財源的にも実施可能であり，実際の導入に先立ち New Jersey の4つの市で1,200人の低所得家族に対して3年間に渡って実験的に導入され，同様な実験が North Calolina, Iowa, Indiana, Denver, Colorado, Seattle 等でも行われたが，労働供給について有意な結果は得られず，制度化されなかった。[9]

図1.16

然しながら，どこに問題があったのかの検討と共に，この様な誘因効果を配慮した制度の工夫が，今後試みられてよいであろう。

次に現物給付がよいのか，現金支出がよいのかという問題を考えてみよう。

いま，図1.16で例えば food stamp（食料引換券）の現物給付により P 点が選択されると効用水準は I_0 となる。そこでは，アルコール消費は少なく，食料消費は多くなっている。同じ消費組み合わせの購入も可能な現金給付がなされる時，公共部門の支出としては同じであるが，消費組み合わせは Q 点となり，効用水準も I_1 と高くなっている。従って，現金給付の方が現物給付より望ましい様に思われるが，必ずしもそうとも言い切れない。何故なら Q 点では P 点に比べてアルコール消費が増えている。もし給付を受けている主体がアルコール嗜好が強いとすればアルコール依存症を生み，ひいては公共部門は更に更生施設等の支出をも余儀なくされる恐れもある。この様なケースには，むしろ現物給付が望ましいであろう。

けれども food stamp をブラックマーケットで現金化しアルコール消費する事も考えられる。この場合，恐らくブラックマーケットでは交換マージンを高く取られるであろうから予算制約式は，APC となり R 点での消費とな

---

9) Atkinson, A. B. & Stiglitz, J. E., 前掲書, pp. 54–57.

るであろう。それでも Q 点での消費よりは少ないのである。

　従って，援助を受ける人の選好に特に問題のない時には現金給付を行い，選好に留意すべき偏りがある時には現物給付が望ましいという事になろう。この意味では何がしかの means test 的なものが求められるべきなのかもしれない。

　以上，現代の財政の所得再分配機能について取り上げてきたが，次に経済の安定化機能について触れる事にしよう。

1.3　安定化機能

　市場のメカニズムが，うまく働かず経済が不安定化し，国民経済全体へその影響が及ぶ時，公共部門にその安定化の役割が求められるであろう。

　景気対策としての雇用の安定，物価やインフレ率の安定そして国際収支の安定がそれである。これらの問題解決の理論的根拠は，かの1930年代の大不況に関する J. M. Keynes の解析とその処方箋に始まるといってよかろう。以後有効需要調整政策は有力な政策となった。しかし1970年代から，こうした，いわゆる Keynesian の考え方に対して，その妥当性をめぐって理論面，実証面でのマクロ論争が展開した。

　いわゆる Monetarism markI, Monetarism markII, New Keynesian, Post Keynesian 等が，期待，価格調整，市場の調整，期間フレーム，ルールか裁量政策か等をめぐって主張を異にした。とりわけ Monetarism markII は，政策の無効性すらを述べるに至っている。

　これらの考え方について適宜関連するところで触れる事にして，まず有効需要調整について Built in Stabilizer（組み込まれた安定装置）としての課税の働きを取り上げてみよう。[10]

---

10) 失業保険，農産物価格支持制度，職業訓練関係支出も，この作用を有している。

自動安定化作用

累進課税構造をもつ税制は,例えば GDP が増加する時,それ以上の税収入をもたらし財政勘定上余剰をもたらし,GDP が減少する場合財政勘定は赤字化する事で,GDP の変動の振幅を少なくし自動的に安定化させる作用を有しているのである。このビルト・イン・スタビライザーの租税面での自動的変化は,自動的伸縮性(Built in Flexibility)とも呼ばれ,Musgrave や Miller は次の如く定式化している。[11]

いま,或る基準時点 0 での税収,所得を夫々 T_0, Y_0 とし,その変化分を $\Delta T, \Delta Y$ とする。税収の所得弾力性を E_T で表せば,$E_T = (\Delta T/\Delta Y) \cdot (Y_0/T_0)$ である。

そして税収の自動伸縮性のない場合の所得の変動と,それがある場合の所得の変動をそれぞれ $\Delta Y, \Delta Y_e$ と表し,自動的伸縮性の実効係数 β を以下の如く定義する。すなわち,

$\beta = (\Delta Y - \Delta Ye)/\Delta Y = 1 - \Delta Ye/\Delta Y$ である。

もし,$\Delta Y = \Delta Y_e$ ならば自動的伸縮性は全く働いていない事になり,従って $\beta = 0$ となる。一方自動的伸縮性が完全に働くと $\Delta Y_e = 0$ となるから,$\beta = 1$ となるのである。

ところで,外国貿易部門を捨象した課税のない単純化した国民所得決定式の変化を考えると限界消費性向を c,民間投資の変化を ΔI とすると,

$\Delta Y = c \cdot \Delta Y + \Delta I$ から変形して,

$$\Delta Y = [1/(1-c)] \cdot \Delta I \tag{1.2}$$

を得る。

他方で ΔY_e では課税がなされているので,

$\Delta Ye = c(\Delta Ye - \Delta T) + \Delta I$

となり,E_T を考慮して,

---

11) Musgrave, R. A. & Miller, M. H. "Built in Flexibility", *American Economic Review*, March, 1948, pp. 122-126 参照。

$$\Delta Ye = \frac{1}{1-c\cdot[1-E_T\cdot(T_0/Y_0)]}\cdot \Delta I \qquad (1.3)$$

となる。

(1.2), (1.3)式を β に代入して

$$\beta = \frac{c\cdot E_T\cdot(T_0/Y_0)}{1-c\cdot[1-E_T\cdot(T_0/Y_0)]} \qquad (1.4)$$

を得る。

(1.4)より $c, E_T, T_0/Y_0$ が大なるほど、β は大となり、従って自動伸縮性の効果は大という事になる。然しながら $1>c>0$ である限り $\beta=1$ となる事はない。($\because c\cdot E_T\cdot(T_0/Y_0) \neq 1-c+c\cdot E_T(T_0/Y_0)$ より)

従って自動伸縮性によって所得の変動を完全には安定化する事は出来ないのである。ちなみに、Musgrave 等は、β は凡そ30％程度と計算している、後に $\Delta Y, \Delta Ye$ の代わりに夫々の標準偏差で自動伸縮性をオーストラリア、アメリカについて計算した D. J. Smyth の例では前者は22％、後者は37％となっている。[12]

そして、また租税構造が非常に強い自動伸縮性を有している時、長期的には需要面から経済成長を阻害する、いわゆる財政障害（Fiscal drag）も時に問題とされる点も留意しなければならないであろう。

裁量的政策

それでは次に裁量的な財政政策、金融政策による雇用の安定化について取り上げるが、その前に目標と手段に関する経済政策の一般的理論について見ておく事にしよう。それは J. Tinbergen の命題といわれるものである。[13]

---

[12] Smyth, D. J. "Built in Flexibility of Taxation and Automatic Stabilization", *Journal of Political Economy*, vol. 74, 1966, pp. 396–400, また石弘光『財政構造の安定効果―ビルトインスタビライザーの分析』勁草書房、1976参照。

[13] Tinbergen, J. *On the Theory of Economic Policy*, North–Holland, Amsterdam, 1955, Chap. 4, 5参照（気賀健三、加藤寛訳『経済政策の理論』厳松社、1956）。ここでは、Johansen, L., 前掲書、第2章に依っている。

いま，静態下での経済システムのメカニズムが次の如く表示されるとする。

$$f_1(y_1, \cdots, y_I; x_1, \cdots, x_J) = 0$$
$$\vdots \qquad\qquad \vdots \qquad\qquad (1.5)$$
$$f_I(y_1, \cdots, y_I; x_1, \cdots, x_J) = 0$$

ここで $y_1, \cdots, y_I$ は，物価水準，国民所得，雇用，国際収支といった経済政策上の目標となる経済変数，目標変数であり，$x_1, \cdots, x_J$ は各種の税率や政府支出或いは公定歩合，支払準備率，公開市場操作等の金融政策を含む手段変数である。

目標変数 $y_1, \cdots, y_I$ のうち，$y_1, \cdots, y_k$ の k 個が一定の値をとり，それらを $\overline{y}_1, \cdots, \overline{y}_k$ と表すと，(1.5)式は，

$$f_1(\overline{y}_1, \cdots, \overline{y}_k, y_{k+1}, \cdots, y_I; x_1, \cdots, x_J) = 0$$
$$\vdots \qquad\qquad\qquad\qquad \vdots \qquad\qquad (1.5)'$$
$$f_I(\overline{y}_1, \cdots, \overline{y}_k, y_{k+1}, \cdots, y_I; x_1, \cdots, x_J) = 0$$

となる。

方程式は独立で，矛盾がないとすれば，このシステムは，$I-k+J$ 個の未知数と I 本の式で表される事になる。

この時，$I-k+J<I$ つまり $J<k$ ならば方程式の数が未知数より大となり，目標を達成する手段の組は存在しないことになる。他方，$I-k+J>I$ つまり $J>k$ ならば手段の数が目標の数を超えているので，(1.5)' を満たす方法は幾通りもある。そして $I-k+J=I$ つまり $J=k$ ならば目標を達成する手段変数の組は，ただひとつの組となる。以上から，目標を達成する為には少なくとも目標の数と同数の手段が存在しなければならない事が分る。これが J. Tinbergan の命題といわれるものである。

いま $J=k$ ケースでは，(1.5)' は解けて次の如くになる。

$$y_1 = g_1(x_1, \cdots, x_J)$$
$$\vdots \qquad \vdots \qquad\qquad (1.6)$$
$$y_k = g_k(x_1, \cdots, x_J)$$

この時，目標に関する手段の有効性については，例えば，$y_k = g_k(x_1, \cdots,$

x_J)を取り上げると他の目標への影響は一定とすると $\partial y_k/\partial x_i$, $i=1,\cdots,J$ の大なる手段が望ましいし，また同じ手段でも，他の目標に影響を与える時には，$\partial y_h/\partial x_i$, $h=1,\cdots,k$ の大なる事が手段選択の条件となるであろう。

(1.6)から手段について解くと，

$$x_1 = e_1(y_1,\cdots,y_k)$$
$$\vdots \quad \vdots \tag{1.7}$$
$$x_k = e_k(y_1,\cdots,y_k)$$

を得る。

これは，$y_1,\cdots,y_k$ が与えられた時，それを達成する手段 $x_1,\cdots,x_k$ との関係を示している。そこで，もしもこれらの手段を所有している各政策当局において，一慣性のある手段利用が配慮される時，多数の目標に影響を与える手段は，中央で集中して用いるべきであり，ひとつ或いは小数の目標にだけ影響を与える手段は，むしろ分散化した方が望ましいであろう事が分るのである。

以上の議論を踏まえ，雇用の安定という政策目標を財政政策，金融政策という政策手段でどのように達成すべきか，勿論，Tinbergen 命題は満たされている，そして関連する諸問題を以下では簡単な Keynesian モデルつまりいわゆる IS−LM 分析を援用して検討する事にしよう。[14]

IS−LM 分析

閉鎖体系で物価，賃金は一定そして期待は不変であるとする。国民所得 Y，民間消費 C，民間投資 I，政府支出 G，税収入 T，税率 τ，移転支出 $\overline{T}$，可処分所得 Y_d，利子率 i とすると $T=\tau\cdot Y+\overline{T}$，$Y-T=(1-\tau)\cdot Y-\overline{T}=Y_d$ となる。

民間投資は，利子率の関数と考えると $I=I(i)$ そして均衡予算ならば $G=T$ である。以上から実物面での国民所得均衡式つまり IS カーヴは次の如く

---

[14] 中谷巌『入門マクロ経済学』第4版，日本評論社，2000及び Ott, D. J., Ott, A. F. & Yoo, J. H. *Macroeconomic Theory*, McGraw−Hill Kogakusha, LTD, 1975 等を参照。

になる。

$$Y = C(Y-T) + I(i) + G$$
$$= C(Y_d) + I(i) + G \qquad (1.8)$$

貨幣面での均衡式は，貨幣供給 M_s は中央銀行のバランスシートによるが，貨幣乗数を m，ハイ・パワード・マネーを H と表すと

$$M_s = m \cdot H \qquad (1.9)$$

となる。ここで m は，一般公衆所有貨幣量 C_p，預金量 D，金融機関の支払準備量を C_b，とすれば，$M_s = C_p + D, H = C_p + C_b$ より，

$$M_s/H = (C_p + D)/(C_p + C_b) = (C_p/D + 1)/(C_p/D + C_b/D) \qquad (1.10)$$

から，$m = (C_p/D + 1)/(C_p/D + C_b/D)$ となる事が分る。従って m は，一般公衆の現金預金比率 C_p/D と金融機関の支払準備率 C_b/D に依存するのである。ここでは，m は一定とする。

貨幣の需要面では，流動性選好に基づき，予備的動機，取引的動機，投機的動機から貨幣需要が生じると考え，流動性選好関数を $L(Y, i)$ と表し，貨幣需要 M_d，物価水準 P とすれば，実質貨幣需要は次式の如くになる。

$$M_d/P = L(Y, i) \qquad (1.11)$$

これは LM カーヴと呼ばれるものである。

いま物価水準は一定としているから $P = 1$ に基準化すると実物，貨幣面を含む全国民所得均衡は，上述の (1.8)，(1.9)，(1.11) より

$$Y = C(Y_d) + I(i) + G$$
$$M_s = m \cdot H = M_d = L(Y, i) \qquad (1.11)'$$

で表されるのである。

更に，IS カーヴで $G, \tau, \overline{T}$ は予算や制度上決まってくるので変数は Y, i の二つとなる。LM カーヴでは，m は一定としているし H は中央銀行によって決められるから，変数は Y, i の二つとなる。(1.11)' より式は二本あるので基本的には，この均衡解は求める事が出来る。

いま $1 > \partial C(Y_d)/\partial Y_d = C' > 0, 1 > \tau > 0, \partial I/\partial i = I_i < 0, \partial M_d/\partial Y = L_Y > 0, \partial M_d/\partial i = L_i < 0$ から，[15]

第1章　財政の機能　45

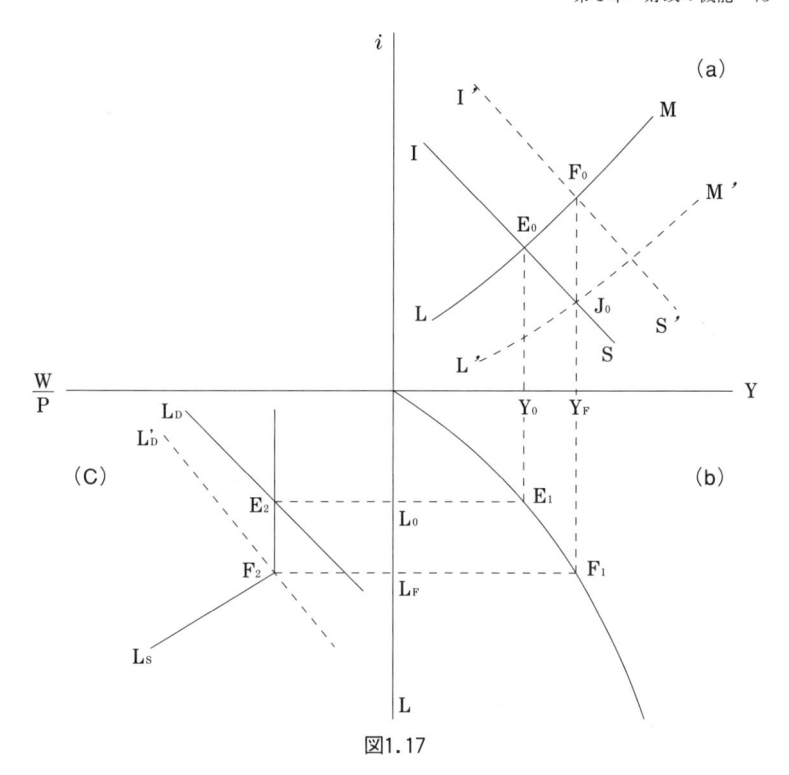

図1.17

$$di/dY_{IS} = \{1 - C' \cdot (1-\tau)\}/I_i < 0$$
$$di/dY_{LM} = -L_Y/L_i > 0 \tag{1.12}$$

を得るから，(i, Y) 次元で IS カーヴの傾きは負，LM カーヴの傾きは正で，IS, LM カーヴは，図1.17（a）の如くになる。

　従って，E_0 点で均衡利子率，均衡国民所得が決定される事になる。では雇用との関係はどうなっているのであろうか。資本ストック K，労働を L

---

15) いわゆる投資の限界効率との関係から利子率が上（下）がると投資は減（増）となる。また予備的，取引的動機による貨幣需要により所得の増（減）は，貨幣需要の増（減）に対応する。そして投機的動機による貨幣需要は利子率の下落（上昇）に対応して増（減）する事から，こうした符号条件となる。

で表し，巨視的生産関数 $Y=F(K,L)$ を考え，短期的には K を一定と扱うと $Y=f(L)$ となる。この生産関数は，

$$\partial Y/\partial L=f'(L)>0, \partial^2 Y/\partial L^2=f''(L)<0,$$ から，図1.17（b）の如く描くことが出来る。

従って，Y_0 に対応する労働 L_0 を求める事が出来，この労働 L_0 は，第3象限の労働市場での労働供給関数（P は一定で，また賃金 W は一定でよいから職につきたいという非自発的失業者の為，完全雇用点 F_2 まで一定で F_2 から上昇するかたちとなっている。）と労働需要関数の交点 E_2 に対応している。

また第2象限は所得 Y_0, K, L が決まる時の分配に関する要素価格間の関係を示している。

問題は完全雇用時の国民所得 Y_F より Y_0 が小さく，従って労働市場で L_F-L_0 だけの失業が発生している時である。この場合には拡大的財政，金融政策がとられる事となる。各々についてみてみると，まず財政政策としては公共事業等の政府支出増或いは減税が行われるが，金融政策には変化がないとすると，政府支出増のいわゆる乗数効果は，

$$dY/dG=\frac{1}{1-C'\cdot(1-\tau)+I_i\cdot L_Y/L_i} \tag{1.13}$$

となる。税率を変化させる時には，

$$dY/Yd\tau=\frac{-C'}{1-C'\cdot(1-\tau)+I_i\cdot L_Y/L_i} \tag{1.14}$$

となる。(1.12) 導出の際の符号条件から，$dY/dG>0$，減税ケースでは $dY/Yd\tau>0$ を得る。この事は勿論，政策規模も適切であれば，図1.17において IS カーヴは IS から $I'S'$ へと移動，関連して Y_0 は Y_F へ，L_0 は L_D が L_D' へ動いて L_F へ移動，完全雇用が達成される事を示すものである。

他方，金融政策については，そもそも手段としては，1）日本銀行貸出し，関連する公定歩合操作，2）債券，手形の公開市場操作，3）支払準備率操作が代表的なものであるが，これらを用い，詰まるところ日銀当座預金の調整を行う政策といえよう。

第1章 財政の機能 47

従って拡張的金融政策としては，ハイ・パワード・マネー H を増加させるのである。この結果，国民所得変化は次の如くになる。

$$dY/dH = \frac{m}{[1-C'\cdot(1-\tau)]\cdot(L_i/I_i)+L_Y} \quad (1.15)$$

$m>0, 1>C'>0, 1>\tau>0, L_i<0, I_i<0, L_Y>0,$ から $dY/dH>0$ である。これは，図1.17においてタイミングやその規模が適切なハイ・パワード・マネーの増加は LM カーヴを右へ或いは下方にシフトさせ $L'M'$ とさせ J_0 点で財政政策と同様に完全雇用が達成される事を示すのである。

勿論，以上の財政政策と金融政策を組み合わせてもよい。そして経済状態が $Y_0>Y_F$ なら，財政政策では増税，歳出削減，金融政策では引き締めが行われるのである。

ここで以上の政策で留意すべき2点を挙げておこう。第1点は，(1.13)，(1.14)から分るように，同じ予算額を歳出として支出するか，減税に回した場合とでは，前者の乗数効果が後者のそれよりも大となる事である。

この事は完全雇用点近くで，均衡予算を組んでも有効需要を更に増加させてしまう効果をもつ事を意味している。これは時に，均衡予算定理と呼ばれている。

第2点は，(1.13)，(1.15)式から分る様に経済の状況次第では，財政政策のみ或いは金融政策のみが有効となる事態が生じ得る事である。投資の利子反応度 I_i，貨幣需要の利子反応度 L_i，貨幣需要の所得反応度 L_Y の大きさと $dY/dG, dY/dH$ の効果の大きさを表すのが，表1.1である。

	dY/dG	dY/dH
I_i 大(小)	小(大)	大(小)
L_i 大(小)	大(小)	小(大)
L_Y 大(小)	小(大)	小(大)

表1.1

勿論，例えば I_i の大きさを取り上げている時，他の L_i, L_Y は一定としてい

る。L_i, L_Y についても同様である。

仮に、いま $I_i \to \infty$ とすれば、(1.12) より分る様に IS カーヴは水平になる。図1.17で IS カーヴが Y_0 を通って水平になると政府支出を増やしても、国民所得は増えず雇用も増えない、財政政策は、この場合無力である。

他方、(1.15) より分る様に金融政策の効果は大きい。従って、この場合金融政策のみが有効な政策となる。

$I_i \to 0$ のケースには、(1.12) より IS カーヴは垂直になるから、金融政策は利子率こそ下げるが、国民所得は変化せず、従って完全雇用は達成されない。この場合には財政政策のみが有効な政策となる。

$L_i \to \infty$ ケースでは、(1.12) より LM カーヴは水平となるから、金融政策は無効、財政政策のみが有効となる。$L_i \to 0$ ケースでは LM カーヴが垂直となるから、財政政策は、徒に利子率水準を高め、民間投資を押しのけ（crowding out）てしまい、国民所得も、雇用も増やさないので、金融政策のみが有効となる。

L_Y については、$dY/dG, dY/dH$ の大きさは必ずしも同じではないであろうが、効果の方向性は同じである。

以上、述べてきた如く経済の状況によっては、財政政策のみが、或いは金融政策のみが有効となるので、経済の実態を十分把握して確実な政策発動が求められる事になる。

また、財政政策はその発動に際し、議会での決定が求められるので、様々なラグを考慮しておく事が望まれる。他方、金融政策は機動性があるが、貨幣供給量と利子率どちらを政策指標として選択すべきかについて配慮すべき局面がある。

図1.18(a)では、IS カーヴに不安定、不確実要因があり、I_1S_1, I_2S_2 と変動する場合を扱っている。この時、金融政策として貨幣供給量一定とすれば、国民所得の変動は、Y_1, Y_2 の幅で生じ得る。他方、利子率を一定とすると、その変動幅は、Y_3, Y_4 となり、この方が変動が大きくなる。従って、この様な場合には、貨幣供給量一定の金融政策が望ましいという事になる。

第1章 財政の機能 49

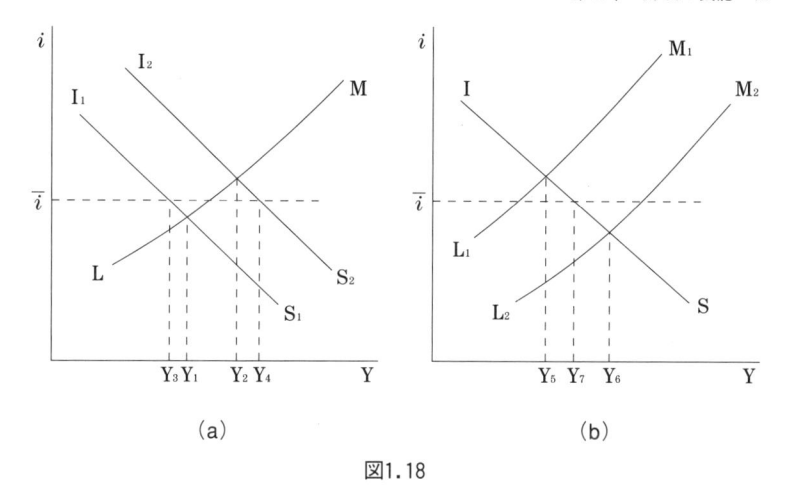

(a)

(b)

図1.18

　図1.18(b)では，LM カーヴに不安定，不確実性要因があり，L_1M_1, L_2M_2 の変動が生じている場合を示している。この時には，貨幣供給量一定の政策を採っても，国民所得は Y_5, Y_6 幅で変動してしまう。利子率水準一定とすれば，国民所得は Y_7 と一定値となる。従って，こうした場合には，利子率水準一定とする政策が望ましい政策となる。
　次に物価の安定化について触れよう。

物価の安定化

　これまで，物価水準は一定と仮定してきたが，物価の変化を取り入れた経済の全体像をみてみる事にすると，まず (1.8)，(1.9)，(1.11) から総需要と物価変化の関係を，財政政策，金融政策には変化がないとして次式の如く表す事が出来よう。

$$dP/dY = \frac{-\{[1-C'\cdot(1-\tau)](L_i/I_i)+L_Y\}P^2}{mH} \tag{1.16}$$

これまでの符号条件から，$dP/dY<0$ となる。
　他方，総供給と物価との関係については，巨視的生産関数 $Y=f(L)$ と労

図1.19

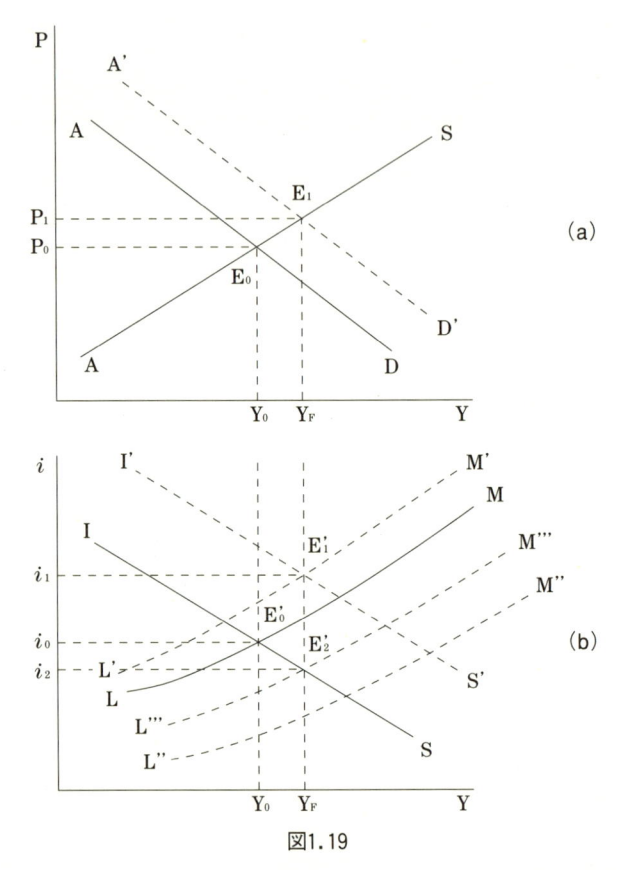

働の限界生産力条件すなわち $\partial Y/\partial L = W/P$ から,賃金に,いま変化がないとすると,

$$dP/dY = -P^2 \cdot f''(L) / W \cdot f'(L) \tag{1.17}$$

を得る。$f'(L)>0, f''(L)<0$ より,$dP/dY>0$ となる。

(1.16)を総需要関数 AD,(1.17)を総供給関数 AS と呼び,各々(P,Y)次元で図示すると図1.19(a)の如くになる。

いわば経済全体での物価水準と国民所得水準が E_0 点で決定されているのである。従って,当然その国民所得水準で,図1.17(a)の IS,LM カーヴが

交わっている訳で図1.19(b)に再掲されている。

　典型的な Keynesian ケースでは，物価は一定で有効需要によって国民所得そして雇用が決まってくるというのであるから，このケースでは，AS カーヴは P_0 水準で，水平となっていると考えられる。

　他方いわゆる Monetalist ケースでは，実物的条件によって，完全雇用水準は決定され貨幣は物価水準のみを決定するというのであるから AS カーヴは完全雇用水準で垂直となっているとみる事が出来る。

　図1.19では，AS カーヴは両極端ケースの中間に位置するのである。

　さて，いま経済が $Y_0 < Y_F$ で失業が発生し，財政政策が発動されるとする。図1.19(b)で，IS カーヴは右へシフトし国民所得は増加し，貨幣需要が，それに伴い増加，金融政策は一定なので LM カーヴは $L'M'$ へ左シフトし，タイミングや規模が適切であれば均衡点は E_1' となり完全雇用が達成されよう。以上の動きに対応して AD カーヴは $A'D'$ へシフトし，均衡点は E_1 となっている。

　この様に拡大的財政政策によって，失業率は低下するが，利子率は上昇，物価水準も上昇する事が分る。

　他方，緩和的金融政策がとられた時には，図1.19(b)で LM カーヴは $L''M''$ と右へシフト，所得増加による貨幣需要増加が生じ，一度限りの金融政策だとすれば，LM カーヴは $L'''M'''$ へと左へシフトするであろう。この結果，均衡点は E_2' となり，同じくタイミングや規模が適切であれば完全雇用が達成される。以上の動きに対応して AD カーヴは $A'D'$ へと右シフトし，均衡点は E_1 となっている。

　以上の如く，緩和的金融政策により，失業率は低下し，利子率も低下するが物価水準は上昇するのである。同じ景気対策でも，この場合，財政政策とは利子率に与える影響に大きな違いのある点に留意すべきである。

　景気対策としての財政政策，金融政策は確かに失業率は，下げるが物価水準を上昇させる。どの程度迄，失業率を下げ，物価水準上昇を許容するか，この一種のトレード・オフ関係は政策当局にとっても大きな問題であろう。

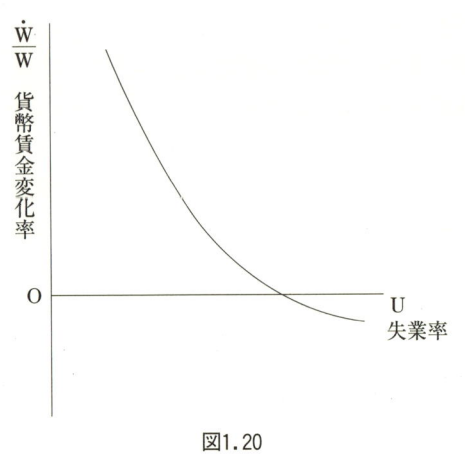

1958年 A. W. Phillips は，英国に於ける1861年から1957年までのほぼ100年程のデータから失業率 U と貨幣賃金上昇率 $\dot{W}/W$ との間に，図1.20の如き右下がりの関係のある事を析出した。

賃金が変化すれば当然物価も変化するであろうから，この関係は物価変化と対応づけて考える事も出来る。

図1.20

この Phillips カーヴが安定した関係を表すとすれば，政策当局はその時々の経済状況に応じて望ましいと思われるカーヴ上の点を選択すればよい事になるであろう。

然しながら，その後の各国の計測例によって，Phillips カーヴは安定的ではなく，その位置を変え，短期的には，いわばインフレ率と失業率との間には代替的関係がみられるが，長期的には，トレード・オフではなくなると議論される様になった。更に，いわゆる第一次，第二次石油ショック前後から，高いインフレ率と高い失業率が共存するスタグフレーション（Stagflation）現象が生じ，従来のケインジアン（Keynesian）政策自体の原因追究や効果をめぐって，マネタリスト（Monetarist），サプライサイダー（Supplysider），公共選択学派，合理的期待形成学派，ニュー・ケインジアン等，様々な立場からの，いわゆるマクロ論争も活発化した。

これらの論争の詳細は，マクロ経済学の他著に委ね，ここでは政策に関連する幾つかの問題についてのみ触れることにしよう。

ひとつは，合理的期待形成論に於ける政策の無効性であり，他は時間不整合性についてである。まず，合理的期待形成論について取り上げると，T. J. Sargent によれば，ⅰ) Lucas 型の総供給関数である事つまり $Y-Y_F=\alpha \cdot$

($P-P^e$)である。ここで α は正なる係数, P^e は予想された物価水準である。ii) 予想は合理的期待によってなされる事つまり $P^e=E$ ($P\mid\Omega$), ここで Ω は全情報集合である。iii) 各市場の価格は完全に伸縮的である。以上のような条件下では, 政策は有効でなくなる事が主張されるのである。

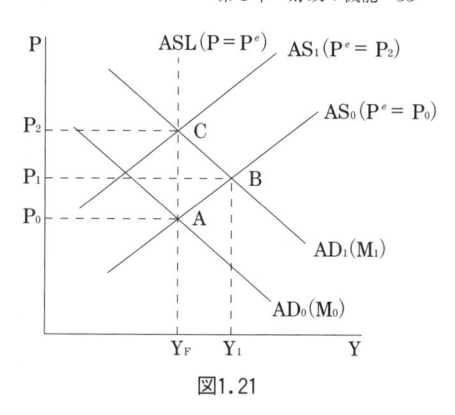

図1.21

図1.21で, この理論の要点を説明しよう。いま経済の状態が, 短期の総需要関数 AD_0 と物価水準 P_0 を合理的に予想している総供給関数 AS_0 の交点で均衡が成立しているとする。尚, 政策は金融政策のみを考え貨幣供給量は M_0 であり, また Y_F はいわゆる自然失業率水準にあると考える事が出来る。

いま政策当局が金融緩和政策により貨幣供給量を M_0 から M_1 へ増やしたとする。これは AD カーヴの $AD_0(M_0)$ から $AD_1(M_1)$ へのシフトを意味する。経済主体は, これを十分取り込み合理的期待形成を行うから, 貨幣賃金は価格予想の上方改定を速やかに行う事となり, AS カーヴは, $AS_0(P^e=P_0)$ から AS_1 ($P^e=P_2$) へとシフトする。この結果, 経済は A 点から C 点へと速やかに動き, 雇用, Y_F は元の長期均衡状態 $ASL(P=P^e)$ へ回帰してしまう事となり政策は効果をもたらさないのである。

もしも政策当局が, 経済において成立している予想に反して或いは当局の意図を知らせず貨幣供給量を増加させたとすると, 不完全な情報を企業や労働者は受け取り行動するので, 例えば, $AD_0(M_0)$ から $AD_1(M_1)$ へのシフトの結果 $AS_0(P^e=P_0)$ と B 点で交わる。ここでは, いわば, 当局の意外な政策に驚き, 条件 i) で $P>P^e$ と間違った予想をする結果, $Y>Y_F$ の政策効果が生じたと考える事が出来よう。

この様に, 政策当局が予想と異なる政策を実施する時以外, 政策効果はな

いと主張するのである。

 然しながら,以上の如き政策の無効性については,条件 ii) の情報集合について制約が見られる事,また条件 i) Lucas タイプ以外の供給関数を用いると政策効果が見られる事,賃金契約期間が長くなるモデルでは政府の安定化政策はより有効となる事,また現実的には市場価格の硬直性や市場の調整スピードの問題がみられ条件 iii) も制約的である事等が指摘されている。そして幾つかの実証研究でも,この主張は必ずしも十分なる支持が得られているともいえないであろう。[16]

 以上の如く政策の無効性という主張は頑健性に関しては問題があるが,予想や期待形成が経済に重要な影響を与える点の指摘は高く評価されよう。

 この点の確認も含めて次に政策上の時間不整合性問題について F. Kydland と E. C. Prescott の考え方に基づき,見てみる事にしよう。[17]

 まず以下の如き Phillips カーヴを取り上げる。

$$U_t = U^* + \Psi \cdot (\dot{P}_t^e - \dot{P}_t)$$

 ここで U_t は t 期の失業率,U^* は自然失業率,$\dot{P}_t^e, \dot{P}_t$ は夫々 t 期の予想及び実際のインフレ率,Ψ は一定の正の係数である。

 インフレ予想は合理的に形成され,$\dot{P}_t^e = E_{t-1} \dot{P}_t$ である。

 政策当局はインフレ率と失業率に関する或る社会的目的関数 $S = S(\dot{P}_t, u_t)$ を考える。ここで $u_t = U_t - \overline{U}$ で $\overline{U}$ は政策当局の目標失業率で,$\overline{U} < U^*$ である。そして $(\partial S / \partial \dot{P}) < 0, (\partial S / \partial u) < 0$ である。するとこの目的関数は,原点左の目的達成点 $\overline{U}$ をもつ $(\dot{P}, U - U^*)$ 次元の無差別曲線として図 1.22 の如く表現される事となる。

 $XX, X'X', X''X''$ は各々短期の Phillips カーヴであり,社会的目的関数については $S_1 > S_2 > S_3$ である。O 点を通る垂直軸が,自然失業率水準 U^* を表

---

16) Cuthberton, K. & Taylor, M. P. *Macroeconomic Systems*, Oxford : Basil Blackwell, 1987, Chap. 3, pp. 99–104 参照。

17) Kydland, F. E. & Prescott, E. C. "Rules Rather than Discretion : The Inconsistency of Optimal Plans", *Journal of Political Economy*, Vol. 85, June, 1977, pp. 473–491 参照。

図1.22

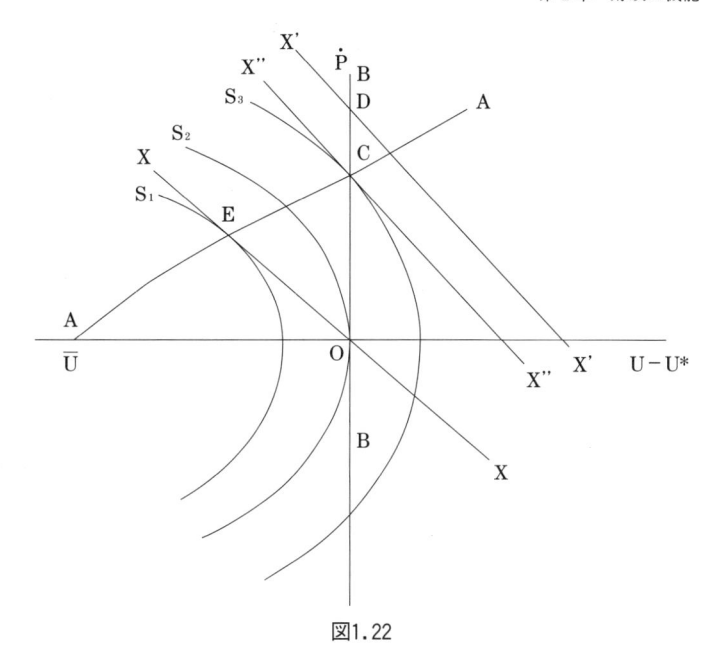

している。

いま経済が $X'X'$ 上の D 点にあるとする。ここでは高いインフレ率が問題である。
そこで政策当局と民間経済主体の次期の戦略を考えると政策当局は、経済主体がインフレ予想を調整するなら、経済は縦軸に沿って均衡に到達するであろう、何故なら民間経済主体は点 O で自然失業率 U^* そして零インフレ率の均衡を得るから、という事を考えて出来るだけ高い社会的目的関数水準達成を希望するであろう。

かくして政策当局は次期には、零インフレを達成すべく引き締め政策を宣言し、O 点を通るべく XX の Phillips カーヴシフトによるインフレ率調整を期待する。

民間経済主体が、もしも当局の目的関数について完全な情報なり知識を有しているなら、彼等は当局は次期には約束した政策を守るとしても、その期

の後にはその零インフレ政策をやめ XX に沿って,より高い目的関数の E 点を得たいというインセンティヴにかられるであろう事を,実感するであろう。つまり当局は一度 D 点から O 点を得ると,そのインフレ政策約束を破るという誘因をもつのである。

そこで民間経済主体は,零インフレへの調整は行わず $X''X''$ 上の C 点選択の戦略を取るであろう。そこでは当局は,もはや,より高い目的関数水準に到達出来ず $X''X''$ 上移動の誘因は持たない事になる。

かくして事後的に,零インフレ政策宣言を続ける事は最適ではなく,この政策は時間不整合であるといわれるのである。

以上の如き政策当局と民間経済主体間の戦略行動は,ゲーム理論的対応とみる事が出来よう。政策当局は短期の Phillips カーヴの目的関数接点を結ぶ図1.22での AA 線が反応関数であり,民間経済主体は P 軸 BB が反応関数で,点 C が Nash 均衡点となるというわけである。

しかし,政策当局と民間経済主体がいつも対立的なゲーム論的対応をし合うとも思えない。時に協力ゲーム的対応となる事もあるのではなかろうか。然しながら,Kydland と Prescott の挙げている洪水多発地域居住を禁止せず,やがて居住者が増え始めるとダムや堤防を作り出す政策や特許政策として特許の保護が,特許期間の問題となるようなケースも生じうる事に留意する必要はある。

さて,以上の如き物価の安定に拘わる問題,政策の無効性,時間不整合性等について,どのように考えるべきであろうか。ここでは次のようにまとめておこう。すなわち,まず政策発動する際には,経済に於ける市場の伸縮性,調整スピードがどの程度なのかが問題となるであろう。そしてインフレによる社会的費用と失業による社会的費用のどちらがより大であるのかを考察し,現在の経済状況は,Phillips カーヴがトレード・オフを許す形なのか,ほぼ垂直状態に近いのかを見極めなければならない。

また民間経済主体による期待形成及びそれに基づく反応も予想し,より慎重に政策目標と政策手段を選択,実行する事が求められるのである。

次に国際収支安定化について述べよう。

国際収支の安定化

ここでは，完全雇用といった国内均衡と国際収支の均衡という対外均衡を財政政策，金融政策でどのように達成し，またいかなる問題があるのかがテーマとなる。

勿論，国内，対外均衡達成という政策目標は二つで，政策手段も財政，金融政策の二つであるから，Tinbergen命題は満たしているので基本的には，この問題を解く事が出来るが，以下では，まずモデルを整理する事にしよう。

国際収支の形式は，IMF基準によれば，経常収支と資本収支そして収支尻としての外貨準備増減等で表示される。経常収支は輸出輸入を表す貿易収支，輸送，旅行，通信，金融サービスの収支を表すサービス収支，そして投資収益，雇用者報酬の収支を表す所得収支，更に民間の寄付，贈与，政府の無償資金協力等を表す経常移転収支からなる。

他方，資本収支は，直接投資，証券投資等の金融資産，負債の取引を表す投資収支と相手の国の資本形成となる無償援助，著作権，特許権等の取得，処分を表す，その他資本収支とから構成されている。

以下では，この様な国際収支を単純化して自国と外国の二国を考え経常収支では貿易収支そして資本収支は一括して取り上げる事にする。

輸出 X，輸入 IM，資本収支黒字分 KA，自国の国民所得 Y，外国の国民所得 Y_f，自国，外国の物価水準を夫々 P, P_f で表し，為替レート e は外貨建てとする。すると経常収支は，国内通貨表示では，$P \cdot X(P \cdot e/P_f, Y_f) - (P_f/e) \cdot IM(P \cdot e/P_f, Y)$ と表され，資本の純流入分 KA は外国の利子率を一定とすると $KA = KA(i)$ と表現されよう。

従って，国際収支 BP は，

$$BP = P \cdot X(P \cdot e/P_f, Y_f) - (P_f/e) \cdot IM(P \cdot e/P_f, Y) + KA(i) \quad (1.18)$$

と表わす事が出来る。

ここで対外均衡は，$BP=0$ である事と考え，両国の物価水準，レートを

一定とし,各々1に基準化またY_fも一定とすれば,$BP=0$の時のi, Yの関係が分る。更に,(1.18)を微分し,整理して次式を得る。

$$di/dY|_{BP=0} = IM_Y/KA_i > 0 \tag{1.19}$$

ここで,$IM_Y=\partial IM/\partial Y$は限界輸入性向で,$1>IM_Y>0$であり,$KA_i=\partial KA/\partial i>0$である。

従って,(i, Y)次元にIS, LMカーヴ同様BPカーヴを描く事が出来る。尚,この場合のISカーヴには,経常収支$X-IM$が加えられており,ISカーヴの傾きは,$di/dY|(IS)=[1-C'\cdot(1-\tau)+IM_Y]/I_i$となり,国際収支を考えない場合の$IS$カーヴより,その傾きは,よりきつくなっている。また,国際収支を考慮した場合の,(1.13),(1.15)に対応する財政政策,金融政策の効果は,物価,レートは一定とすると各々

$$dY/dG = 1/[1-C'\cdot(1-\tau)+I_i\cdot L_Y/L_i+IM_Y],$$
$$dY/dH = m/[\{1-C'\cdot(1-\tau)+IM_Y\}\cdot(L_i/I_i)+L_Y]$$

となるのである。

このBPカーヴは,資本移動が認められない時,垂直線となり,資本移動が,完全自由化されている場合には,水平な直線となる。この様な,国際貿易モデルを含む$IS-LM$分析の拡張は,R. A. Mundell, J. M. Flemingによって,先駆的になされた。以下では,このMundell–Flemingモデルで国内均衡,対外均衡達成に関する政策効果をみてみる事にしよう。

まず資本移動完全自由化,固定レートケースを取り上げる。政策手段として政府支出G,利子率iを考えると図1.23の如く,国内均衡(完全雇用,$Y=Y_F$)を表すIEカーヴと対外均衡(国際収支均衡,$BP=0$)を表すEEカーヴを描く事が出来る。EEカーヴの傾きは,IEカーヴの傾きより大である。

これは利子率の変化は,IEカーヴでは民間投資にのみ影響するのに対して,EEカーヴでは,直接的に民間投資,資本収支にも関係してくるからである。[18]

EEカーヴの左側は,国際収支は赤字で,右側は黒字の領域である。また

IE カーヴの左側は，国内経済はインフレで，右側領域はデフレ状態である。

α点で国内均衡，対外均衡が達成されている。今，経済の状態がβ点にあるとする。つまり，国内経済はデフレ，国際収支は赤字の状態である。α点を達成するには，如何なる政策を講じなければならないのであろうか。

国内均衡達成に金融政策により金利を下げ，対外均衡達成に財政政策を割り当て，政府支出を切り下げると均衡点は β⇒β′⇒β″とα点から遠ざかってしまう。他方，国内均衡達成に財政政策を割り当て，政府支出増，対外均衡達成に金融政策を用い，金利を上げると均衡点は β⇒$β_1$⇒$β_2$とα点に近づいていく事が分る。

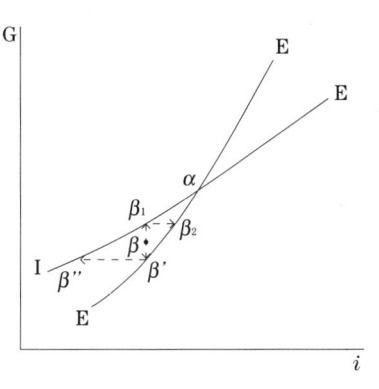

図1.23

従って，この場合には国内均衡達成には財政政策が有効で，対外均衡達成には金融政策が有効であるから，この様に政策手段を割り当てなければならない。これはまたポリシー・ミックス（Policy mix）ともいわれるのである。

この様な政策割り当てが可能なのは，$dG/di|_{EE} > dG/di|_{IE}$ つまり

$$\left[\frac{d(BP)}{di} \Big/ \frac{d(BP)}{dG}\right] > \left[\frac{dY}{di} \Big/ \frac{dY}{dG}\right]$$ そして $$\left[\frac{d(BP)}{di} \Big/ \frac{dY}{di}\right] > \left[\frac{d(BP)}{dG} \Big/ \frac{dY}{dG}\right]$$ となっ

ているからである。すなわち利子の変化の国内経済に与える影響より国際収支に与える影響の程度が相対的に，政府支出の国内経済に与える影響と国際収支に与える影響程度より大であるからである。この関係が逆転すれば政策割り当ても逆になる。

そして，こうした政策が意味をもつのは，β→α間の政府支出や利子率の動く範囲が，通常の予算範囲また金融政策による変動範囲内でなければなら

---

18) (1.11)′式中の IS カーヴに X−IM を加え，(1.18) 式を配慮し $dG/di|_{EE} > dG/di|_{IE}$ を導出出来る。

図1.24

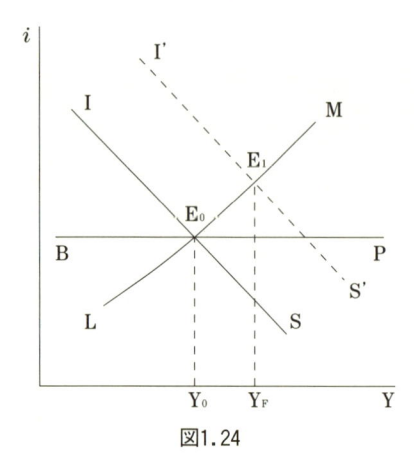

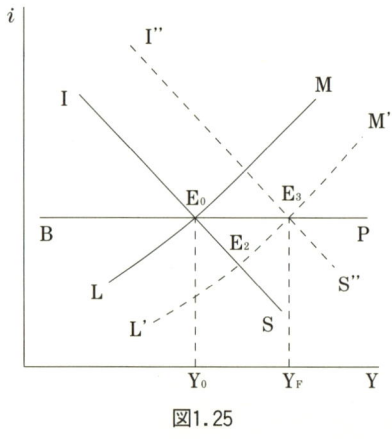

図1.25

ないであろう。

次に資本移動完全自由化，変動レートケースを取り上げよう。[19]

いわゆる小国モデルで，期待，予想は静学的であるとする。この場合，変動レートによって，$BP=0$の調整が働くから，常に国際収支均衡が達成される。問題は国内均衡達成に財政政策が有効なのか，金融政策が有効なのかということになる。

図1.24に於いて，初期均衡点がE_0にあるとする。対外均衡は達成されているが，国内経済は$Y_F>Y$でデフレ状態である。いま財政政策によって政府支出を増やすとISカーヴは$I'S'$へとシフト，均衡点E_1で完全雇用を達成するかにみえるが，そうではない。E_1点ではE_0点より高いので外国から資本が流入し，資本収支は黒字化する。他方，国民所得は増えているので輸入も増え，経常収支は赤字化する。しかし，BPカーヴより上の領域は，国際収支が黒字となる領域であるので結局外貨建てレートは高く（邦貨建てレートは低く，例えば円高）となる。その結果，輸出減，輸入増となり経常収支の赤字化が進み，ISカーヴは左へシフトを続け，やがて国際収支は均衡し，こ

---

[19] 国内輸入需要の価格弾力性と外国の輸入需要弾力性の和が1より大の時，レート切り下げによる貿易収支改善，国際収支均衡が達成される。こうしたMarshall−Lerner条件は満たされているとする。

図1.26

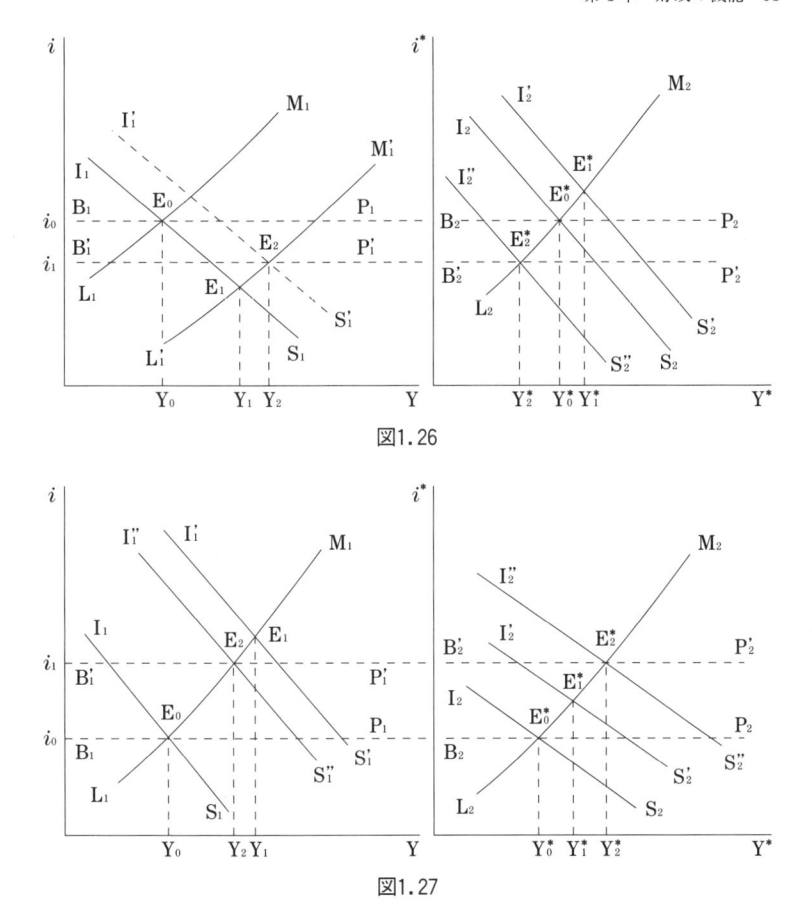

図1.27

の調整は終わる。この点は元の E_0 点に戻ってしまう。つまり，財政政策の効果はない事になる。

他方，金融緩和政策がとられると図1.25に於いて，初期均衡点 E_0 を通る LM カーヴは $L'M'$ へとシフトし，均衡点は E_2 となる。国内利子率は下落，国民所得は増えまた国外での金利は高いので，資本は流出する。国際収支は，BP カーヴの下の領域に位置しており，赤字である。レートは，外貨建は低く（邦貨建てレートは高く，例えば円安）となる。その結果，輸出は増え，

輸入は減るので IS カーヴは $I''S''$ と右へシフトを続け E_3 点でレート調整が終了，均衡に到達する。政策のタイミングや規模が適切であれば，完全雇用が達成される事になる。

　以上から，資本移動が完全に自由で，変動レートケースでは，国内均衡達成に金融政策が有効で，財政政策は有効ではない事が分る。

　更に今度は，小国モデルという前提をはずしてみよう。二つの国を考え，経済構造は類似しており，両国で発行される債券は完全代替的であり，資本移動により各々の国の利子率は相手国の利子率水準と同じになり，各々の国は，その国内政策により，この共通となる利子率水準に影響しうるとする。勿論，資本は完全自由移動し，変動レートである。

　まず図1.26で金融緩和政策の効果について取り上げよう。図1.26の左側を第一国，右側を第二国の経済状態を夫々表すものとする。第一国の初期均衡は E_0 で，いまデフレ状態の為，金融緩和政策を取るとする。政策当局は第二国の金融政策には変化はないと考えている。LM カーヴは，L_1M_1 から $L_1'M_1'$ へシフトし，均衡点は E_1 となる。この状態では，第一国の国際収支は赤字化するのでレート（以下，邦貨建てで表すとする）は高くなり，それは輸出増，輸入減と作用し，やがて IS カーヴは $I_1'S_1'$ とシフトし，E_2 点で均衡が成立する。この点で，レートの調整も終了している。他方第二国では，第一国の $E_0 \Rightarrow E_1$ への動きにより第一国の所得が Y_1 と増加するので，輸出が増え $I_2'S_2'$ へと IS カーヴがシフトし，均衡点は E_1* となり，国民所得は増加する。しかし国際収支は黒字化するので，第二国自身の邦貨建てでいえば，レートは下がって来る。従って，やがて輸出が減り，輸入が増えるので IS カーヴは $I_2''S_2''$ へとシフト，E_2* で均衡する。この点で両国の利子率水準は同一で，従って資本の流れも止まりレート調整も終了し，国際収支は均衡している。

　第一国の国民所得は，この金融緩和政策により，$Y_0 \to Y_1 \to Y_2$ と増加しているので，政策のタイミングや規模が適切であれば，このデフレ状態を解決しうる。しかし，第二国では，この政策により国民所得は，結局 Y_0* から一時

的には $Y_1{}^*$ と増加するが, $Y_2{}^*$ と減少し, もし $Y_0{}^*$ が完全雇用水準なら, 経済状態は悪化してしまうのである。つまり $\partial Y/\partial H>0$, $\partial Y^*/\partial H<0$, $\partial Y^*/\partial H^*>0$, $\partial Y/\partial H^*<0$ となる。この様に自国の経済状態を良化させるが, 他国の経済状態を悪化させる政策は, 近隣窮乏化政策 (beggar－thy－neighbour policy) といわれるが, この場合の金融政策は, まさにその政策となってしまうのである。

財政政策については, 図1.27で説明すると, まず第一国の初期均衡点は, E_0 で国民所得 Y_0 は完全雇用水準以下であるとする。

政策当局が, 拡大的財政政策をとると IS カーヴは I_1S_1 から $I_1'S_1'$ へシフトし均衡点は E_1 となる。国内利子率は上昇し, E_1 点は国際収支黒字領域にある。第一国の国民所得は増大するので, 第二国の輸出は増加するから, 第二国の IS カーヴは, I_2S_2 から $I_2'S_2'$ へとシフトし, 均衡点は $E_1{}^*$ となり, 第二国の国民所得は増加する。第一国の国際収支は黒字化しているのでレートは低くなり, 他方第二国では $E_1{}^*$ で第二国の国際収支も黒字化しているが, E_1 点は $E_1{}^*$ 点より, 高いので, この様な場合, 第二国のレートは高めとなり, この結果第一国 IS カーヴは $I_1'S_1'$ から $I_1''S_1''$ へとシフトする一方, 第二国では, IS カーヴは $I_2'S_2'$ から $I_2''S_2''$ へシフトし, 各々 $E_2, E_2{}^*$ でレート調整も終了, 均衡が成立する。

第一国では, 当初程ではないが $Y_2>Y_0$ で拡大的財政政策の効果が出ている一方, 第二国での国民所得は一貫して増大している。つまり $\partial Y/\partial G>0$, $\partial Y^*/\partial G>0$, $\partial Y^*/\partial G^*>0$, $\partial Y/\partial G^*>0$ となる。

従って, この様な場合, 財政政策の方が金融政策に比べ, 国内経済への効果もあり, とりわけ対外的には望ましい政策という事になる。

勿論, ここでは第一国の政策に対し, 第二国は対応的政策を採用していないが, 一般的には第二国も自国にとって望ましい政策を採用するであろうから, ここでは扱わないが, ゲーム論的状況が展開する事となろう。

また, ある程度の時の流れの中で, 同じ政策手段を繰り返しウエイトを高めて使用し続けると, その効果はなくなってしまう, 手段の安定性という問

題や目標水準の設定や手段選択に関わって生じる調整費用の問題についても留意しておく必要がある。

　以上が，安定化機能の内容である。

　最後に，経済成長や地球的規模の環境問題そして現下の我が国の如き，社会保障や財政再建問題等の解決に関する長期的視点からの配慮の必要性について指摘しておこう。

　家計や企業等の経済主体の活動の際の時間的視野は，どちらかというと近視眼的であると言われる。稀少で限られた資源の将来に渡る最適配分の為には，何がしかの役割が公共部門に求められる事になるであろう。

　例えば，現在消費と将来消費について，それらの限界代替率が，時間選好率に等しく，そしてそれが，限界変形率に等しくなる事が必要とされる。

　こうした場合，時間選好率は社会的時間選好率で，より低めでなければならないであろうし，現在消費を犠牲にし，将来消費を増やすべく投資を行う際には，社会的機会費用率が考えられねばならないであろう。

　勿論，公共部門も全能ではないが，将来の市場も，その価格情報も完全な形で存在していない以上，ある意味では私的経済主体の意志集合の対応的関係に立つ主体として，予算，その他の財政制度を通して，将来世代に係わる問題に関して，効率性や公平性の観点からの意思決定が求められる事になるであろう。

　以上が，現代の財政の主要な機能についての説明である。次に，この様な機能が具体的に，如何なる制度の下に働いているのかを，我が国の予算制度を取り上げ，見てみる事にしよう。

第2章　予算制度と政治的過程

2.1　我が国の予算制度

予算は，公共部門の具体的経済活動を表す収支の予定計画であるが，それ自体，次の如き機能をもつといわれている。[1]

すなわち①家計的均衡表示機能，②政治的機能，③行政的機能，④財務統制的機能である。①は予算といえども収支バランスを配慮しなければならない事を述べ，②は予算は立法部による行政部の統制，制約となっている事，③は予算による統御の下に行政が行われる事，④は予算が基準となり，濫費や不合理な支出が行われないように，歳出統制がなされる事を，夫々意味している。

そして，これらの機能を果たすべく，公開性，明瞭性，限定性等の予算原則そして課税法律主義等が憲法，財政法，会計法等に謳われている。

予算の形式[2]
財政法第16条によって，次の如く予算の形式的内容が定められている。す

---

1)　例えば木村元一『近代財政学総論』春秋社，1958参照。

なわち 1) 予算総則, 2) 歳入歳出予算, 3) 継続費, 4) 繰越明許費, 5) 国庫債務負担行為である。

1) 予算総則は, 予算全般の総括的規定やその年度の公債, 借入金限度額等また財政運営上, 必要な事項等について定め, 国会の議決を求めるものである。2) 歳入歳出予算は, 予算の本体であり, 予算書では甲号と呼ばれる。そして歳入歳出予算は一定の方式によって区分されている。すなわち, 収入又は支出に関係する部局等の組織の別に区分し, つまり各省各庁の主管別に区分し, 歳入にあっては, その性質に従い, 部に大別次いで, 款, 項, 目に区分され, 歳出にあっては, 省府, 外局, 付属機関別に区分そして, その目的に従って項, 目, 時に目の細分と区分される。そして項までが, 議定科目又は立法科目といわれ国会議決の対象となるのである。

3) 継続費とは, 完成に数会計年度を要する事業について, 経費の総額及び年割額を定め, あらかじめ国会の議決を経て数年度にわたつて支出するものである。財政法では5ヵ年度以内に制限しているが, 国会の再議決による年限延長は出来るとしている。予算書では乙号となっている。4) 繰越明許費とは, 歳出予算経費で, その性質上又予算成立後の事由により, 年度内にその支出が終わらないものについては, あらかじめ国会の議決を経, 翌年度に繰越して使用する事が出来るものをいうのである。これは, 予算書では丙号で表示されている。5) 国庫債務負担行為は, 法律に基づくもの又は歳出予算の全額若しくは継続費の総額の範囲内におけるものの外, 国が債務を負担する行為をなすには, 予め予算を以て, 国会の議決を経なければならないとされているもので, 支出すべき年限は, 原則として5ヵ年度以内である。予算書では丁号で表示されている。

以上の形式の予算書に, 歳入予算明細書等の予算参照書, 歳出予算算出の基礎資料たる各自明細書, 等の予算参考書類をつけて国会に提出されるので

---

2) 以下の叙述は, 河野一之『新版　予算制度』第2版, 学陽書房, 2001, 杉山章三郎『財政法』有斐閣, 1982, 及び『図説日本の財政』各年度版, 東洋経済新報社等に負うところが多い。

ある。

予算の種類と態様

予算の種類としては,一般会計予算,特別会計予算,政府関係機関予算がある。

一般会計予算は,主に税収入を充てる,国家の基本的経費に関する予算である。特別会計予算は,特別の収入,支出をもって特別な経理をする会計で,特定の事業についての事業特別会計,食糧や外国為替資金等の管理や需給調整を行う管理特別会計,社会保険,民間ベースにのりにくい特殊保険,再保険そして簡易生命保険等を経理する保険特別会計,公的資金の融資に関する融資特別会計,地方交付税,譲与税そして国債償還に関する経理を行う整理特別会計等がある。

政府関係機関予算とは,特定の事業を営むことを認められ,その資本の全額が政府からの出資である特殊法人の予算で,国の予算,決算に準じて,国会の審議を受けねばならないものである。具体的には,行政改革により統廃合され,平成11年より国際協力銀行,日本政策投資銀行,国民生活金融公庫,中小企業総合事業団の信用保険部門が誕生した。そして従来より存続の住宅金融公庫,農林漁業金融公庫,中小企業金融公庫,公営企業金融公庫,沖縄振興開発金融公庫等の機関があるが,今後も統廃合が進む可能性がある。以上が予算の種類である。

注意すべきは,以上三つの予算には,一般会計から特別会計,政府関係機関への財源繰入れ,また逆に特別会計,政府関係機関から一般会計繰入れもあるので,予算全体の規模を見るためには,この様な重複分を差引く必要があることである。年度によって異なるが,重複分は,三予算総額の凡そ45,6％程度となっている。

次に予算の種類ではないが,予算審議の際,国会に提出される財政投融資計画そして地方財政計画について触れておこう。

財政投融資は,国民からの有償な資金を政府の投融資活動に振り向けるも

のであるが，現在，制度上の改革途上にある。すなわち従来，原資は一括して資金運用部資金へ預託されていたが，平成13年より郵便貯金，厚生年金・国民年金等の積立金は，金融市場で自主運用され，融資を受けていた特殊法人等は，自ら財投機関債を公募発行し，必要資金を自己調達する様に変わった。ただ過渡期にある為，財政投融資資金特別会計からの財投債の発行，また政府保証債発行も限定的に認められている。

要するに，市場原理に基く資金調達と政策コスト分析や情報公開により，財政投融資の対象分野，事業の見直しを行い，無駄をなくし，効率性を高め，これ迄，問題視されていた民業との，いわゆる入口・運用・出口の競合，圧迫や肥大化等の問題の解決を図ったものである。

勿論，これ迄も財政投融資計画は，予算の一部を構成するものや長期運用対象事業等に関して，国会の審議を受けてきている。今回の改革により，財政投融資計画の国会提出が，法律上明文化されている。

地方財政計画は，国が予算と対応的な地方財政についての見通しを立て，また地方財政運営の指針として，とりまとめたもので，実際の地方公共団体の予算を集約したものではない。しかし，地方財政の我が国経済に於ける重要性に鑑み，参考資料として国会に提出されているのである。

予算の態様としては，本予算，暫定予算，補正予算がある。

本予算については，法律上の規定はないが，国会の審議，決定を経て，当該年度開始前に成立する，当初の予算を本予算とよんでいる。

暫定予算とは，当該年度開始までに，予算が成立しない時，その予算が成立するまでの間，暫定的に必要な経費の支出が出来るように，認められた予算である。従って，法律上の義務的経費が中心で，新規の施策に関する経費計上は極力避けられねばならないとされている。

本予算が成立すると，その時失効し，本予算に吸収され，その暫定予算による支出は当該年度本来の予算によるものとみなされる。尚，暫定予算の形式は，総則と歳入歳出予算のみとなっている。

補正予算は，本予算に対し，諸般の事情の変更によって予算に過不足が生

じたり，その内容を変える必要が生じた時，本予算に追加や追加以外の変更を加えるものであり，前者を追加の補正予算，後者を変更の補正予算という。

追加の補正予算は主として項の金額の追加増額であるが，変更の補正予算は項の金額の一部又は全減そして必要があれば項の名称変更も含むものである。

年度＼年度	t	$t+1$	$t+2$	$t+3$
$t+3$			編成審議	執行
$t+2$		編成審議	執行	決算
$t+1$	編成審議	執行	決算	
t	執行	決算		

表2.1

以上が予算の種類及び態様である。

予算過程

予算過程は，予算の編成，審議（決定），執行，決算からなる。この過程は，表2.1に示される如く当該年度だけで終わらず，重層的になっている。[3] すなわち，例えば t 年度には，t 年度の予算の執行が行われるが $t+1$ 年度の予算の編成，審議も行われ，決算は $t+1$ 年度になる訳である。

予算の編成は，内閣が行うが，具体的編成事務は財務大臣に属するとされている。

まず各省各庁の長は，概算要求基準範囲内で前年度の8月31日までに，毎会計年度のその所掌する予算の見積もりを財務大臣へ送付する，これを概算要求という。

財務省は，提出された各省各庁の概算要求に基づいて，査定を行い財務省議を経て，概算査定案を決定する。これが，いわゆる財務原案である。財務原案の内示以降復活折衝が行われ，概算が閣議で決定される，これが概算閣議といわれるものである。

---

3) 林栄夫『財政論』筑摩書房，1968, p.108参照。

次いで細かい計数の調整や予算の形式に組立てが行われる，予算の作成という作業がある。この予算の作成後，財務大臣は，それを閣議に提出し，その決定を経る。これが予算提出閣議といわれている。

　以上が，予算の編成で，次に審議が行われる。衆議院の予算先議権により，まず予算は先に衆議院へ提出される。内閣総理大臣の施政方針演説，外務大臣の外交演説に続いて財務大臣が予算の説明そして財政経済に関する方針や今後の見通し等についての財政演説を行う。これは，また同日参議院でも行われる。

　衆議院議長は，予算を予算委員会へ付託し予算審議が始まる。予算委員会では，予算についての公聴会を開かねばならない事になっている。予算委員会の審議は，予算総会と予算分科会とに別れて行われるが，総会で予算全般の審議が行われ，その後予算分科会で各省庁所管の個別的事項について審議が行われる事になっている。

　分科会審査が済むと，また予算総会を開き予算を決定し，予算委員長が本会議で審議経過と委員会決定の旨の報告を行い，討論採決の後，予算の議決となる。

　その後，予算は参議院に送られ，ほぼ同様にの審議が行われるが，実際は衆議院から送付される前に内閣より送付を受け，予備審査が行われており，衆議院の議決後，予備審査を打ち切り本審査に入るのである。

　参議院の議決が衆議院と異なった時には，両議院の協議会を開かねばならない。ここでも意見が一致しない時，又は衆議院可決の予算を受け取った後，国会休会中の期間を除いて30日以内に議決しない時は，衆議院の当初の議決が国会の議決となり，予算は成立する事となる。これを自然成立という。

　なお，予算の修正については，国会法で本会議に於いては，衆議院は議員50人以上，参議院では20人以上の賛成により予算案修正提案が可能とされているが，内閣の予算の発案権を侵害する様な修正は認められないと解されている。

　予算が審議，決定されると次に内閣は，各省各庁の長に対し，その執行の

責に任ずべき歳入歳出予算，継続費及び国庫債務負担行為を配賦する。

各省各庁の長は，配賦を受けた金額内で支出負担行為計画を定め，公共事業費その他特定の経費の実施計画について財務大臣の承認を求める。主に四半期毎に，支払計画が承認されると，財務大臣から日本銀行に支払計画通知がなされ，支出負担行為による支払いが行われるが，それは原則として支出負担行為担当官が，日本銀行あてに小切手を振り出して行われる。以上が執行である。

なお，内閣の配賦の際，財務大臣は，その配賦の内容を会計検査院へ通知している。

予算執行が完結すると決算となる。収入支出の出納事務は，原則として次年度4月30日まで，国庫内移換，日銀関係等が5月31日までの出納整理期限を経て，完結する。

しかし，収入支出の財務大臣への報告やそれに基づく財務省の歳入歳出主計簿への登記等の事務が続くが，7月31日までに一切の完結を見なければならないとされている。

財務大臣は各省各庁の長より送付された歳入及び歳出の決算報告書並びに国の債務に関する計算書等を審査し，歳入歳出の決算を作成，閣議の決定を経て，それを会計検査院へ11月30日までに送付する。

具体的内容としては，歳入歳出決算に歳入決算明細書，各省各庁の歳出決算報告書及び継続費決算報告書並びに国の債務に関する計算書等が添付されたものとなっている。

会計検査院では，毎月各種の報告書を各省各庁より受け取っており，また実地検査も行い，その内容を知っているから，内閣が送付して来た決算を，これらや決算添付書類等で検査，確認する。そして検査官会議の決議により検査報告書を作成，内閣へ回付する。

内閣は毎年12月に召集される国会に，その検査報告と歳入決算明細書，各省各庁の債務に関する計算書等を添付し，提出する。

決算の提出は，慣例として両院に同時に提出され，衆議院25人，参議院30

人の各決算委員会で審議され、審査が終了すれば、その結果を本会議に報告、決議がなされる。

　この決議は、法律的には何らの効果はないので、内閣に政治的に反省を促したり、内閣を糾弾するにとどまるものである。

　また、決算は国会として両院一致の議決を要する議案ではないので、各院に於いて審議未了ともなり得る。

　なお、決算が予算と相違し、歳計剰余金が発生する場合がある。この決算上の剰余金は、翌年度の歳入に繰り入れられ、その使途は、1/2を下らない金額は、他の法律によるものの外、剰余金が生じた年度の翌々年度までに公債又は借入金の償還財源に充てなければならないとされている。

　逆に、年度末間近や年度末経過後の歳入不足は、補正予算等による対処が難しいので、昭和52年度より、決算調整資金制度を設け対応している。決算調整資金財源繰入れとしては、剰余金繰入れ、予算繰入れ、国債整理基金繰入れ等がある。

　例えば、平成15年度の予算過程は、図2.1の如くである。

　以上、我が国の予算制度の概略をみてきたが、この様な制度に基づく営みの中に、色々な問題点も出てきている。次にこれを考えてみよう。

2.2　予算制度改革

　まず第一には、予算編成においても分る様に各省各庁は、いわゆる増分主義に基づき、相互の関連性や経済状況に応じた予算内容の見直しを吟味せず、予算規模拡大の誘因をもつ事である。

　第二には、その予算の執行については検査されても、その効果については問われていないのである。

　第三には、基本的に単年度主義であるため長期的財政運営の配慮に欠ける点である。

　第四には、予算は例えば、ひとつの経営体としての財政の健全性を問われ

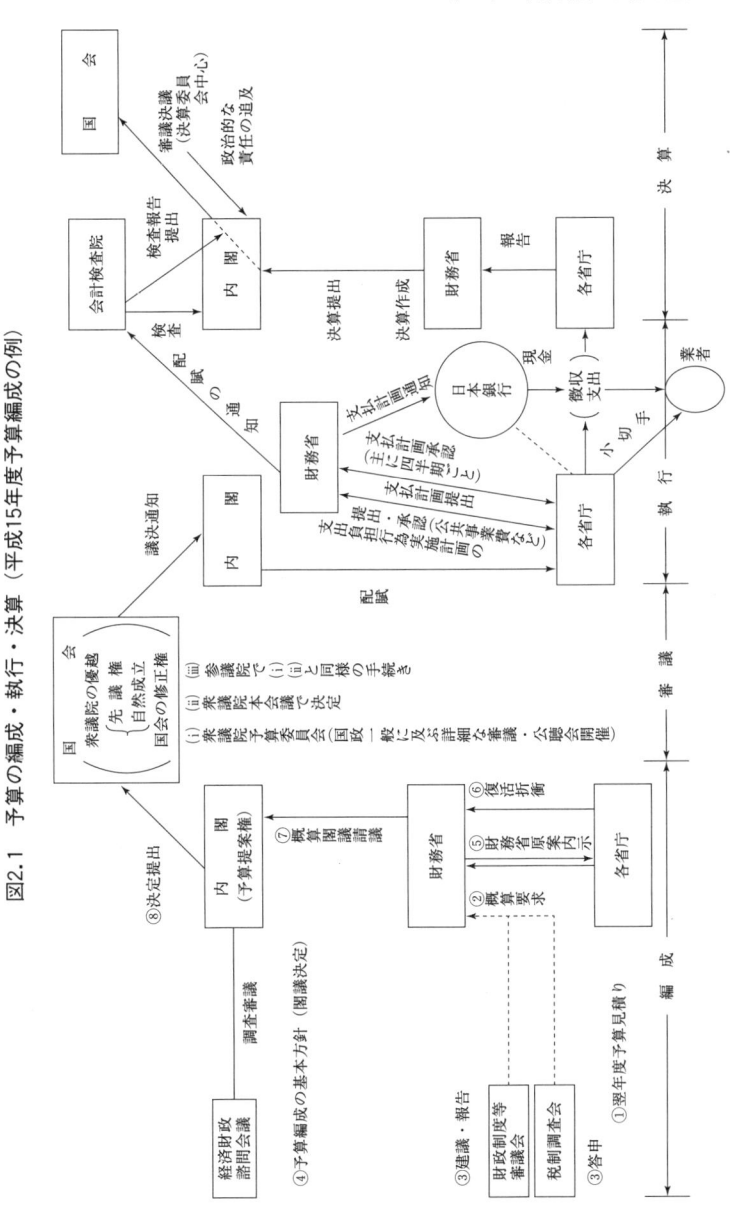

第2章 予算制度と政治的過程 73

図2.1 予算の編成・執行・決算（平成15年度予算編成の例）

出所：『図説日本の財政（平成15年度版）』（東洋経済新報社）

た時，ストックも含め，それを明らかにする内容には，なっていない事である。

これらの問題は，我が国ばかりではなく他の先進諸国の予算制度にも共通しているところがあり，従って，これまで種々なる予算制度改革が行われてきている。

第一，第二そして一部第三の問題にもかかるが，まず作業予算（Performance Budget）がアメリカで生まれた。これは下部組織の責任感の高揚と能率の増進をはかるものであったが，やがてPPBS（Planning Programming Budgeting System，事業別計画予算）に結実する。このシステムは，何年かに渡る全体的計画の中で，望まれる目的を達成する代替的プログラムを，その便益，費用により比較，考量し，より効率的なものを選択，予算化しょうとするものである。

この壮大な予算の効率化を図る体系は，目標設定や目標間の優先順位問題，また余りに政府の意思決定に集中しすぎる点そして何よりも現行行政の管理組織との調整が困難である等の理由で，政権が変わると頓挫してしまった。

しかし予算改革は，以上の如き考えを基礎に，その後，増分主義ではなく根本からの見直し評価によって予算付けを行うゼロベース予算（Zero-Base Budgeting）の導入や事業なり機関なりの廃止予定日を設定，それらの必要性を十分検討する手続きを法的に裏付ける，行政管理法のひとつである，サンセット（Sunset）法を法制化する動き等が継続して行われた。

また，現在，政策評価の一環として，道路や大規模事業プロジェクトについて，費用・便益分析による代替的プロジェクトの効率性比較が，各国では法制化され，義務付けられている。例えば，アメリカのISTEA（総合陸上交通効率化法），イギリスのCOBA（費用便益分析コンピュータプログラムマニュアル），ドイツのRAS-W（交通投資評価の指針），フランスのLOTI（国内交通基本法）等を挙げる事が出来よう。[4]

---

4) 中村英雄編／道路投資評価研究会著『道路投資の社会経済評価』東洋経済新報社，1997，第16～19章参照。

第三の問題については，1960年代から各国における長期財政計画策定による対応がある。イギリスの公共支出白書，ドイツ（西独）の多年度財政計画等による，長期的観点からの資源配分，当時の財政硬直化の打開，財政政策発動の際の基準とする事，が目指されたのである。

　勿論，予測の限界，計画策定体制，計画の対象，範囲（国の財政支出のみか，地方迄含むか等），そして計画の性格（閣議決定を経て，各行政部局を拘束するか，単なる見通し的指針にするか）等，難しい問題がある。しかし，現在の我が国のように，財政再建，年金，医療保険問題の如く，長期的にしか解決出来ない問題については，長期財政計画を立て，目標と道筋を国民に示し，理解と協力を求める事が必要であろう。

　第四の問題の解決については，1930年代にデンマークやスウェーデンでの導入の試みがなされた複式予算制度がある。これは企業会計原理を国の予算に導入，予算を経常予算と資本予算とに区分し，政策運営上の予算の性格の明確化や資産管理，債務調達返済計画立案等に役立てようとするものである。

　従って，何を目的として複式予算を作成するかで中身が異なってくる。例えば，財政の経済安定効果を目的とする時には，経常予算，資本予算の区分は，政府貯蓄と政府投資とを明示する観点で行われねばならないし，財政の健全化を見るところに目的があるならば，予算区分は，公共部門の純資産の増減を明らかにする様にその作成がなされねばならない。

　最近，我が国でも，この様な方向での検討の動きがある。すなわち，いわゆるバブル景気後の政策効果や，財政状況の分析の中で，事業の効率性の問題とともに，現金主義，フローの予算形式のあり方が，政府活動の十分なる情報提供に欠けていたとの反省から，日本の財政状態を発生主義を導入した財務諸表に組み換え，政策評価に活かそうとする試みである。[5]

　また，平成12年，13年に財務省は政府部門の貸借対照表を発表している。しかし公的部門の活動は，私的部門のそれとは自ずと異なるので，当然の事

5）　例えば，赤井信郎，鷲見英司，吉田有理『バランスシートでみる日本の財政』日本評論社，2001参照。

ながら企業会計の貸借対照表に,先に触れた如き公会計制度としての工夫が求められよう。

以上の如き,公会計制度の確立の追究と共に当面の我が国の長期的財政問題解決のためには,この10年間程で,財政再建をなした欧米諸国の手法も参考となるであろう。[6]

例えば,イギリスでは,民営化,エイジェンシー化,PFI (Private Finance Initiative) 等の民間活力援用の他に,コントロール・トータルという,いわば義務的経費(中央政府利払費,失業手当等)の伸び率を実質成長率以下に設定する方式やゴールデン・ルールという政府借入は,公共投資目的に限定,消費目的借入は行わないルールを導入した。

フランスでは,財政再建五ヵ年計画法の策定や社会保障制度改革による社会保障部門赤字削減を行った。

ドイツでは,中期財政計画で歳出増を抑えると共に,租税特例措置の廃止で課税ベースを広げる一方,法人税,所得税率を下げるといった税制改革で経済活性化を図った。また,付加価値税,環境関連税(鉱油税)の増税も行っている。

イタリアは,政府債務残高対 GDP 比こそマーストリヒト条約基準60%を満たしていないが,歳出面での年金制度改革等による歳出削減,歳入面での所得税等の増税,また政府所有企業の民営化,更に地方分権化による国の行財政規模の縮小化等の努力により,財政赤字の対 GDP 比3%以下にする EU 基準は達成している。

アメリカでは,当初1985年グラム=ラドマン=ホリングス法と呼ばれる財政収支均衡法を制定,財政再建に取り組んだが,うまく行かず,その後1990年包括予算調整法,予算執行法,1993年包括予算調整法,1997年財政収支均衡法等によって予算コントロールを厳しくした。裁量的歳出の上限いわゆる Cap を設定し,義務的経費と歳入についてネットで財政赤字が生じない様に

---

6) 林宏昭,永久寿夫編著『世界はこうして財政を立て直した』PHP 研究所,2001 及び第一勧銀総合研究所『世界の経済・財政改革』東洋経済新報社,2001参照。

するいわゆる Pay−as−You−Go 原則の適用そして財政赤字上限超過分の赤字の一律削減という予算編成ルールの導入によって，好況続く経済にも助けられ，1998年度から財政収支は黒字化している。

また，この間行政改革運動も行われ，成果重視，数値目標管理等の行政運営が，連邦政府ばかりではなく，地方政府でも取り入れられた事も大きい。

ニュージーランドでは，広範囲の経済，行政改革が行われ，この中で財政改革も，取り上げられ，付加価値税，フリンジ・ベネフィット税の導入や社会保障，教育，保健の政府支出の抑制，国有企業売却等の結果，財政は黒字化した。財政再建後は，急いだ経済改革の見直しが行われている様であるが，ともあれ財政赤字削減に効果があったのは，政府部門に民間部門の経営手法を取り入れると共に，予算の動き等について，その説明責任と公開性を明確に位置付けた事によるといわれている。

以上，述べて来たように，各国に共通する改革の中に，予算等を取り扱う際には，費用と対応する便益，効果や成果を配慮し政策評価を行うという民間部門の経営手法の，公共部門への更なる導入がある。これは時に，新公共経営（New Public Management）と呼ばれ，我が国の政府レベルばかりではなく，地方分権一括法施行後の地方公共団体の財政運営にも大きな影響を与えつつある。

2.3 政治的過程

予算，税制改革等は公共的選択によって決定される。公共的選択は，政治的過程を経てなされる。政治的過程の主体は投票者，政党・政治家，官僚，いわゆる圧力団体であろう。ここでは，複雑な政治的過程の中で，これらの各主体それぞれの合目的的行動にも触れながら，どの様に集合的決定がなされるのかについて考えてみる事にしよう。

多数決ルール

　まず公共的選択に於ける決め方について取り上げると，基本的には，満場一致型か多数決型か，によるという事になるであろう。満場一致型は，全員の意志が一致するから望ましく，またパレート最適でもある。しかし少人数ならとも角，決定に参加する人数が増すと全員合意に至る時間や努力は大変なものになる。1人の反対者がいると，ことは決められない。この意味では少数者意見をかなり優遇する決め方であるともいえる。

　これに対して，実用的に多くの局面で用いられるのが多数決型である。少なくとも過半数以上の合意があれば，ことは決まるから，決定をなすのは容易で，時間も余り要しないであろう。しかし，仮に1票や1人の差でもことは決まる事になるので，今度は多数派をかなり優遇した決め方だという事になろう。実際，とに角多数派を形成，強引にことを決める，いわゆる多数派の横暴も，よく見られる現象でもある。

　けれども，意思決定者の過半以上の多数の合意があり，速やかに決定がなされるから，民主主義的手続きを踏まえれば，優れた決め方であり，現実の意思決定に多用されているところである。

　しかし，最も民主主義的想定の下での多数決にも重大な問題のある事が指摘されている。それは投票のパラドックスといわれるものであり，すでに18世紀に，J. C. Borda や J. A. Condorcet によって取り扱われていたが，より一般的な可能性を社会的選択に関連づけて厳密に論証したのは，K. J. Arrow である。[7]

　その内容は，例えば次の如くである。[8]

　いま，ごく民主主義的前提条件の下での多数決を考えてみよう。すなわち 1) 整合性の原則，2) 広範性の原則，3) 独立性の原則，4) 市民の尊厳性の

---

7) Arrow, K. J. *Social Choice and Individual Values*, John Wiley, N. Y., 1951 （長名寛明訳『社会的選択と個人的評価』日本経済新聞社，1977）参照。
8) 以下の説明は，稲田献一『新しい経済学』日本経済新聞社，1965，第1章に依るところが多い。

原則,5) 非独裁性の原則の下で,A, B, C, 3人の投票者が,X, Y, Z 三つの選択対象に直面しているとする。1) 整合性の原則は,選択対象に対し各投票者の選好が明確で,もしXがYより選好され,YがZより選好されると,XはZより選好されるという推移律が満たされる事等を述べるものである。

A	X>Y>Z
B	Y>Z>X
C	Z>X>Y

表2.2

2) 広範性の原則とは,この3人は3選択対象に対し,どんな選好順序組み合わせも可能である事をいっているのである。3) 独立性の原則とは,選択対象の選好順序が決っている時,その選択対象以外の対象が入ってきてもそれによって,その選好順序には何ら影響は与えないという事である。4) 市民の尊厳性の原則は,市民が皆選んだ選好順序は社会全体の選好順序となるという原則で,5) 非独裁性の原則では,仮に市民の尊厳性が満たされている様に見えても,独裁者が市民の中にいると,やがて市民の尊厳性も犯されてしまう事を避ける原則である。

以上の如く,民主主義的原則,要求の下で多数決によって,選択対象順序を決めるのである。2) 広範性の原則により,A, B, C の選好順序は,表2.2の如くであるとする。ここで,>の記号は,より選好している事を意味している。まずXとYを取り上げると,AC は X を Y より選好し,B のみが Y を X より選好するから,2対1で X が Y より選ばれる。次に Y と Z について取り扱うと,A は Y を Z より選好し,B も Y を Z より選好し,C のみが Z を Y より選好するから,2対1で Y が Z より選好される事となるから,ここで,X, Y, Z の選好順序が $X>Y>Z$ と決定されたかにみえる。

しかし,X と Z については取り上げていない事から,X と Z について投票すると,A は X を Z より好むが,B と C は Z の方を X より選好するから,2対1で Z が X より選好されてしまい,この結果,選好順序は $X>Y>Z>X$……と決定されない事になってしまう。これが,投票のパラドックスといわれるものである。

社会的選択は,社会的厚生関数にかかわるので,一般的には上述の条件を

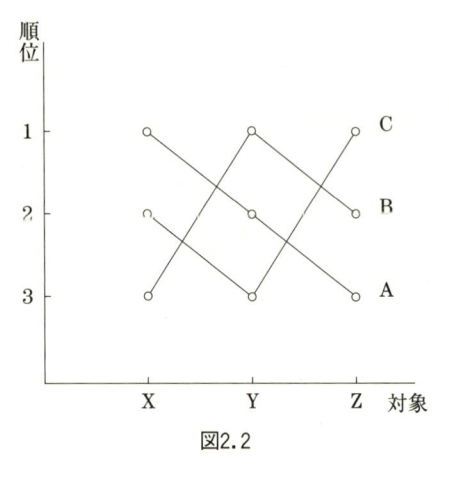

満たす社会的厚生関数は存在しないということにもなる。

何故そうなのか，どの様な条件が満たされれば，投票のパラドックスはなくなるのかをみる為に，表2.2から，A, B, C の選好順位と選択対象を図2.2の如く表してみると，A, B の選好順序は，山がひとつ，つまり単峰型であるのに，C の選好順序についてはそうなっていない事が分る。もし C の選好が単峰型なら，投票のパラドックスは生じないのである。つまり，選好が単峰型で，投票者数が奇数なら投票のパラドックスは生じないのである。

また，社会の人々の価値観の共有があって制約的選好になっている時，選好が単峰型でなくとも，投票のパラドックスは生じない。[9] 例えば，A の選好は，$X>Y>Z, B$ の選好は $Y>X>Z, C$ の選好は $X>Z>Y$ である時が，そうしたケースである。

しかし，或るシミュレーション実験では，選択対象を 1 から45迄変化させ，投票者数を∞近く多数にする時，選択対象が10を越えると50%以上，20では70%の発生確率となる事が示されている。[10]

従って，案外投票のパラドックスは生じている可能性はある。けれども，例え投票のパラドックスは生じていても，事は決められるという場合もある。例えば，表2.2の状況でも，まず X とそれ以外（Y 又は Z）とまとめて投票にかける。すると X は否定される。次に Y と Z を投票にかけると Y が選択される。

---

9) Sen, A. K. *Collective Choice and Social Welfare*, San Francisco, Holden Day, 1970, pp. 167–186 参照。
10) 佐伯胖『きめ方の論理』東京大学出版会，1980参照。

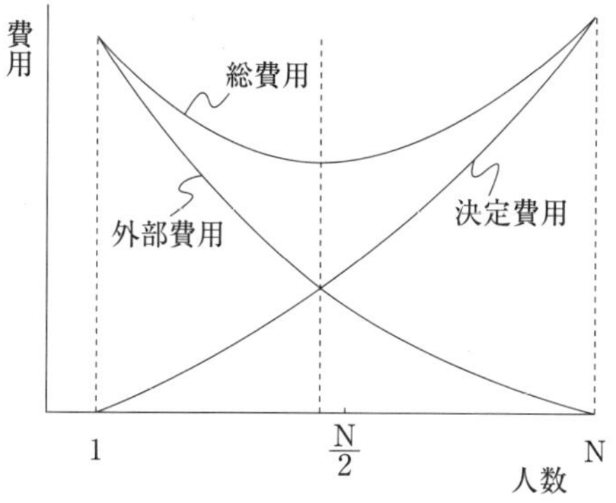

例えば，Farquharson による，L. B. Johnson の南部の国道建設計画案処理の例がある。[11]

政治の場に於ける多数決の採用は，Log-rolling（票の売買，取引）行動を生み，思わぬ法案や政策が可決されたり，可決されるはずの案件が否決されたりする事が生じる。[12]

また，Buchanan と Tullock によれば，費用の点からみて，多数決は必ずしも最少費用での決定ではないとされる。すなわち社会的決定に参画する時，二種類の費用が考えられうる。ひとつは満場一致なら何らの費用も意識されないが，自らは他と意見を異にする時孤立すればする程，不満乃至阻害感矯正に要する費用である。これは不満，外部費用，非効率費用等と呼ばれたりする。

他は，1人でことを決める事が出来るなら決定に要する費用は掛らないが，多くの人々が決定に参加する時，決定に要する費用は増大するであろう，その費用である。

図2.3に，描かれている如く，この二つの費用を合計した総費用は，過半数（1/2以上）のところで最小化されているとは限らないのである。

以上の如く，多数決による決め方は，有用ではあるが，それに含まれている問題，特徴についても留意しておくべきであろう。

図2.3

---

11) 佐伯胖，前掲書，pp.21-23.
12) もっともログローリングによって社会的便益が増加するプロジェクトが選択される事もあり得るであろう。
　Bruce, N. *Public Finance and the American Economy*, Addison-Wesley, 1998, p.198 参照。

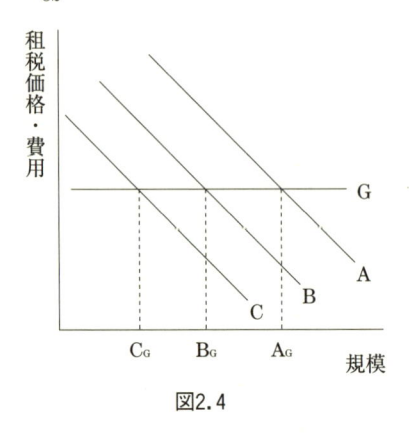

中間投票者定理 (median voter theorem)

いま単峰型の選好をもつ3人の投票者 A, B, C が，或る公共サービス支出に G ついて，図2.4の如く，各々大規模，中規模，小規模の選好を有している時，C_G 水準では，B, A が反対し，A_G 水準では B, C が反対するから，結局，多数決では，B つまり中間投票者の選好が反映される水準に決定されることとなる。これが中間投票者定理といわれるものである。

図2.4

この事から，選挙の際，出来るだけ多数票獲得が，政党・政治家の目的であるとすれば，選挙公約，選挙キャンペーンは中間投票者選好に焦点を合わせることが必要となる事が分るのである。

しかし，注意すべきは，例えば中間投票者選好による公共財提供量と Samuelson 条件式による，つまり効率的な公共財提供量が必ずしも一致しない事である。この意味では，中間投票者選好は，公共財，サービスの過大，過少供給をもたらす恐れもあるのである。

レント・シーキング (rent-seeking)

レントという言葉は，準地代，差額地代等を思い起こすが，ここでのレントは，政治的過程を通して，実現しようとする通常の収益以上の特別な経済的利益をいい，シーキングとは，それを獲得すべく，政府をして実行させるロビー活動を指すのである。様々な圧力団体は，まさにこうした行動をとっていると考えてよい。こうした場合，この特別な経済的利益を求める行動は，いわゆる死荷重を生じさせ，社会的費用として，効率性の観点から問題となるものである。

直接的な非生産的利潤追求活動の例を，P. A. McNutt のサーベイの Varian

モデルでみる事にしよう。[13] Varian は，生産側で q_1, q_2 の 2 財そして第 3 財をニュメレールとして取り上げ，消費側は代表的個人が分離加法型の準線型効用関数をもつとしている。要は，一般的均衡分析フレームワークだが，当該市場を分断的に扱いうるという事である。

図2.5は，q_2 市場の需要関数 D，供給関数 S を表わしている。いま，q_1 市場のレント・シーキング支出によって q_2 市場の需要関数が D' へとシフトすると，価格は P_2 へと上昇し，均衡点は H となる。この事から，消費者余剰ロスは，図形 P_2FEP_1 で，他方生産者余剰増分は，図形 P_2HEP_1 となるから，純利得分は，図形 FHE となる。レント・シーキング支出影響分は，$FHIG$ であるから，全体的死荷重分は，この市場だけで図形 $FEHIG$ となる。

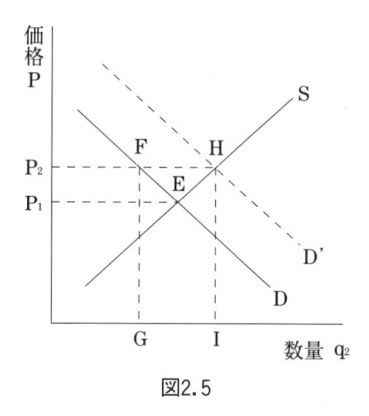

図2.5

つまりレント・シーキング分即死荷重ではないケースが生じうる訳で，であるからこそ，参入規制や輸入制限，特定業界に有効な租税特別措置，補助金等が，政治力の非対称性もあって，圧力団体の働きかけで，とりわけ政治家・族議員によってレント・シーキング活動として行われるのであろう。

そして，利益集団から見返りとして，政治献金，選挙の際の集票活動協力がなされると，僅かな余剰さえあれば，全体としての非効率性は，益々，省みられなくなる可能性がある。

米国に於ける或る研究では，選挙区の投票者 1 人当たりにつき，100＄の利益供与は，現職政治家に 2 ％以上の得票をもたらす事が報告されている。[14]

---

13) McNutt, P. A. *The Economics of Public Choice*, Edward Elgar, 1996, pp. 156–159 参照。

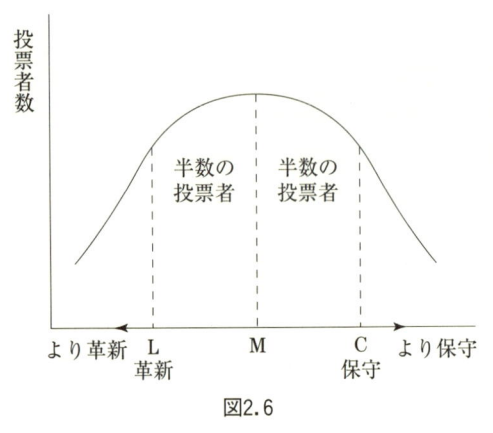

政党・政治家の行動

先にみた如く，政党・政治家にとって最も重要な関心事は，選挙に勝つ事であろう。その為には，出来るだけ選挙に於いて票を獲得する事が目的となり，これに関連してのレント・シーキング活動も当然生じてくる事となろう。

勿論，政党・政治家としての本来の，国民や住民の為の仕事も，目的ではあろうが，選出されなければ，その仕事も出来ない以上，ウエイトは選挙での，出来るだけの多数票獲得にあるといえるだろう。

そこで，政党・政治家間で，いわば票獲得競争が生じる。その際，先に述べた中間投票者定理が効いてくるのである。[15]

通常は選挙に於いて，多くの争点，公約，綱領をめぐって票獲得競争が行われるが，いま単純化して，ひとつの政治的争点を取り上げ，投票者数の分布とその争点に関する各政党・政治家の立場が，保守，革新とに分かれ，図2.6の如く単峰型で与えられているとしよう。

二人の候補者の立場は各々 C, L で M は中間投票者である。C での保守候補者に対して半分以上の投票者は，余りに保守的であると考えている事になるので，この候補者は選挙に勝てない。勝つ為には M に向って，その立場を変え多くの投票者をひきつける必要がある。

L での革新候補者についても同様で，従って M が政治的争点の立場いわば均衡点となる。

勿論，双方が同じ立場では優位はないから，自らの立場を際立たせる為，

---

14) Bruce, N. 前掲書, p. 204.
15) Bruce, N. 前掲書, pp. 200–205 参照。

相手が極端な保守派であるとか，極端な革新派であると攻撃する必要がある。もっとも，政治家はほとんど政党に属しているので，各政党の政治哲学等の特徴が明確であると，また政党に属さない事で自らの立場の特徴づけを行ったりすると自ずと政治的争点に関する姿勢や立場の相異が明らかになってくるであろう。

いずれにせよ，政党・政治家が獲得票最大化を目ざす以上，中間投票者を意識するであろうし，また獲得票最大化行動は，直接，間接的に様々な圧力団体と結びつき，レント・シーキング行動を生じる事となるのをみるのは容易である。

官僚の行動

よく官僚組織及びその行動は非効率的であるといわれる。それは何故であろうか。民間経済主体，例えば企業と比較してみると分りやすい。N, Bruce によれば，まず第1に政府，官僚組織の供給するものは，測る事や時に内容，範囲等を規定する事が難しい点があるという。[16] 例えば，企業の生産物ははっきりしているが，国防のアウトプットは，どう測るべきなのか，また教育は政府のアウトプットと規定されようが，その質や機会の平等性といった対象はどこ迄要求されるべきなのか，また国防や教育相互のウエイトはどう考えるべきか，この様な問題がある。

そこで，とりあえず政府，官僚組織による供給はインプッツで測られる傾向がある。

第2に，その供給については，時に独占的であって，私的企業の如く競争状態にはない点が挙げられる。第3に，私的企業と異なり，利潤を目的としてはいない点がある。この事は，政府，官僚組織は費用最小化の誘因はもっていない事を意味する。

以上の特徴から，官僚の行動を組織としての行動と予算に関する行動とに

---

16) Bruce, N. 前掲書, p. 206.

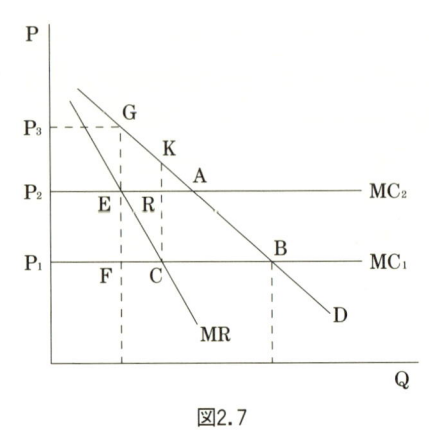

分けて考えてみる事にしよう。

今日の官僚は、権力の頂点に立つ家父長的官僚というよりは、いわば彼らのスポンサーたる政府与党や国会の意向を斟酌する政治的官僚といえよう。そして官僚組織が独占的に公共財、サービスを供給しているので、私的独占企業の如き、独占的組織体と考えると、官僚組織の非効率性は、レント・シーキング行動の大きなウエイトを含む社会的費用の大きさでみる事が出来るであろう。[17]

図2.7

図2.7に於いて、D は政治の提供する財、サービスへの需要であり、MR は限界収入、MC_1 は限界費用、MC_2 は、いわゆる H. Leibenstein のいう官僚組織の非合理的行動から生じる X −非効率性を含む限界費用を各々表わす。P はある種の価格的評価額、Q は数量である。

この時、均衡点は E で、P は P_3 となる。従って、P_2P_3GE 部分は独占レントで、P_1P_2RC 部分が、X −非効率性によるロス、そして EGA 部分と $CRAB$ 部分は、死荷重部分と考えられる。

従って、この様に官僚組織行動を考えると、競争も倒産もない組織では、組織のいわば役得としての独占レントと X −非効率性と死荷重とからなるレント・シーキングが社会的費用として生じ、官僚組織行動の非効率性を表わす事となる。

官僚組織のこの様な非効率性に関係するのが予算に関する行動である。すなわち、先にみた如くインプッツが中心となると自らの所管の省庁のインプッツにのみ、関心が行くであろうし、この様な独占組織は情報を独占する

---

17) McNutt, P. A. 前掲書, pp. 165–170 参照。

であろうから，議会や政党・政治家との間に情報の非対称性が生じて，いわば国民の意向を代表する議会，政党・政治家を依頼人（principal），官僚組織を代理人（agent）とみると，利害の不一致から一種のモラル・ハザードが生じ，いわゆるエイジェンシー問題のエイジェンシー・コストとして予算の無駄に関してとらえる事が出来るであろう。

要するに，官僚組織は効率的な予算の扱いをしているのかどうかが問題なのである。

A. Wildavsky 達の主張する如く，官僚はその組織や権限の常なる拡大を目ざしたり，予算使い残しは概算要求予算の削減につながったりするから，基本的に漸変増分主義の予算獲得行動を取るという考えや W. Niskanen の予算最大化行動という主張は，この問題を説明しようとするものである。[18]

以下では，W. Niskanen の考え方のエッセンスをみる事にしよう。[19]

いま，官僚組織が供給する公共財・サービス量を Q，その全体的便益を TB と表わす。そして，この TB は事実上議会へ要求する予算額でもある。総費用を TC とすると，

$$TB = a \cdot Q - b \cdot Q^2, TC = c \cdot Q + d \cdot Q^2,$$

と表現され，ここで $a, b, c, d > 0, a > c, b > d, (a/2b) \geq Q \geq 0$ である。

この時，官僚は予算は総費用を賄わねばならないという条件の下で，その予算の最大化を目ざし行動するとされ，この結果 $TB = TC$ から，$Q = (a-c)/(b+d)$ の公共財・サービス量が供給される事となる。

$(a/2b) \geq Q \geq 0$ 条件を勘案すれば，供給量は，

$Q = a/2b$ if $a > 2bc/(b-d)$

$Q = (a-c)/(b+d)$ if $a \leq 2bc/(b-d)$

となる。

---

18) Wildavsky, A. *The Politics of The Budgetary Process*, Little, Brown & Co. 1964 及び Davis, O. A., Dempster, M. A. H. & Wildavsky, A. "A Theory of Budgetary Process", *American Political Science Review*, vol. 60, Sep. 1966, pp. 529–547 参照。

19) Niskanen, W. A. Jr., *Beaucracy and Public Economics*, Edward Elgar, 1994, Chap. 5 参照。

然しながら，この場合もし効率的な供給がなされるとしたら，限界的便益と限界費用が等しい点での供給でなければならないであろう。つまり $d(TB)/dQ=d(TC)/dQ$ から $\overline{Q}=(a-c)/2(b+d)$ の供給量がそれである。しかし，$a/2b>\overline{Q}$ であるし，或いは $(a-c)/(b+d)>\overline{Q}$ である。つまり，いずれのケースに於いても官僚組織の供給量は，最適量を越えてしまって，いわば非効率的な供給量となってしまうのである。

何故この様な非効率性が生じるのかについては，官僚組織は，独占的供給によってこの公共財・サービス提供に関する，法規，法令そして費用構造等についての情報を独占している事や先に触れた如く，供給に際してインプット中心となる事等が，ベースとして作用しているからである。

仮に，議会が効率的供給量の予算を考えても，情報を独占している官僚との接衝に於いて結局，官僚の主張する予算の最大化，非効率的供給量が実現してしまうという訳である。

以上，Niskanen は単純なモデルを用いて官僚の予算行動そしてその結果を分析しているが，増分主義共々，毎年のかなりの予算額の計上とその成果をみる時，説得的部分は多い。

我が国では，戦後の経済の復興，高度成長期に官僚の果した予算を含む先導的役割は大きかったと思われる。しかし昭和40年代後半にかけて，官僚の中から政治家に転出したり，予算関連の与党委員会所属の長い，いわゆる族議員も増えた事もあって，予算編成のノウハウも蓄積，予算について政党がリードする，政高官低傾向がみられたといわれている。

然しながら，このころ古典的官僚としてよりも政治的官僚としての色彩を濃くした官僚は，むしろ議会の動勢や与党の意向を配慮しつつ，また族議員や圧力団体の力も利用し，実質的に政策，予算，税制改革等を主導している様に思われる。

いずれにせよ，ここで取り上げてきた政党・政治家，官僚，圧力団体，ロビイスト（Lobbyist）は政治的過程の中で，各々或いは相互に協力，合従連衡，そして非協力な行動を様々な政治的局面で取ることになる。これらの関

係は，いわゆるゲーム理論的構造をもつとみる事も出来る。
　そこで，次にゲーム理論的観点から，これらの関係を考えてみる事にしよう。

ゲーム理論的分析

　いま社会構成員 A, B が各々対立する政治的課題について，その実現をはかるべく，圧力団体，政党・政治家，官僚に働きかけるとする。そして圧力団体は政治献金，集票活動等から，政党・政治家により力を発揮出来るとし，政党・政治家は，官僚に対し人事権等を通じてより優位に立つとする。一方，官僚は行政指導，許認可事項掌握等を通じて，圧力団体により力を行使出来るとする。力の優劣関係を優位ありを1，なしを0劣位を－1で表わすと，A，B の圧力団体，政党・政治家，官僚へ働きかけによる，いわゆるこの零和ゲームの利得行列表は，表2.3の如くになる。

　例えば，A が医療保険負担軽減を官僚に働きかけたとする。他方，B は医療保険負担増加を政党・政治家に働きかけたとすると表2.3の利得行列から，A は－1で，零和ゲームであるから，B は1の利得となる。つまり，この場合，B の主張が実現するということになる。

　そうならない為の A の一般的な最適戦略は max min 戦略で，他方 B の最適戦略は，min max 戦略である。一般的には，min max 値≧max min 値である。この式が等号の場合，ゲームが確定しゲーム値が求められるが，この場合はそうではない。

　それでは解はないのかというと J. V. Neumann は次の如き混合戦略を導入し解を求めたのである。混合戦略とは，確率を用いて，どの戦略を用いるか決定しようとするものである。

　いま A が，圧力団体に a_1 の確率で，政党・政治家には a_2 の確率で，官僚には a_3 の確率で各々働きかけを行うとする。勿論 $a_1+a_2+a_3=1$ である。B は同様に，圧力団体，政党・政治家，官僚へ各々，b_1, b_2, b_3 の確率で働きかけを行うとする。$b_1+b_2+b_3=1$ である。

A \ B	圧力団体	政党・政治家	官　僚
圧力団体	0	1	-1
政党・政治家	-1	0	1
官　僚	1	-1	0

表2.3

A にとって，圧力団体に働きかけた時の B の確率的対応からの期待利得は，$b_1 \times 0 + b_2 \times 1 + b_3 \times (-1) = b_2 - b_3$ となり，政党・政治家からの期待利得は，$b_1 \times (-1) + b_2 \times 0 + b_3 \times 1 = -b_1 + b_3$ となり，官僚からの期待利得は，$b_1 \times 1 + b_2 \times (-1) + b_3 \times 0 = b_1 - b_3$ となる。

A は (a_1, a_2, a_3) の混合戦略をとるのだから，A のこの時の期待利得を $E(A)$ とすれば

$$E(A) = a_1 \cdot (b_2 - b_3) + a_2 \cdot (-b_1 + b_3) + a_3 \cdot (b_1 - b_3)$$

となる。これを最大化する a_1, a_2, a_3 を求めると，$(\partial E(A)/\partial a_1) = 0, (\partial E(A)/\partial a_2) = 0, (\partial E(A)/\partial a_3) = 0$ と，$a_1 + a_2 + a_3 = 1$ とから $(a_1, a_2, a_3) = (1/3, 1/3, 1/3)$ を得る。

そして，この時 $E(A) = 0$ となる。この値は，B がいかなる混合戦略 (b_1, b_2, b_3) をとっても，確保出来る，max min 値になっている。他方，B にとっても同様にして $(b_1, b_2, b_3) = (1/3, 1/3, 1/3)$ を得，これは防ぐ事の出来ない損失を最小化する戦略つまり min max 戦略で，その値は 0 となる。つまり，このゲームの値は 0 という事になる。

この意味については，色々考えられるが，ゲーム戦略が，いわゆる三すくみ状態の時，勿論，ジャンケンの如く，偶然選ぶ戦略で決着する事もある一方，利得・損失状況を理解し反復的対応の中で，負けない戦略を取るとしたら，各々 $1/3$ の確率で各戦略を選択すべきだというのである。その結果のゲーム値が 0 で現状からの展開はない事になる。

だから，この様なゲーム構造にある時には事態は動かないという事であるかもしれない。もっとも，こうした状況のくり返しの中では或る戦略が出て来る可能性もあろう。

次はレント・シーキングの例である。[20]いま，租税特別措置や規制，補助金等によるレントを取り合うロビイスト二人のゲーム行動を考える。そのレント額を R と表わし，ロビイスト1，2のレント獲得の為の支出を各々 γ_1, γ_2 とし，各々のロビイストのレントのシェアは，全体のレント・シーキング支出のシェアに等しいとする。

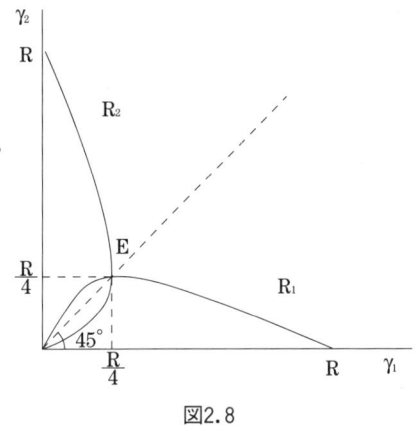

図2.8

すると，ロビイスト i $(i=1, 2)$ のシェア S_i は，$S_i = \gamma_i/(\gamma_1+\gamma_2)$ となるので，各ロビイストの利得関数 P_i は，

$$P_i = S_i \cdot R - \gamma_i = R \cdot (\gamma_i/(\gamma_1+\gamma_2)) - \gamma_i$$

となる。P_i を最大化する条件は，$\partial P_i/\partial \gamma_i = [(\gamma_1+\gamma_2) - \gamma_i] \cdot R/(\gamma_1+\gamma_2)^2 - 1 = 0$ より，ロビイスト1については，$(\gamma_1+\gamma_2)^2 = \gamma_2 \cdot R$，ロビイスト2については，$(\gamma_1+\gamma_2)^2 = \gamma_1 \cdot R$ となる。

これが，相手の出方に対する各々の最適な反応関数で，各々 R_1, R_2 と表わすとそれらは対称的であるので，図2.8の如くになり，その解は，各々 $R/4$ となる。

また，この様な場合，従ってレントの半分は，非生産的レント・シーキング支出によって失われてしまっている事になるが，それでも何がしかの利権があるとみるやレント・シーキングは行われがちとなるという事であろうか。

政治的過程では，次の如き例もみられるであろう。

非零和ジレンマゲームの中に，逢い引きのジレンマゲームというのがある。これと同様なゲーム状況が考えられうる。

いま P 党と Q 党が連立内閣を組み，議会で多数派を占めるとする。P 党

---

20) 例えば，Baldani, J., Bradfield, J. & Turner, R. *Mathematical Economics*, The Dryden Press, 1996, pp. 380–382 参照。

P \ Q	拡大予算	均衡予算
拡大予算	(2, 1)	(0, 0)
均衡予算	(0, 0)	(1, 2)

表2.4

は，どちらかといえば，予算拡大を志向し，Q党はどちらかというと均衡予算を党の政策としている時，飽くまで連立，多数派維持を目ざす時の象徴的利得行列は，表2.4の如くになるであろう。

P党，Q党の混合戦略を考えてみる。P党の拡大予算戦略確率，均衡予算確率を各々 $p, 1-p$，同様に Q党のそれを $q, 1-q$ とすると P党，Q党の期待利得 $E(P), E(Q)$ は次の如くになる。

$E(P)=2pq+(1-p)(1-q)$

$E(Q)=pq+2(1-p)(1-q)$

これを最大化する戦略確率は，$\partial E(P)/\partial p=0, \partial E(Q)/\partial q=0$ より，$p=2/3, 1-p=1/3, q=1/3, 1-q=2/3$ となる。これらを $E(P), E(Q)$ に代入すると $E(P)=2/3, E(q)=2/3$ を得る。しかし，もし $p=1$ また $q=1$ 或いは $p=0, q=0$ を選択するとその期待利得は，いずれも $2/3$ より大となっている。

つまり，こうしたゲームの相手の戦略に対する自らの戦略の最適反応或いは相手のどんな戦略に対しても自己拘束的戦略となっている状態は一般的に Nash 均衡と呼ばれるが，その Nash 均衡解としては，P党，Q党共に連立，多数派維持の為に，共に拡大予算をとるか，共に均衡予算を選択する事となるのである。

恐らく何らかの政治的思惑によって，拡大予算か，均衡予算どちらかの選択となるのであろう。1998年11月の総合経済対策の中で，連立を背景とした自民党と公明党の政策合意が行われ，地域振興券が交付された。

凡そ7,000億円程度の交付額であるが，その効果は，GDP の個人消費の 0.1％程度，約2,025億円程，他の事情にして等しければ有効需要を喚起したとの推計がある。[21]

しかし，短期日本経済マクロ計量モデルによれば，公共投資乗数は初年度で1.31である。もし，この7,000億が公共投資に回されたとしたら，9,170億の有効需要増加となっていた可能性がある。[22]

これらは，厳密な比較ではないが，仮にこの様な効果からみた場合，効果に優先する政治的選択という，いわば政府支出の無駄が，政治的過程の中で生じうる例を示唆するものといえよう。

　以上，みてきた如くゲーム理論の援用によって政治的過程の中での様々な状況の説明や政党・政治家，圧力団体，官僚等の行動ばかりではなく，その相互の対応的行動や成果の分析を行う事が出来るのである。

---

21)　経済企画庁調査局編『政策効果分析レポート2000』平成12年（2000），pp.323-327参照。
22)　堀雅博，鈴木晋，萱園理「短期日本経済マクロ計量モデルの構造とマクロ経済政策の効果」(『経済分析』第157号，経済企画庁経済研究所，平成10年〔1998〕，pp.100-103) 参照。

第3章 政府支出

3.1 現状と問題

政府支出の規模

先にみた如く,資源配分,所得再分配,経済の安定化という基本的機能を果たす為の国の歳出の規模について,一般会計対 GDP 比でその変遷をみておこう。

高度成長期以後,変動相場制移行,第1次,第2次石油ショック等を経験した1970年代は,凡そ13.8%で,後半に,いわゆるバブル景気が生じた1980年代は,凡そ16.9%となり,バブル経済崩壊,円高そして日本版ビッグバン,金融破綻,金融行政の改革等厳しい経済状況となった1990年代は,凡そ14.9%であり,2000年以降は約16.3%となっている。

その中身については,図3.1の如くである。1990年以降,主要経費中,国債費,社会保障関係費,公共事業関係費の増加が顕著である。なお,その他経費は,文教及び科学振興費,防衛関係費,恩給関係費,経済協力関係費,中小企業対策費,エネルギー対策費,食料安定供給関係費,産業投資特別会計繰入れ,その他の事項経費,予備費等からなる。また,その他の事項経費とは,ここでの主要経費の分類に含まれないものを指すが,裁判所,公正取

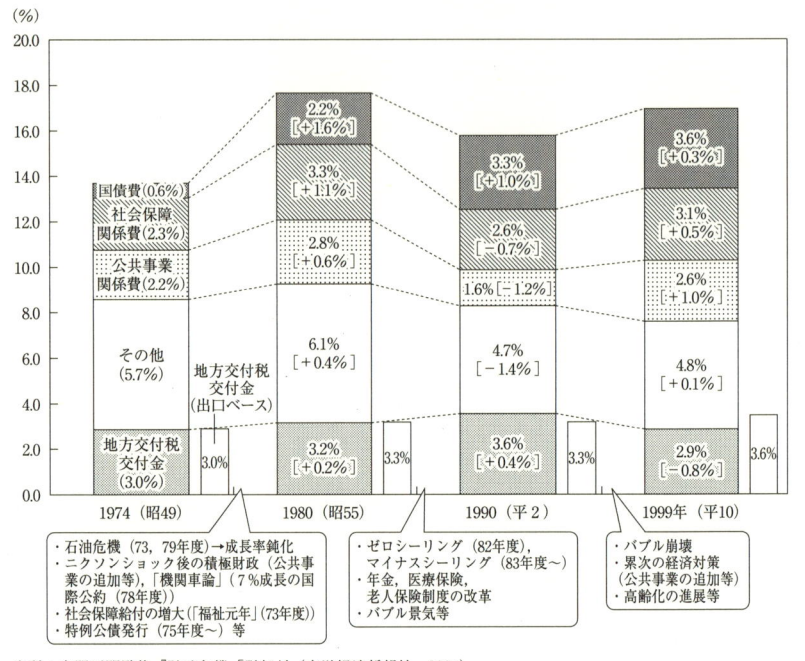

図3.1 日本(国の一般会計)における主要経費(対GDP比)の推移

項目	1974(昭49)	1980(昭55)	1990(平2)	1999年(平10)
国債費	0.6%	2.2% [+1.6%]	3.3% [+1.0%]	3.6% [+0.3%]
社会保障関係費	2.3%	3.3% [+1.1%]	2.6% [−0.7%]	3.1% [+0.5%]
公共事業関係費	2.2%	2.8% [+0.6%]	1.6% [−1.2%]	2.6% [+1.0%]
その他	5.7%	6.1% [+0.4%]	4.7% [−1.4%]	4.8% [+0.1%]
地方交付税交付金	3.0%	3.2% [+0.2%]	3.6% [+0.4%]	2.9% [−0.8%]
地方交付税交付金(出口ベース)	3.0%	3.3%	3.3%	3.6%

- 石油危機(73, 79年度)→成長率鈍化
- ニクソンショック後の積極財政(公共事業の追加等)、「機関車論」(7%成長の国際公約)(78年度)
- 社会保障給付の増大(「福祉元年」(73年度))
- 特例公債発行(75年度〜)等

- ゼロシーリング(82年度)、マイナスシーリング(83年度〜)
- 年金、医療保険、老人保険制度の改革
- バブル景気等

- バブル崩壊
- 累次の経済対策(公共事業の追加等)
- 高齢化の進展等

出所:本間正明監修『財政危機「脱却」』(東洋経済新報社, 2001)

引委員会,宮内庁等,省庁予算全額や各省庁が主要経費として計上していないものが含まれる。その使途としては,各省庁の職員の人件費が含まれる事が多いので,人件費の割合が高く,ついで補助費,物件費等が占めている。

ここで世界の諸国との比較を図3.2,表3.1等で一見しておこう。

政府最終消費支出は,政府が国家の安全秩序の維持,社会福祉等の為に,国民に提供したサービスの総量を表わし,一般政府総固定資本形成は,一般政府の生産の為に使用する建物,構築物,機械設備等の耐久財,大規模な固定資産の改造,更新,土地の造成改良,鉱山・農地等の開発拡張,種畜,酪農牛等の購入そして土地,鉱床,森林等の取引に際して必要なマージン,移転経費等,将来に渡って便益を生み出す固定資本の形成の為の支出である。

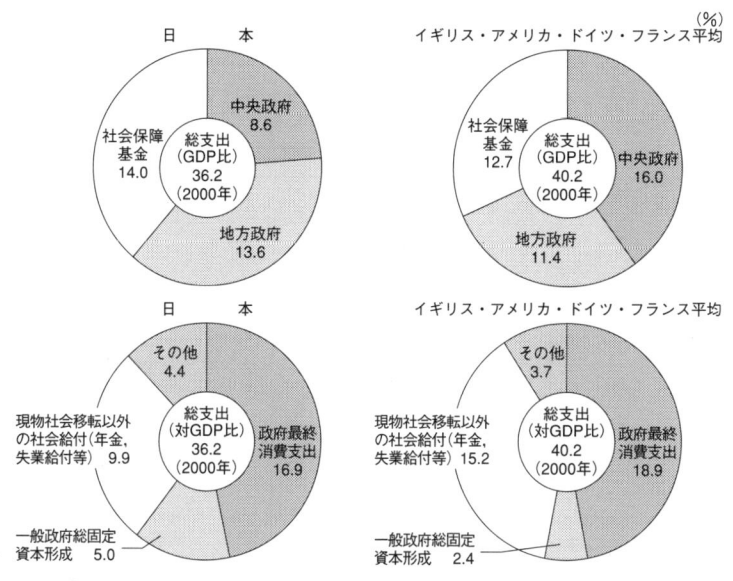

図3.2 主要国の国民経済に占める財政の役割

日本
- 中央政府 8.6
- 社会保障基金 14.0
- 地方政府 13.6
- 総支出（GDP比）36.2（2000年）

イギリス・アメリカ・ドイツ・フランス平均 (%)
- 社会保障基金 12.7
- 中央政府 16.0
- 地方政府 11.4
- 総支出（GDP比）40.2（2000年）

日本
- その他 4.4
- 現物社会移転以外の社会給付（年金、失業給付等）9.9
- 一般政府総固定資本形成 5.0
- 政府最終消費支出 16.9
- 総支出（対GDP比）36.2（2000年）

イギリス・アメリカ・ドイツ・フランス平均
- その他 3.7
- 現物社会移転以外の社会給付（年金、失業給付等）15.2
- 一般政府総固定資本形成 2.4
- 政府最終消費支出 18.9
- 総支出（対GDP比）40.2（2000年）

出所：『図説日本の財政（平成15年度版）』（東洋経済新報社）

　これらからは，我が国は一般政府総支出対GDP比は，他の先進諸国の平均より小さい事，そして最終消費支出と社会保障給付の割合も低いが，総固定資本形成の割合は大きい事が分かる。

　以上，ごく大雑把ながら，我が国の歳出規模，中身等についてみたが，現在の我が国の財政問題の幾つかは明らかとなっているであろう。すなわち，ひとつは，先進国間比較では低い割合ではあるが，今後いわゆる少子高齢化社会に向って，社会保障関係費とりわけ年金，医療保険財政収支悪化問題であり，いまひとつは，総固定資本形成割合が高いのは，種々のインフラ整備と景気対策によるものであるが，その結果，国債残高が蓄積され，国債費が増加しているという財政再建問題である。

　以下では，国債については後に取り上げるので，医療保険，年金問題と公共事業関係費に係わる問題についてみる事にしよう。

表3.1　主要国の国民経済に占める財政の役割
(%)

		対国内総生産比									合計 一般政府総支出
		政府最終消費支出	うち人件費	うち医療費	一般政府総固定資本形成	現物社会移転以外の社会給付〈年金、失業給付等〉	その他	うち利払費	うち土地購入〈純〉	うち補助金	
日　本	1990	13.3	6.2	3.8	4.8	7.0	5.0	3.6	1.0	0.8	30.0
	2000	16.9	6.7	5.4	5.0	9.9	4.4	3.2	0.8	0.8	36.2
アメリカ	1990	16.6	—	—	3.7	10.0	3.3	5.1	0.1	0.5	33.7
	2000	14.6	—	—	3.3	10.7	1.7	3.7	0.1	0.4	30.3
イギリス	1990	19.8	11.5	—	2.6	12.0	6.1	3.8	▲0.1	0.9	40.5
	2000	18.8	7.1	—	1.1	13.4	4.9	2.8	▲0.1	0.5	38.2
ドイツ	1991	19.2	9.0	—	2.7	15.7	6.6	2.8	▲0.1	2.2	44.2
	2000	19.0	8.1	—	1.9	18.8	3.6	3.4	▲2.6	1.7	43.3
フランス	1990	22.3	12.5	—	3.5	16.9	5.0	2.9	0.1	1.8	47.5
	2000	23.3	13.5	—	3.2	17.8	4.5	3.2	0.1	1.2	48.8
スウェーデン	1993	28.4	19.1	—	3.3	23.3	12.5	6.0	▲1.8	4.5	67.5
	2000	26.2	16.4	—	2.5	18.3	5.4	4.2	▲0.3	1.6	52.3

(注)　1.　日本は年度、諸外国は暦年ベース。
　　　2.　一般政府とは、国・地方及び社会保障基金といった政府あるいは政府の代行的性格の強いものの総体（独立の運営主体となっている公的企業を除く）。
　　　3.　一般政府総支出は、経常支出と純資本支出の合計。
　　　4.　中央政府、地方政府、社会保障基金それぞれの総支出は、他の一般政府部門への移転を控除している。
(出典)　日本：「平成13年度国民経済計算」確報、アメリカ：National Income and Product Accounts、諸外国：OECD/National Accounts 2002.
出所：『図説日本の財政（平成15年度版）』（東洋経済新報社）

医療保険・年金問題

　我が国では、昭和36年に、国民皆保険・国民皆年金制度が確立、これらの社会保険費と社会福祉費は、社会保障関係費の中核をなしている。

　医療保険は、政府管掌、日雇、船員等の保険と共済組合等の被用者保険と一般地域住民対象の地域保険である国民健康保険そして老人保健制度がある。各保険の給付は原則として加入者本人と事業主の納める保険料等によるが、老人医療や国民健康保険等に対しては、国、地方公共団体の補助が行われている。勿論、医療費支払については本人、家族の一部自己負担分がある。

　この様な医療保険は最近各制度とも、その財政は赤字化している。何故そうなるのか、そしてどの様な問題があるのかを図3.3で考えてみよう。

P_0S は，単純化して一定の医療サービス供給の限界費用とする。$D'D$ は，医療サービスの需要関数である。均衡点は a 点で，医療サービス価格とサービス量が決定される。

医療保険が導入されると本人負担分は OP_1 で，P_0P_1 は医療保険で賄われる事となるので，均衡点は C 点となる。その結果，M_0M_1 の過剰な医療サービス提供がなされた事となる。

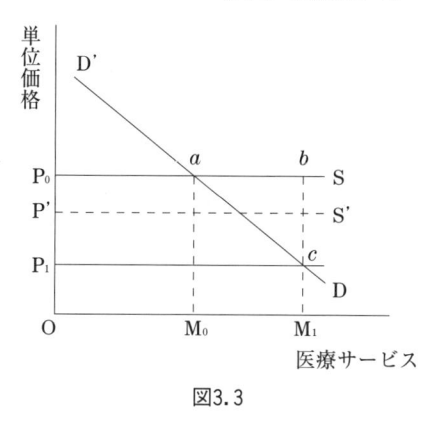

図3.3

医療保険によって，医療費は，M_0abM_1 だけ増加する一方，死荷重 abc が，消費者余剰分 P_0aD' より大となっていれば，保険財政赤字ばかりではなく，社会的に非効率的状態となってしまうのである。

医療保険によって，医療サービス需要が過大となるという，いわゆるモラル・ハザードが生じているのである。そしてまた，社会保険診療報酬のあり方から，供給側に，いわゆる X ―非効率性が生じ，本来の供給関数は $P'S'$ であるのにも掛わらず，実際上 P_0S となっている可能性もある。

以上の如き状況があり，我が国の医療サービスに関して，度々指摘されている，重複受診，3時間待ち3分診療，薬づけ検査づけ医療，そして医療より介護が必要な者が病院に長期間の入院一時退院或いは転院を繰り返す，いわゆる社会的入院等の問題の背景をなしているのであろう。

ではどの様に，これらの問題を解決すべきであろうか。医療保険を民間に任せ効率性を追求する事も考えられるが，この場合，自らの健康や病気のリスクを強く意識する人々以外，医療保険には入らず，従って医療保険を維持する為，保険料は高くなり，それがまた医療保険離れを生じさせ，医療保険市場は過少提供となるという逆選択問題が生じる可能性がある。

医療保険財政収支均衡維持は重要ではあるが究極の目標ではない，いかに

図3.4 世代別の実質的受益・負担（1世帯当たり）

ケース1～3（受益・負担別）

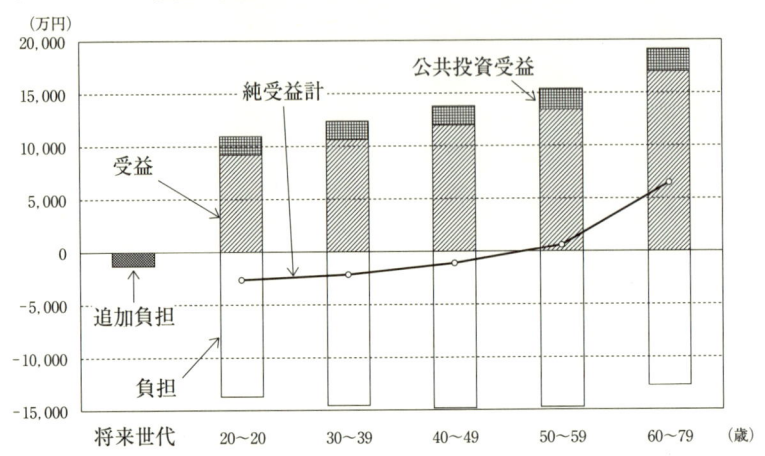

（備考）1．経済企画庁「国民経済計算」、総務庁「家計調査年報」「全国消費実態調査」
等による。世代会計の推計については、付注3－2－8を参照。
2．ケース1：公共投資の受益を純固定資産による収益額から算出。
将来の世帯当り実質成長率3％、実質利子率5％と仮定。
ケース2：将来の世帯当り実質成長率2％、実質利子率4％と仮定。
ケース3：将来の世帯当り実質成長率1％、実質利子率3％と仮定。
3．ケース1～3については数値の差異が小さく、グラフにおいて明確な識別が
困難であるため、ここではケース1のみを掲載する。

出所：経済企画庁編『経済白書（平成7年度）』

　国民の健康維持，疾病のリスクを少なくするのに医療保険が実効を挙げるかが問われなければならないであろう。医療保険の効率化とそうした医療保険制度の確保を考えていく必要がある。
　医療保険財政収支を意識しつつも，最近よく聞かれる，治療より予防に重点をおく方向の模索や軽度の治療はむしろ本人負担を増やし重度の治療については保険で対応し負担を減らす方策或いはシビルミニマム水準医療は保険で，他は本人負担とか民間保険での対応を模索する方向の検討とか，診療報酬システム，高齢者医療制度を含む医療保険制度の体系の抜本的検討が求められているといえよう。
　我が国の年金制度についても，急速な人口の高齢化の中で，将来の年金財

政収支が大きな問題となりつつある。

当初年金は積立方式を建前としていたが，現在は実質的に賦課方式となっている。積立方式とは，本人の年金資金を若い頃から積み立ててこの積立金とその運用益を年金原資とするもので，これは人口構成変動の影響は余り受けないが，インフレーション等による原資の目減りという弱点をもっているといわれている。

賦課方式とは，当年度の保険料が，当年度の年金給付に充てられるもので，従って人口構成変動の影響を強く受けるが，物価変動の影響は積立方式に比べれば大きくはないといわれている。我が国では，積立金が年金給付に比べて小さく，当年度の保険料が，ほとんど年金給付に回っているので，実質的に賦課方式となっている訳である。

従って，いわば世代間の所得の再分配ともみなせるので，少子高齢化状態が続き年金財政が厳しくなると世代間再分配がうまく働かなくなるのである。

そこで，L. J. Kotlikoff らの世代会計という考え，これは世代のメンバーが生存していると考えられる期間について，政府からの年金給付，医療給付の社会保険や公的扶助という受益と保険料，税等の負担を世代別に分解し，生涯を通じた純負担の割引現在価値を推計したものであるが，この考えに基づく平成7年の経済白書の推計結果が，図3.4である。[1]

この推計では，公共投資からの受益も加えられているが，この時点での40歳代以下は負担が受益を上回り，50歳代以上では受益が負担を上回り，特に60歳以上では純受益額が相対的に大きくなっている事が分かる。

推計の際の前提条件等留意すべき点はあるが，これは基本的傾向であろう。

この様に世代間所得再分配が，うまく働かない状態なので年金制度改正は大きな問題である。年金制度改正は，まず1986年に，それ迄の国民年金，厚

---

[1] 例えば Kotlikoff, L. J. *Generational Accounting*, the Free Press, New York, 1992（香西泰監訳『世代の経済学』日本経済新聞社，1993）参照。

なお，年金問題及び改革論については，高山憲之『年金の教室』PHP研究所，2002，八田達夫，小川登良『年金改革論』日本経済新聞社，1999等を参照。

生年金，共済年金の横並び，調整が行われ，基礎年金制度が導入され国民年金は，基本的には，いわゆる一階建て，厚生年金等は二階建てとなり，公的年金の構造は今日の如き形になった。そして，その後の細かい改正ののち，2000年大巾な改革がなされた。

つまり，厚生年金報酬比例部分給付額の5％削減（2000年4月より），手取り賃金スライド停止，支給開始年令の65歳への引き上げ，そしてこれ迄，月給の17.35％とボーナス1％の保険料であったが，総報酬制という事で，その13.58％（2003年4月より）の保険料負担となった点，また国民年金では未加入保険料の未納問題（多い年度では第1号被保険者となるべき者の40％にもなるといわれている。）に対し低所得者対策として半額免除制度（2002年4月より）の実施そして学生の特例納付制度手直し，育児休業期間の本人分ばかりではなく会社負担分も免除，等が主なる改革点といえよう。

然しながら，以上の支給年齢引き上げ，給付水準カット，総報酬からの負担増というのは，いかにも財政収支のみに重点を置いた改革に映る。総務庁の統計では，無職の高齢者世帯の生活費は，月額約28万円とされる。今回の改革のモデル年金金額は，夫婦2人夫40年加入，妻専業主婦ケースで，基礎年金が2人で約13.4万円，二階建て部分の報酬比例部分は，約10.4万円で，計23.8万となる。従って不足生活費を何とか個人で，公的年金以外のものを考えねばならなくなる。それなら，抜本的に，賦課方式を積み立て方式に移行させてはどうかとか，基礎年金部分を保険料ではなく税負担とし，二階建て部分等については，いわゆる確定拠出型年金導入で対応させてはどうかとか，国民生活基礎調査等では，60歳以上の人の持ち家率は，85％に及ぶ事から，いわゆる reverse mortgage（住宅資産活用による老後の生活保障）等のさらなる工夫と普及を検討してはどうか等の考え方も出て来ている。

今後，誰でも，どの世代もやがて訪れる老後を安心，豊かに送る為に，どの様な年金制度にすべきか，またそのコンセンサスをどの様にして作りあげるかが問われ続けている。

第3章 政府支出 103

公共事業に関する問題

先にみた如く，総固定資本形成の割合の高いのは，社会資本ストックの立ち遅れと景気対策によるものとみることが出来る。しかし最近では，公共事業，公共投資が本当に我が国の生産力を高めているのか，景気対策として有効に機能しているのか，結果的に公債残高のみを増やしているのではないのか等の指摘がなされている。次に，この様な問題について考えてみよう。

まず公共投資や公的資本形成の概念の違いについては，次の如くになる。すなわち公共投資は，国や地方公共団体の行う社会資本整備の為の投資であり，同様な，しかし国民経済計算上の概念である公的資本形成に対して用地費，補償費をも含むものである。つまり，より正確には，公共投資＝(公的資本形成)－(公的事業に含まれる民間負担分)＋(民間への資本移転)＋(用地費，補償費)となろう。

また公共投資と公共事業関係費，社会資本の関係については，図3.5の如くになる。

この中で，施設費は，主要経費別分類で公共事業関係費以外の他の主要経費に分類される経費のうち，公共投資に関する経費を総称したものである。例えば，文教及び科学技術振興費という主要経費に分類されている，公立文教施設に関する経費である。

そして公共事業関係費は，一般公共事業関係費（治山治水対策事業費，道

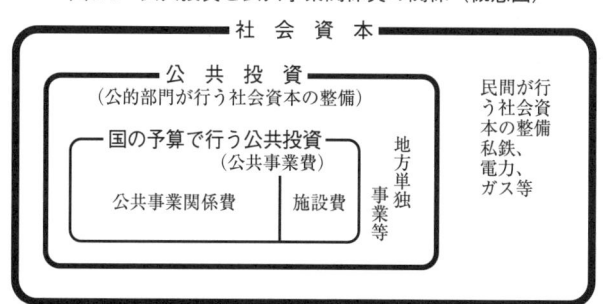

図3.5 公共投資と公共事業関係費の関係（概念図）

```
┌─────────── 社 会 資 本 ───────────┐
│ ┌──────── 公 共 投 資 ────────┐             │
│ │    （公的部門が行う社会資本の整備）   │  民間が行  │
│ │ ┌─ 国の予算で行う公共投資 ─┐ │        │ う社会資  │
│ │ │         （公共事業費）         │ │ 地方  │ 本の整備  │
│ │ │                                │ │ 単独  │ 私鉄、   │
│ │ │  公共事業関係費 │ 施設費  │ │ 事業  │ 電力、   │
│ │ │                                │ │ 等    │ ガス等   │
│ │ └────────────────────┘ │        │          │
│ └────────────────────────┘             │
└────────────────────────────────┘
```

出所：井堀利宏『公共事業の正しい考え方』(中央公論新社，2001)

路整備事業費，港湾・空港・鉄道等整備費，住宅・都市環境整備費，下水道・水道・廃棄物処理等事業費，農業農村整備事業費，森林水産基盤整備事業費，調整費等）プラス災害復旧等事業費からなっている。

　この様な公共投資は，これ迄景気対策として用いられているが，最近のGDPはマイナス成長で，失業率も5％を越えている。公共投資は景気回復に有効ではないのであろうか。

　先にみた如く，簡単なケインジアンモデルでは，限界消費性向，税負担，投資の利子反応度，貨幣需要の利子反応度，貨幣需要の所得反応度そして開放体系では，限界輸入性向等の大きさに影響されるが，政府支出乗数はプラスと考えてよい。問題は，その大きさ程度である。90年代を通じ乗数効果は低下しているのではないかという問題である。

　これについては，理論・実証研究の蓄積がある。[2]この中で，乗数効果を低下させる要因として挙げられている主なものは次の如き諸点である。1) 税，社会保険料負担の増加，2) 産業構造の変化，3) 国際化，グローバル化の進展，4) 金融の自由化，5) ストック経済化の進展，6) 公共投資財源としての公債残高増からの将来の増税予想，等である。

　1) については，(1.13) 式で分る通り，そして租税，社会保障負担対国民所得比でみて，1960年頃は18％程度だったが，1970年頃は24.3％，1980年頃には31.3％，1990年代は36％～38％程度となっているから，乗数効果低下理由となり得る。

　2) については，いわゆる経済のサービス化，ソフト化の影響という事で

---

[2] 以下の展開については，足立英之「日本経済の構造変化と裁量的財政政策の有効性」（貝塚啓明編『財政政策の効果と効率性―サスティナビリティを求めて』東洋経済新報社，2001，第1章）及び井堀利宏『公共事業の正しい考え方―財政赤字の病理』中央公論新社，2001，太田清「財政政策の有効性は低下してきたのか―公共投資拡大論と公共投資有効性低下論」（『郵政研究所月報』1995，7（上）pp.99-105，1995，8（下）pp.89-93），また社会資本のストックの生産性や便益効果については，三井清，太田清編著『社会資本の生産性と公的金融』郵政研究所研究叢書，日本評論社，1995，そして，吉野直行，中島隆信編『公共投資の経済効果』日本評論社，1999，特に第4章～第6章，等に依るところが多い。

あるが，産業連関分析上，物財とサービス部門に分け生産誘発波及効果をみるとサービス産業平均波及効果は，物財産業のそれよりも低くなっている。しかし，物財，サービス部門間交流効果では，物財部門内の生産誘発が，サービス部門に需要をフィードバックさせる効果が，サービス部門のその効果より大となっている。つまり物財活動がサービス活動に依存する程度よりサービス活動が物財活動に依存する度合いが高いのである。

そして，部門間の付加価値の二重計算に留意すべきではあるが，最終需要額が与えられた時，誘発された生産額との割合を生産誘発係数というが，この推移は平成6年度版経済白書で示されている如く，製造業，非製造業共大きな変化はない。[3]

従って，産業連関表等をみる限り，産業構造の変化が，政府支出乗数効果を低下させたとはいえないであろう。

3)については，確かに限界輸入性向や輸入依存度が高くなるとリッケージが大きくなるから，乗数は低下するが，貿易構造の変化が生じると，それらはGNPと相関しない状況も起こりうる。つまり，原料輸入で製品輸出という構造から資本財輸出，東南アジア等での海外生産そして耐久消費財等の最終製品を輸入するという構造への変化である。

すると輸入だけでなく経常収支全体を考える必要が出て来る。そして注目されるのが，先にも触れたMundell-Fleming効果である。つまり変動相場制の下での国際資本移動の影響である。これは4)にも関係するところであるが，影響ルートは次の如くになる。

政府支出増加→金利水準の上昇→国内への資本流入圧力の上昇→円高→経常収支悪化→GNP水準の低下となる効果である。確かに旧経済企画庁の第5次版EPA世界経済モデル（1995）でも民間投資や経常収支のクラウディングアウト効果は確認されるが，その効果は大きくはなく，近年急速に乗数

---

[3] 『経済白書』平成6年版，経済企画庁，pp.126-128及びp.563，1985-1991年間でみて製造業（0.5441-0.5471），非製造業（1.5052-1.5871），産業全体（2.0493-2.1342）となっている。なお，足立英之，前掲論文，p.20参照。

が低下しているという結果は得られていない。

4)については，3)に関係して，いわゆる1985年のプラザ合意前後の金融の自由化，国際化により，かつては例えば GNP 増加→外国債券需要増加→円安というルートと金利水準上昇→外国債券需要減少→円高となるルートが混在していたが，外国債券需要は，もっぱら内外金利差によって決まる様になり，Mundell–Fleming 効果が大きくなり，乗数は下ったという見方がある。他方，金融自由化による預金金利自由化の問題を取り上げると自由化によって預金金利と債券金利がより連動しやすくなる事から，例えば政府支出増加が取引や所得を増加させ，それが預金，債券，借入等の需要増加を生じ，もし日銀が通貨量一定にしていると，通貨に対する超過需要となり金利上昇，債券金利も連動して上昇，結果的に民間投資がクラウディングアウトされ，GNP は減少となるルートが存在する。一方で金利上昇，連動しての債券金利上昇は，金利のつかない現金から預金への需要シフトが生じ，現金への需要減少は金融を緩和させ，金利上昇は抑制され，結果的に乗数効果は，それだけ大となるというルートも考えられる。この様な預金金利自由化による二つの影響ルートを勘案するとネットでは，政府支出乗数への影響は，さほど大きなものではない可能性がある。また如何なる金融政策がとられているかにも留意する必要があろう。

従って，金融の自由化が明確に乗数を低下させたとは必ずしもいえないであろう。

5)については，日本経済は高い貯蓄率と活発な投資による資産の蓄積が進み，また証券化の進展や消費者信用の発達もあり金融資産の実物資産に対する比率が上昇そして地価等の資産価格の上昇もあって，フローに比べてストックの方が相対的に急速に増加した結果から，そのストックがフロー面での実態経済に及ぼす影響に注目するものである。[4]

例えば，バブル崩壊による経済主体の資産，負債のバランスシートの悪化，

---

4) 足立英之，前掲論文，pp.18–19参照。

とりわけ銀行部門での大量な不良債権そして企業部門での大規模な過剰設備の発生というストック面での不均衡が民間経済の自律回復力を弱め，公共投資による景気回復効果が出ていないというのである。

これは，乗数効果自体云々よりも，むしろその経済的背景を問題視するものといえよう。

6) については，先にみた Lucas の主張の如く，政府が公債を財源に同様な有効需要拡大政策の繰り返しで，景気回復を図ると，将来増税による公債償還を予想して，経済主体は消費を減らし貯蓄を増やす結果，政府支出増加は，GNP 増加につながらないという訳である。これはまた公債の中立命題と呼ばれている。この様な議論では，公債が民間部門に純資産とみなされるか否かもひとつのポイントである。民間部門が租税負担増加を完全に予想するとすれば，公債は純資産とみなされていない事になる。

いずれにせよ公債の中立命題やどの程度純資産とみなされているのかは実証の問題であるが，多くの実証研究の結果は，中立命題は完全には成立してはいない。しかし成立していないといい切る事も出来ないという事を示している。

従って或る程度の乗数効果は働いているとみてよいであろう。

以上，乗数効果を低下させたという諸要因についてみて来たが，程度はとも角，必ずしも大きく低下させているとは云えない様に思われる。1980年代と1990年代について同一の構造モデルによる乗数比較を行い，乗数は概ね変化はないという実証研究もある。[5]

それでも，これだけ公共事業が行われたのに効果が出ていないといわれる点についてはどう考えるべきであろうか。恐らく，まず第1には，例えば高度成長期の如き経済環境で乗数が過大評価され，それが定着してしまった可能性がある。元々，公共投資は，補整的な呼び水政策で，民間経済の自律的回復力が伴わなければ，本格的景気回復とはなり得ないものであろう。

---

5) 堀雅博, 鈴木晋, 萱園理「短期日本経済マクロ計量モデルの構造とマクロ経済政策の効果」『経済分析』第157号，経済企画庁経済研究所，平成10年〔1998〕参照。

第2に，その民間経済の自律的回復力や経済の潜在成長率が，かつてない程低下していて，公共投資は景気の下支え的役割のみを果たしている事そして第3に，いずれにせよ，こうした中で公共投資の量的拡大は続き，中にはレント・シーキング圧力もあったであろうが，効果の乏しい無駄ともいわれる公共事業が目立つ様になっていった点等が考えられよう。

　また，以上の如く，公共投資の短期的効果もさる事ながら，長期的に社会資本としての作用，効果にも注目する必要がある。

　種々なる生産関数の特定化による，また産業，生産関連或いは生活関連等の分野別社会資本のそして地域的社会資本を対象とする多様な実証研究が行われている。[6]

　それらの結果によれば，社会資本は生産に対して有意にプラスとなっており，生産性に対する弾力性値も約0.25～0.32を示している。さらに，地域別，分野別社会資本についての実証分析では，地域別には大都市圏での社会資本の生産性が高く，地方圏では低い結果が得られ，分野別では産業関連及び第二次産業に関する社会資本の生産性は高くなっている。同時に生活関連及び第三次産業に於ける社会資本の生産性もかなり大きい事が明らかにされている。

　以上，公共投資のいわば短期的な需要面への効果と長期的な社会資本としての供給面への効果についてみてきたが，それなりの効果は確認出来るものの，景気を回復させ，潜在的成長率をより高くする程の力にはなっていない，にも掛わらず公共事業量の拡大とその財源としての公債残高の累増は，公共事業のあり方に再検討を迫るものである。

　とりわけ，政治的レント・シーキング，十分な国会審議を経ない閣議決定による継続プロジェクト，地方公共団体の補助金行政による公共事業，また一度補助金による継続事業となると途中中止すると補助金の返還負担が大きく中止出来ない制度そして本来の地方財政の財源の補償と調整という役割以

　6）　例えば　長峯純一，片山泰輔編著『公共投資と道路政策』勁草書房，2001参照。

上に，地方公共団体の公共事業の財源としての地方債の利子補給に，地方交付税交付金が充当されたりしている点そして潤沢な財政投融資を背景に採算ベースを必ずしも意識しないかの如き特殊法人の経営，等が現在問題視されている。確かに，各々その時点での状況では，理に叶った点もあったのかもしれない。しかし，現在公共部門の効率性という点で大きな問題といわねばならない。

そこで公共部門の活動を効率的にするシステムを考える必要がある。先に予算改革を取り上げたが，とりあえずいま行うべきは，公共部門による事業，プロジェクトについて，その予算，その成果の比較から最も効率的なものを選択すべく心がける事であろう。

この様な考え方の基本でもある費用・便益分析について次に触れる事にしよう。

3.2 費用・便益分析（Cost–Benefit Analysis）

費用・便益分析とは，或る目的の事業を行う時，その目的を貨幣表示した便益とこの事業に要する予算，費用とを，関連する代替的事業間で比較考量し，最も効率的な事業，プロジェクトを選択する為の分析である。

便益・費用の測定

まず便益の測定についてであるが，もしプロジェクトの効果が市場に関係して生じるならば，需要関数，供給関数をベースとする，いわゆる消費者余剰，生産者余剰をもって便益が計測される事となる。

いま図3.6に於いて，供給側では規模に関する収穫不変で，均衡価格 P_0 で均衡取引量は Q_0 であったが，或るプロジェクトによって生産性が上昇，コストが下落して供給線が S_0 から S_1 へ下ったとしよう。この時，便益は消費者余剰のみに生じ，その大きさは $P_1P_0E_0E_1$ で，これが事業コストに対応する事となる。

図3.6

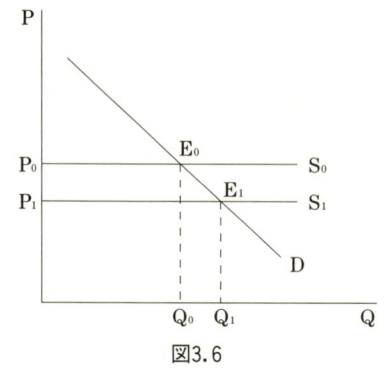

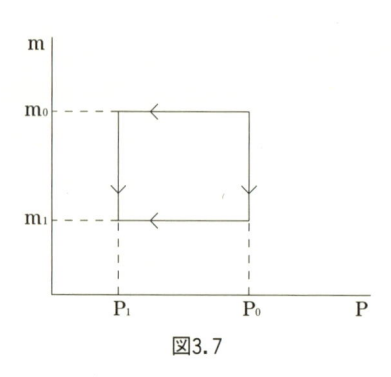

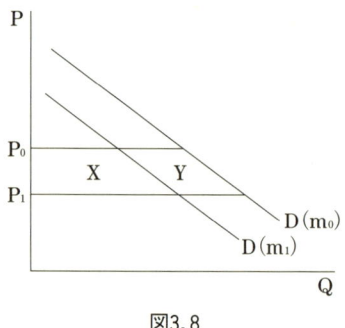

図3.7

図3.8

しかし，こうした消費者余剰概念による測定には，径路依存性という問題がある。図3.7，図3.8に於いて，まず図3.7の所得 m_0，物価水準 P_0 の m_1, P_1 への各々の変化が生じる際，$P_0 \rightarrow P_1$ が生じ，次に $m_0 \rightarrow m_1$ が生じる場合と，$m_0 \rightarrow m_1$ の変化が生じ，次いで $P_0 \rightarrow P_1$ の変化が生じる場合を取り上げると，前者の場合，図3.8で消費者余剰をみてみると，$X+Y+m_0-m_1$ となるが，後者の場合には，$X+m_0-m_1$ となる。つまり同じ (m_0, P_0) から (m_1, P_1) への変化なのに，変化径路に依存して両者の消費者余剰は一致しないのである。

これが径路依存性問題といわれるものである。[7]

この問題を避ける為には，Hicks のいう補整的変差（Compensating Valuation，以下では CV と表わす）や等価的変差（Equivalent Valuation，以下では EV と表わす）に依らねばならない。CV とは，いま或る価格の下で消費者選択の均衡が得られている時，その価格が下落し，次なる均衡が得られたとする。この時，変化後の価格で，以前の均衡の効用水準を得る為に，どの

---

7) 拙著『公共部門と経済的厚生』新評論，1996，第1章参照。

位の所得が取り上げられなければならないかで，或いは，この様な価格下落という経済状態良化に，消費者が支払う最大額として，その大きさを表わすものである。

他方，EV とは，価格下落ケースでいえば，価格変化後の効用水準を，変化前の価格で達成しようとすると，どの位の所得が支払われなければならないかで，或いは，この様な価格下落という良化した経済状態と変化前の効用水準が同じになる為に，消費者が受け入れる最小額として，その大きさを表わすものである。

図3.9の上の図で，縦軸

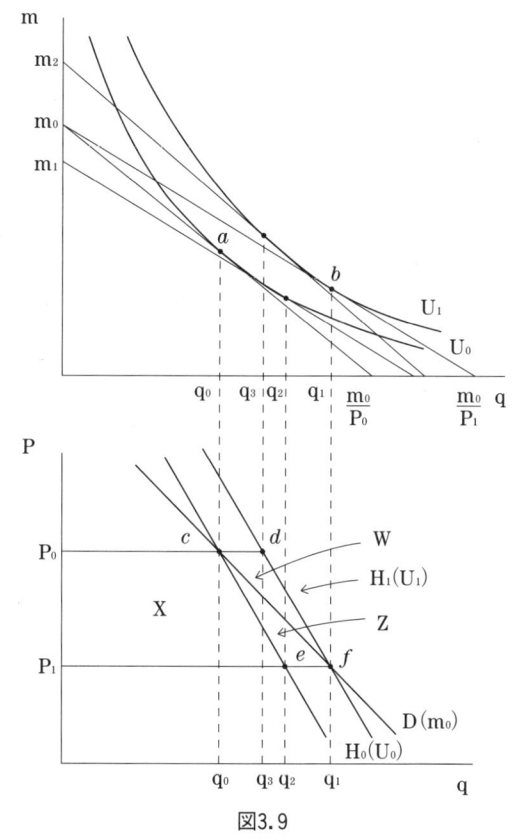

図3.9

に所得，横軸に q の量がとられていて，所得 m_0，価格 P_0 の下での初期均衡点は a で，購入量は q_0，効用水準は U_0 となっている。いま価格が P_1 へ下落すると，均衡点は b，購入量は q_1 そして効用水準は U_1 となる。この時，CV の大きさは，新しい価格線が U_0 と接する様になる所得差で $m_0 - m_1$ となる。他方，EV は，変化前の価格線が，U_1 と接する様になる所得差であるから $m_2 - m_0$ の大きさとなるのである。

図3.9の下の図で $D(m_0)$ は通常の Marshall の需要関数で，$H_0(U_0)$，$H_1(U_1)$ は，いわゆる Hicks の補整的需要関数である。そこで，消費者余剰を CS と

表わせば，$CS=X+Z$ で，$CV=X$，$EV=X+Z+W$ となる。

従って，正常財，価格下落ケースでは，$CV \leqq CS \leqq EV$ である。下級財や価格上昇ケースでは，この関係は逆転する。ちなみに等号が成立するのは，e 点と f 点，c 点と d 点が一致する時つまり所得効果が零の時である。

この様に，径路依存性のない，つまり一義的に便益の測定が出来る CV，EV と CS との関係は分かったが，それでは CV, EV はどの様に測定出来るのであろうか。実は，CS は市場から直接測定可能ではあるが，CV, EV は市場では直接観測可能ではないのである。

R. D. Willig は，一定の条件の下で CS をベースとして CV, EV の近似的測定を試みている。[8]

いま，或る財市場の需要 q，所得 m として需要の所得弾力性 η とすると
$$\eta = (\Delta q/q)/(\Delta m/m)$$
である。従って，
$$\Delta q = \eta \cdot q \cdot (\Delta m/m)$$
を得る。

Δq 分の消費の減少に導く所得変化は，ΔP が小さいとすれば，CS に近似されよう。つまり，$\Delta m = CS$ と近似的に考えると，
$$\Delta q = \eta \cdot q \cdot (CS)/m$$
となる。図3.9の下の図，Z 部分は，ΔP が小さいとすれば，
$$Z \fallingdotseq (1/2) \cdot \Delta q \cdot |\Delta P| \fallingdotseq (1/2) \cdot |\Delta P| \cdot \eta \cdot q \cdot (CS)/m$$
となる。

また，$CS \fallingdotseq q \cdot |\Delta P|$，$CS = CV + Z$ から，
$$CV = CS - Z$$
$$= CS - (1/2) \cdot |\Delta P| \cdot \eta \cdot q \cdot (CS)/m$$
$$\fallingdotseq CS - (1/2) \cdot \eta \cdot (CS)^2/m$$

同様に，$\Delta q \fallingdotseq -\eta \cdot q \cdot CS/m$ で，W 部分については，$W \fallingdotseq -(1/2) \cdot \Delta q \cdot$

---

[8] Willig, R. D. "Consumer's Surplus withort Apology", *American Economic Review*, Vol. 66, No. 4, Sep. 1976, pp. 589–597 参照。

$|\Delta P| \fallingdotseq (1/2)\cdot\eta\cdot q\cdot|\Delta P|\cdot CS/m \fallingdotseq (1/2)\cdot\eta\cdot(CS)^2/m$ を得, $EV = CS + W$ から,

$$EV \fallingdotseq CS + (1/2)\cdot\eta\cdot(CS)^2/m$$

を得るのである。

従って, η, m が与えられると CS から, CV, EV を近似的に測定出来る事になる。η が極, 小さい時つまりこの財への支出が家計予算の極, 小さな一部に過ぎない時には, CS による便益近似が可能である。

また, この CV, EV は生産者余剰測定にも利用出来る。

この様にプロジェクトの効果は基本的に市場を通じた便益として時に積極的支払 (Willingness) とも呼ばれて捕捉されうるが, 市場が不完全競争市場だったり, 遊休資源が存在したり, 収穫逓増また税, 補助金が含まれていたり, 乗数効果や外部効果が存在していてその測定が難しかったり, また公共財や公共的サービスの如く市場を前提出来ない対象もある。

そこで評価については, 市場価格ばかりではなく, 陰の価格 (Shadow Price) を機会費用概念を援用して求め, 利用する必要がある。

例えば, 以下の如く A. C. Harberger の分析をベースとする陰の価格について考えてみよう。[9]

図3.10に於いて税率 t の縦価税が課せられ, 市場に歪みがもたらされている。均衡点は a 点で均衡価格は $P_1(1+t)$ となる。$D[P(1+t)], S[P(1+t)]$ は各々課税後の需要, 供給関数で, $S(P)$ は課税前の供給関数である。

いま, 或るプロジェクトにより, 政府支出増加分 ΔG の q 財への需要が生じたとする。需要関数は $D+\Delta G$ へシフトし, 供給価格は P_2 で, q_sq_1 分つまり Δq_s の供給増加となる。しかし需要価格は $P_2(1+t)$ となるので, q_1q_d 分つまり Δq_d だけ減少する。

このプロジェクトの ΔG の機会費用としては, 追加的供給増 Δq_s の費用, ここでは q_1bdq_s で測られる分と需要減少分 Δq_d, ここでは q_dcaq_1 で測られる

---

9) Boadway, R. W. & Wildasin, D. E. *Public Sector Economics*, Second ed. Little, Brown and Company, Boston, Toronto, 1984, pp. 198–200 参照。

図3.10

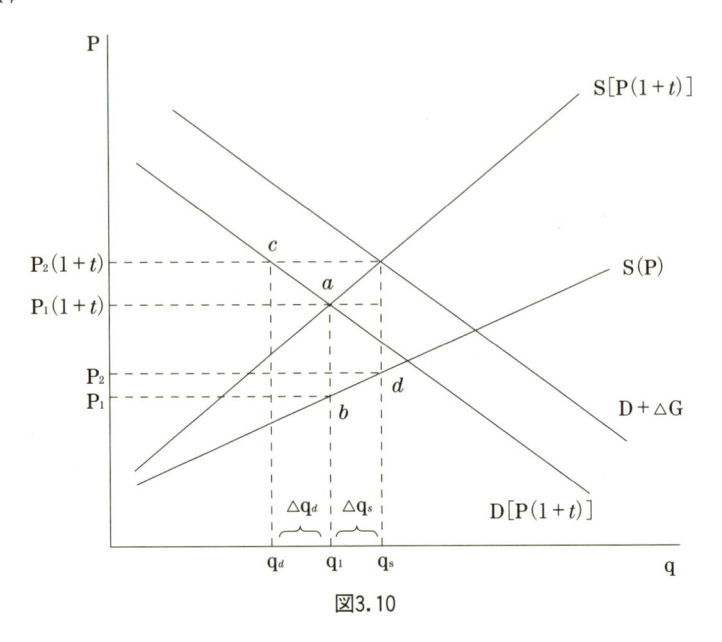

便益が考えられる。

もしもプロジェクトが，十分小さく価格変化も比較的小さいとすれば，この追加的 ΔG の機会費用は，$P_1\Delta q_s - P_1(1+t)\Delta q_d \fallingdotseq$ 図形 $q_1 b d q_s$ − 図形 $q_d c a q_1$ で近似的に表現される事となる。

そして，このプロジェクトによる陰の価格を P_G とすると，機会費用は $P_G \cdot \Delta G$ であるから

$$P_G = P_1 \cdot \Delta q_s / \Delta G - P_1(1+t)(\Delta q_d / \Delta G)$$

となる。$\Delta q_s + \Delta q_d = \Delta G$ であるから，陰の価格は，ΔG による供給，需要の変化分を，供給，需要価格で，いわば加重平均したものになっている。もしも，供給が完全に非弾力的で，需要が完全に弾力的なら，$\Delta q_d / \Delta G = 1$ で，$P_G = P_1(1+t)$ となり，逆に供給が，完全に弾力的で，需要が非弾力的であるなら，$\Delta q_s / \Delta G = 1$ で，$P_G = P_1$ となる。

これらの陰の価格は，プロジェクトに於いて用いられるインプットを評価

するのに用いられ，ΔG のインプット費用は，$P_G \Delta G$ として，とらえられる事となるのである。

　また公共部門が，プロジェクトの財源を課税によって賄う時，その機会費用を考える必要がある。課税による民間経済の消費，貯蓄減更に投資収益減少を配慮する訳である。これは社会的機会費用率と呼ばれ，後に取り上げる。

　次に市場が存在しない財，サービスの陰の価格の捕捉について説明しよう。公共部門のプロジェクト実施による環境の質の変化や自然環境，緑地公園整備によるレクレーション的利用効果，様々な施策による人々の生活の安全，健康への影響等への効果を計測しようとするものである。

　これには大きく分けて，顕示選好 (revealed preference) アプローチと調査 (survey) アプローチ或いは表明選好 (stated preference) アプローチと呼ばれる方法がある。

　顕示選好アプローチは，間接的方法で，市場のない財の人々の積極的支払い (WTP) を求めようとするもので，代表的なものとしてヘドニック (hedonic) 法と旅行費用 (travel cost) 法が挙げられる。

　ヘドニック法は，いわば非市場財の価値は，代表的市場の価格に体化，資本化されていると考え，非市場財の変化に伴う代理的市場の価格への影響分をもって，その評価値とするのである。[10]

　例えば，不動産価格は，自然的条件，社会的条件そして環境条件等によって影響されるから，不動産価格変化と環境条件変化との関係をとらえ，環境の質の評価を試みたり，様々な職業に含まれる生命の危険度と所得収入との関係から統計上の生命の価値を評価検討し，各々関連するプロジェクトの効果の測定を行うのである。

　旅行費用法は，いまリクレーションの為の自然公園等を評価する時，入園料を無料とすると人々の利用の選好は，その利用の為に掛ける公園迄の旅行費用に端的に表現されているとみて，色々な地域からの来訪者数と旅行費用

---

10)　大野栄治編著『環境経済評価の実務』勁草書房，2000参照。

とから，自然公園利用のWTPを測定，自然公園のリクレーションの便益を評価するものである。

調査或いは選好表明アプローチの代表は，いわゆる仮想価値評価法（contingent valuation method）である。これは，かなり構造的な構成を配慮した調査を直接的アンケートや質問表郵送，電話による聞き取り等で行い，非市場財についての積極的支払（WTP）或いは，それなかりせば最小限どの位の補償的受け取り（WTA, willingness to accept）が必要となるかを人々に問い，その結果をもって非市場財の便益を評価しようとするものである。

とりわけこの方法は，仮想的市場評価となるので，サンプルバイアス，反応，対応バイアス，戦略的バイアスの存在そして，同じ対象に対してWTPを聞いた時とWTAを問うた時のずれが出て来る事，また例えば河川の水質改善について問われる時，ひとつの川についてのWTPも，水系河川全体の質についてのWTPも同じに答えるというembedding effectが生じる事等が指摘されているので，利用に際しては，周到な配慮が必要となろう。

以上の如く，便益，費用が測定されるが，留意すべきはプロジェクトの直接的便益，間接的乃至二次的便益の集計である。例えば，或る都市の公共輸送体系改善プロジェクトによって，地下鉄や電車等の使用が増え，車の利用が減り，従って大気汚染や交通渋滞は減少するという直接的効果が生じる一方で，自動車の修理，整備，駐車場そしてガソリンに関する需要への影響といった間接的効果も考えねばならないのである。

また，便益，費用についての二重計算を避けねばならない。例えば，農地改良事業による収穫増加と農地価値上昇の便益の同時計上をしてしまう事等である。

分配状態に影響を与えるプロジェクトでは便益と損失者補償実施費用を加えた費用とが比較考量される必要があるし，分配状態改善を目的とするプロジェクトでは，便益の帰着や社会的価値判断による分配ウエイトを明確化し，他の課税や移転支出政策との効率性比較が求められよう。

割引率

　公共投資が将来時点に亘って便益を生み，関連して経常的経費も掛る時，この公共投資を実施すべきか否かは，その初期投資と純便益の現在価値が比較されなければならない。

　私的経済主体の現在消費と将来消費の選択を考える時，将来消費の現在価値は，現在消費を犠牲にして得られる収益率つまり利子率で割引きされて求められる。

　社会的に消費を犠牲にする公共投資も基本的には同様であるが，採用される割引率は，資本市場での利子率と同じではないであろう。

　現在，将来の完全競争的資本市場が存在し，社会構成員の選好も同質的で，しかも将来世代についても配慮されているなら，そうした市場での利子率を社会的時間選好率とみて，割引率として利用されるであろう。

　しかし，多くの場合，社会構成員の選択はいわば近視眼的であり，全体としての次世代の社会構成員の所得分配状態等を考慮しているとはいい難い。従って，仮に現在の資本市場が完全競争的であったとしても，そこで支配的な利子率は，将来世代の所得分配状態迄考えると社会的時間選好率としては高いという事になるであろう。また将来世代の所得，消費を取り上げるとすると，経済成長率はどの位が望ましいのかという点も問題となってくる。

　社会的時間選好率選択については，これらの点を勘案して種々議論のあるところである。[11]

　いま現在，将来2期間の消費の私的限界代替率を $(MRS)_p$，社会的限界代替率を $(MRS)_{pu}$ 限界変形率を MRT と表わす時，ここでは市場での利子率をベースとしながらも，

$$(MRS)_p > (MRS)_{pu} = MRT$$

となる，或る社会的時間選好率 r が選択されると考えておこう。

---

[11] Brent, R. J. *Applied Cost–Benefit Analysis*, Edward Elgar, 1996, chap. 11, pp. 267–290 及び Layard, R. ed. *Cost–Benefit Analysis,* Penguin Education, 1974, Part 3, pp. 243–332 参照。

次に財源調達に係わる社会的機会費用率について触れよう。これは，プロジェクトの財源が課税によって賄われる時，民間経済に生じる機会費用に関するものである。

いま市場での収益率また現在，将来の消費選択 $(MRS)_p$ の利子率を ρ とする。社会的時間選好率は先にみた如く r で，$\rho > r$ となる。限界消費性向 c，限界貯蓄性向 $1-c$ とする。

公共投資1億円の財源が所得課税によって賄われるとしよう。

まず全体的には，$c \times 1$ 億円分の消費が減少する。また貯蓄は $(1-c) \times 1$ 億円分減少するが，それは本来ならば投資に回され，収益を生み続けるはずであったから，この分を現在価値割引すると，$(1-c)\cdot(1億円)\cdot\{\rho/(1+r)+\rho/(1+r)^2+\cdots+\rho/(1+r)^n\} = (1-c)\cdot(1億円)\cdot\rho/r$ となる。

従って，課税1億円の機会費用は，$\{c+(1-c)\cdot\rho/r\} \times 1$ 億円となる。これは，また課税単位当たりの社会的機会費用率とみる事も出来る。[12] $a = (1-c)\cdot(\rho/r)+c$ とすれば，この様な課税による，事業初期支出 K について，$a\cdot K$ の機会費用分を費用として計上しなくてはならないのである。また，更にもしも，この所得課税によって生じる超過負担分があれば，これも機会費用に含める必要がある。

公共投資基準

以上の如く計測された便益，費用そして選択された社会的時間選好率から，効率的なプロジェクトが選択される事になるが，その基準の主要なものとしては，純現在価値割引基準，便益・費用比率基準，内部収益率基準がある。

いま，初期から n 期迄生じる便益流列を $B_0, B_1, \cdots, B_n$ と表わし，初期費用 C_0，n 期間生じる費用を $C_1, \cdots, C_n$ と表わし，社会的割引率を r とする時，純現在価値割引基準とは，

$\sum_{i=0}^{i=n}(B_i-C_i)/(1+r)^i$ を計算し，その最も大きなプロジェクトを選択す

---

12) Marglin, S. A. "The Opportunity Costs of Public Investment", *Quarterly Journal of Economics*, Vol. 77, 1963, pp. 274–289, 及び拙著，前掲書，第2章参照。

る基準である。

便益・費用比率基準とは，割り引いた便益，費用の比すなわち $(\sum_{i=0}^{i=n} B_i/(1+r)^i / \sum_{i=0}^{i=n} C_i/(1+r)^i)$ の最も大きなプロジェクトを選択する基準である。

内部収益率基準とは，便益，費用から内部収益率 ρ を計算し，より高い内部収益率を生み出すプロジェクトを選択する基準である。すなわち $\sum_{i=0}^{i=n}(B_i-C_i)/(1+\rho)^i=0$ から ρ を求める事となる。

便益費用比率基準は，初期費用規模の違いや便益にマイナスの費用や費用にマイナスの便益が計上されたりする事によるプロジェクト順位の変動が大きくなるという問題点があり，内部収益率基準には，時に多根問題が生じ，意味のある内部収益率比較が困難になるという欠点もあるので，純現在価値割引基準採用ケースが多い。

不確実性

便益や費用の推計については，計画期間が長期に渡る為，当初の想定とのずれをもたらす不確実性を排除出来ない。費用便益分析では，この問題について，次の様な事が考えられている。すなわち，1）危険プレミアム分だけ割引率を大きくする。2）不確実性を配慮し，ある割合だけ便益を過少に，費用を過大に評価しておく。3）危険の少ないプロジェクト以外，プロジェクトのライフタイムを短く見積る。4）便益，費用共に或る範囲をもって考える。等である。

更に最近では，1），2），4）の特に便益について感度分析（sensitivity analysis）がなされ，プロジェクトの純便益割引現在価値の不確実性明確化の検討が行われている。

例えば，道路建設による将来の便益の推計値は，地域の人口成長率，将来のガソリン価格等の要因や適用される割引率にも依存している。そこで，これらの要因，割引率について，控え目な或いは，ごく内輪な見積りと楽天，楽観的な見積りの下での便益を各々計算して不確実性の一応の目拠を把握しようとするものである。もと，内輪見積りケースと楽観見積りケースが，等

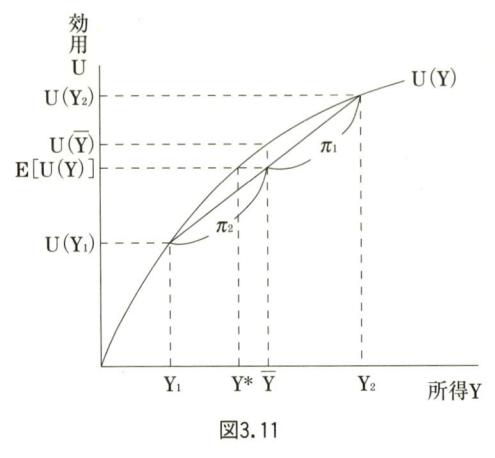

確率で生じると考えるとこれは，いわゆる Laplace 基準で不確実性下の選択を行う事を意味する。[13]

また便益や費用が当初予想値と将来ずれが生じるリスクがある時，人々は，こうしたリスクを出来るだけ避けたいと思うであろう。この様に，危険回避的選択をする主体の効用関数は凹型となる事が，

図3.11

期待効用理論からいえて，リスク回避程度は，その効用関数の曲率に依存する事となる。

そこで，一定の情報の下で，この危険のコストを考慮した便益，費用の推定が試みられる。

図3.11は，危険回避型の効用関数を表わし，縦軸に効用，横軸に所得を取っている。

いま，所得 Y_1 が実現する確立が π_1，所得 Y_2 が実現する確立が π_2 で，$\pi_1 + \pi_2 = 1$ とする。この時の期待所得 $E(Y)$ は $\pi_1 \cdot Y_1 + \pi_2 \cdot Y_2$ である。そして期待効用 $E[U(Y)] = \pi_1 \cdot U(Y_1) + \pi_2 \cdot U(Y_2)$ となる。期待所得 $E(Y) = \bar{Y}$ だが，もし $\bar{Y}$ の所得が確実に得られたとしたらこの時の効用水準は $U(\bar{Y})$ となる。従って $U(\bar{Y}) > E[U(Y)]$ となる事が分る。

そこで $E[U(Y)]$ と等しくなる効用水準を求め，その時の所得水準を求めると Y^* となる。これは確実に Y^* を得た時の効用と $(\bar{Y} - Y^*)$ の所得をプラスした，リスクを含む期待効用が同じ効用を与えているという事であるから，$(\bar{Y} - Y^*)$ をリスクに対して支払ってよい額つまりリスク回避のための

---

13) 拙著，前掲書，pp.106-110参照。

この様な考え方から，いま或る所与のリスクの下で，人々が考える便益の確実性等価価格（ここでの Y^* に当たる）を，$CEV(B)$ と表わすと，それは次式で近似される。[14] $CEV(B)=E(B)-a\cdot V(B)$ である。

ここで，$E(B)$ は期待便益で，先の例では，$E(Y)=\overline{Y}$ に対応している。そして $a\cdot V(B)$ は，いわば $(\overline{Y}-Y^*)$ に対応し，$V(B)$ はランダム便益の分散で，a はプラスの，リスク回避パラメーターである。

従って，$a\cdot V(B)$ はリスク発生に伴うコストと云えよう。

もしも，図3.11の如く便益が所得で表わされる時には，

$$CEV(B)=Y^*=\sum_{i=1}^{2}\pi_i Y_i-a\cdot\sum_{i=1}^{2}\pi_i(Y_i-\sum_{i=1}^{2}\pi_i Y_i)^2$$
$$=\overline{Y}-a\cdot\sum_{i=1}^{2}\pi_i(Y_i-\overline{Y})^2$$

となる。

例えば，いま成功確率90％で，便益100億円従って失敗確率10％で便益0円，費用は85億円のプロジェクトがあるとする。便益の期待値 $\overline{Y}=90$ 億円で，分散は $\sum_{i=1}^{2}\pi_i(Y_i-\overline{Y})^2$ より900億円となる。そして $a=0.001$ とするとこのプロジェクトの確実性等価価値は，$CEV(B)=90$ 億-0.01×900 億$=81$ 億円となる。すると $CEV(B)=81$ 億円＜費用＝85億となるから，このプロジェクトは実施しないと考える訳である。

また，図3.11より個人のリスクが，$(\overline{Y}-Y^*)$ と考え，社会構成員が n 人いるとすれば，同様な選好をもつ人々の社会全体のリスクは，$n\cdot(\overline{Y}-Y^*)$ となる。もし社会構成員の数が2倍となり，プロジェクトの規格が同じであれば，個人のリスクは半分になる。社会構成員の人数が増え，皆危険回避的行動を取ると，$(\overline{Y}-Y^*)$ 巾が小さくなって来るのである。Arrow と Lind が示した如く，$n\to\infty$ になると $(\overline{Y}-Y^*)\to0$ となり，危険はプールされ全体としてリスクコストは，無視出来る様になる。もし，そうなら期待値で便益

---

14) Bruce, N. *Public Finance and the American Economy*, Addison-Wesley, 1998, pp. 246-248 参照。

を考えてもよいという事になる。

　政府が，独立した確率分布をもつ多くの小さなプロジェクトを行うと，各プロジェクトのリスクが相殺され，図3.11での Y_1, Y_2 のちらばりは小さくなりリスクコストも小さくなりうるが，比較的少ない人々へ便益を与える大きなプロジェクトの場合には，先の 1), 2), 4) 等の考え方を取らねばならないであろう。

　3) に関連して，最近では，プロジェクト実施の検討の際，まず事前に費用・便益分析を行い，仮に実施されたとしてもプロジェクト計画期間の中間で，また費用便益分析を行いチェックを試みる，そして事後的にも，また費用・便益分析を行って，出来るだけ正確に便益と費用を捕捉し，今後の同様なプロジェクトの参考にするというシステムも出て来ているところである。[15]

　もしもプロジェクトの便益を貨幣表示するのが難しい場合には，費用・便益分析ではなく，費用・効果分析（Cost-Effectiveness Analysis）が利用されるべきであろう。これは，目標とする効果，成果を指標化するなどして，それを達成するのに最小のコストのプロジェクトを，或いは一定のコストや予算の下では，最大の効果，成果をもたらすプロジェクトを選択しようとするものである。

　いずれにせよ公共部門も希少な資源を使う以上，効率性を旨とすべきであり上述した分析を援用し，それらを活かすシステムを確立しなければならない。

3.3　公共財供給

　公共財供給の最適条件は，先にみた如く，$\sum_{i=1}^{n}(MRS)_i = MRPT$ 或いは $\sum_{i=1}^{n} MB_i = MC$ であるが，公共財の特徴すなわち非競合性，非排除性から，個人

---

[15] Boardman, A. E., Greenberg, D. H., Vining, A. R. & Weimer, D. L. *Cost-Benefit Analysis, Concept and Practice*, Second ed. Prentice Hall, 2001, pp. 2-5 参照。

的立場としては，その便益を享受し，その負担を免れる事が出来るから，この限りでは，そうするのが合理的選択となる。しかし，こうした選択の結果，やがては本来必要とされる公共財が提供されなくなってしまう。これが，ただ乗り（free-rider）問題である。

どの様な公共財をどの位供給するかは，直接的な市場ではなく，政治的過程に委ねられざるを得ない以上，過大，過少供給が生じうる。人々に公共財の選好を表示させ，最適供給が可能となる方式，システムについて取り上げてみよう。

E. H. Clarke (1971), T. Groves & M. Loeb (1975), N. Tidewan & G. Tullock らは次の如き選好表示を誘因するメカニズムについて考えている。[16]

図3.12に於いて縦軸には，公共財に対する対価，負担，費用額等をとり，横軸に公共財量をとり，MC は公共財提供の限界費用で一定とする。TD は社会全体の需要で $\sum_{i=1}^{n} MB_i$ である。Samuelson の条件は，$\sum_{i=1}^{n} MB_i = MC$ で，供給量は G_0 である。

いま個人 i を取り上げて，その個人 i は，政策当局へ自らの公共財に対する需要を報告乃至表示するとする。それは正しいものかどうかについては分らないが，個々人は，政策当局が $\Sigma MB_i = MC$ の G_0 の公共財提供を行う，この行動については分っているものとする。

D_i は，個人 i の需要関数で，$TD - D_i$ は個人 i 以外の全ての人々の報告された需要関数の合計である。もしも個人 i がフリーライダーとして行動するなら，公共財提供は G_1 となろう。ここで，$G_1 \rightarrow G_0$ となる様な課税システムを考えようというのである。

まず2種類の課税が考えられる。ひとつは図3.12でいえば，$oabG_1$ のいわば公共財提供の為の各個人の一括固定税である。勿論，分配面から，その大きさが決められる部分と考えてもよい。この部分は，個人の公共財に関する選好表示報告には影響しない。

---

[16] Boadway, R. W. & Wildasin, D. E. 前掲書，pp. 161-167参照。

図3.12

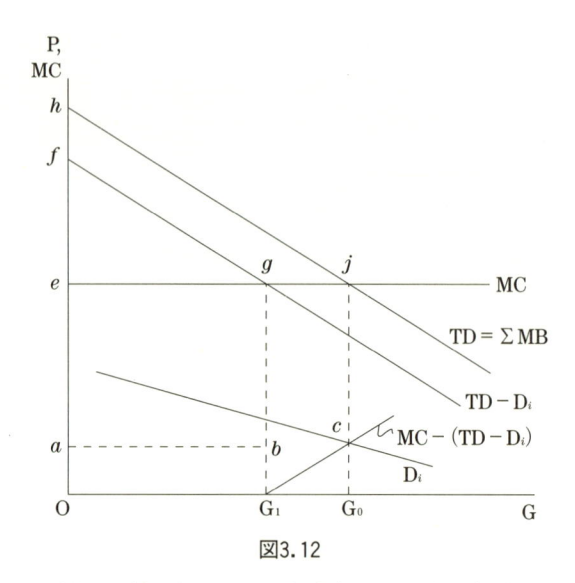

次なる税は，総ての他の個人に G_1 を越えて，公共財供給を増加させるべく，その支払いを求める税である。この税は，G_1 を越える供給に掛る費用とこの個人 i 以外の総ての人々の表示された便益との差つまり図3.12の $MC-(TD-D_i)$ 線下の面積に等しい。

個人 i の選好は D_i で示されているが，G_1 を越えて生じる個人 i の限界費用としての税は，$MC-(TD-D_i)$ 下の面積であるから，個人 i の便益最大化の点は，$D_i=MC-(TD-D_i)$ で得られる。これは，$TD=MC$ を意味するから，公共財は G_0 の最適供給量となっている。つまり個人 i は，自らの選好を表現しているのである。この課税システムは，そうした誘因を与えている事になる。

T. Groves & M. Loeb は，企業が公共財を投入物として利用するケースを扱っている。いま企業数は一定であるとし，図3.12で説明すると，この場合 D_i は，企業 i の公共財の限界生産力乃至レントと考え，一定のコストでの公共財投入の総費用を TC と表わすと，これは図3.12の MC に対応すると考えるのである。

図3.13

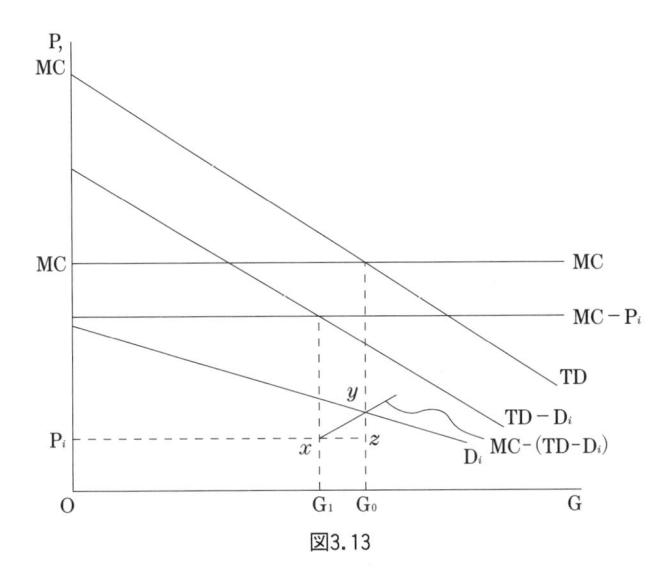

そして企業 i に課せられる課税額は

$$T_i = OabG_1 + TC - (TB - TB_i)$$

となる。ここで、TB_i は企業 i の総便益、TB は総ての企業の便益の合計 $\sum_i TB_i$ である。$TB - TB_i$ は、企業 i を除く、総ての企業の総便益で、図3.12では $TD - D_i$ 下の部分に相当している。

また T_i について、次の如く考える事も出来る。すなわち $T_i = OabG_1 + G_1 cG_0 - efg$ である。企業 i にとって利潤最大化の公共財投入条件は、$TB_i = T_i$ であり、結局各企業が、同様に選好表示する事により、公共財供給量は、$\sum_i TB_i = TC$ より G_0 となる。この時企業の総純便益は、ehj である。

この様に、一括固定税と上述の如き課税システムによって、選好を正しく表示させ最適な公共財供給を考える事が出来るが、勿論、幾つか問題はある。まず、以上の如きメカニズムで得られる課税収入と公共財供給コストが一致する保証はない点である。この点について、N. Tideman & G. Tullock によるメカニズムを図3.13で検討してみよう。

図3.12との違いは $oabG$ 部分について、差しあたっての基準として、MC

$-P_i=TD-D_i$ となる G_1 が設定され，また $\sum_{i=1}^{n}P_i=MC$ となる様，個人 i の負担額シェア P_i は決められている。OP_ixG_1 は，i を除く総ての人々の需要によって決定される。G_1 から G_0 へ公共財供給を増やす時の個人 i の税負担は，$MC-(TD-D_i)$ で，便益は D_i であるから，先の場合と同様正しい選好が表示され，$D_i=MC-(TD-D_i)$ となり，従って $MC=TD$ となる。

この場合，個人 i の G_0 での限界純便益＝限界的税負担は，差し当っての負担 P_i を越えている。G_0 に対する税負担額は，OP_izG_0+xyz である。費用額は，OP_izG_0 であるから，他の人々の差し当っての負担割合が，ここでの P_i 以下でない限り，財政余剰が発生してしまうが，こうした場合，また新しい P_i を設定し，同様な試行錯誤過程を重ねる事で，正しい選好表示と収支を均衡させた公共財供給が可能となるという訳である。

以上の如く，ただ乗り問題を避けるシステムを考える事が出来る。しかし，これらはすぐ実践出来る訳でもない。例えば，選好申告をする個人が，選挙の投票の時の様に自らの1票の効果を考え，結局棄権してしまうのと同様な行動を取ったり，他の人々と組織的，戦略的行動を選択すると正しい選好表示はなされず，ただ乗り問題は解決されない事になる。

しかし，将来，国，地方レベルでの各々の公共財供給区分が明確化し，また地方分権化が進み，個々人の受益と負担の透明性，明瞭性が増していく中では，上述の如きシステムを検討する意義は十分あるであろう。

最後に，Samuelson の公共財供給の最適条件，$\sum_{i=1}^{n}(MRS)_i=MRPT$ を満たす課税は一括固定税と考えてよいであろう，この税は，いわゆる超過負担という歪みは生じさせないが，他の課税で財源が調達される時には，超過負担が生じ得て，$\sum_{i=1}^{n}(MRS)_i \neq MRPT$ となり時に公共財の過少供給が生じ得るのである。[17]

また，R. Jha の或る労働供給関数を用いた経済の社会的最適化モデルでは，

---

17) Atkinson, A. B. & Stern, N. H. "Pigou Taxation and Public Goods," *Review of Economic Studies*, Vol. 41, 1974, pp. 119–128 参照。
18) Jha, R. *Modern Public Economics*, Routledge, 1998, pp. 93–94 参照。

労働供給が実質賃金と共に増加するなら，Samuelson ルールは，公共財の過大供給となる事が示されている。[18]

いずれにせよ，課税のあり方も，公共財の最適供給に影響を与えうる点に配慮しなければならないのである。

第4章 租税

4.1 我が国の現状と国際比較

　我が国の国税,地方税の税目と凡その所得税,資産課税,消費課税についての分類は,表4,1の如くである。なお,平成2年より平成13年迄の租税総額中,国税収入は平均して61.4%程度を占めている。[1]

　この租税総額の対国民所得比,つまり租税負担率については,1970年代には,19.86%,1980年代には,24.56%,1990年代には,24.22%となっている。

　会計年度等の違いはあるが,1997～1999年度でみるとアメリカ26.47%,イギリス39.47%,ドイツ29.93%,フランス39.37%,イタリア26.2%で,相対的に我が国の租税負担率は低い事が分る。[2]

　また国税について納税者と担税者の一致を予想出来る直接税とそうではなく転嫁の生じる間接税による区分でみてみると,例えば我が国の平成12年度

---

1) 各税目の詳しい中身については,例えば永長正士編『図説日本の税制　平成15年度版』財経詳報社,平成15年(2003)及び総務省編『地方財政白書　平成15年版』平成15年(2003)参照。
2) 財務省財務総合政策研究所編『財政金融統計月報　租税特集号600』財務省印刷局,2002及び稲垣光隆編『図説日本の税制　平成14年度版』平成14年(2002)参照。

国税の税目

所得課税	○所得税 ○法人税	消費課税	消費税,酒税 たばこ税,たばこ特別税
資産課税等	○相続税 ○贈与税 ○地価税 　印紙税 　登録免許税		航空機燃料税,揮発油税 石油税,石油ガス税 関税,自動車重量税 地方道路税,とん税 電源開発促進税

地方税の税目

所得課税	○住民税（都道府県・市町村） ○事業税（都道府県）
資産課税	○固定資産税（市町村） ○都市計画税（市町村） ○不動産取得税（都道府県）
消費課税	地方消費税（都道府県） 　軽油引取税（都道府県） 　たばこ税（都道府県・市町村）

○印は直接税,無印は間接税等を示す。

表4.1

出所：『図説日本の税制（平成15年度版）』（財経詳報社）,地方財政研究会編『やさしい地方財政』（ぎょうせい,1996）他

では,直接税61.3%（内訳,所得税源泉徴収分30.1%,申告分5.5%,法人税22.3%,相続税3.4%,その他1.3%）,間接税38.7%（内訳,消費税18.6%,酒税3.4%,たばこ税1.7%,揮発油税3.9%,印紙収入2.9%,その他10.2%）となっている。

他方,アメリカでは,直接税93.3%,間接税6.7%,イギリスは,直接税57.1%,間接税42.9%,ドイツは,直接税47.4%,間接税52.6%,フランスは,直接税43.3%,間接税56.7%,イタリアは,直接税52.1%,間接税47.9%である。[3]

[3) 会計年度の違いについては,例えばアメリカは,平成11年10月～平成12年9月決算となっている。

従って，我が国は，これらの国の中ではアメリカ程ではないが，直接税のウエイトが高くなっている事が分るのである。

次に所得，消費，資産課税等の割合をみてみよう。[4] 1999年 OECD 歳入統計区分によると利子，配当，キャピタル・ゲイン課税は所得課税に含まれ，資産課税等には，富裕税，不動産税（固定資産税等），相続・贈与税及び流通課税（有価証券取引税，取引所税，不動産取得税及び印紙収入）等にペイロール・タックスが含まれているが，これらをベースに国税と地方税合計したものでみると，我が国では所得課税50.0％その内，個人所得課税29.4％，法人所得課税20.6％であり，消費課税32.0％，資産課税等18.0％である。

アメリカは，所得課税64.5％その内個人所得課税53.5％，法人所得課税10.9％であり消費課税21.5％，資産課税等は14.0％である。

イギリスは，所得課税47.3％その内個人所得課税34.8％，法人所得課税12.5％であり消費課税39.6％，資産課税等は13.1％となっている。

ドイツでは，所得課税49.1％その内個人所得課税41.3％，法人所得課税7.9％であり消費課税46.8％，資産課税等4.1％である。

フランスでは，所得課税37.5％その内個人所得課税27.6％，法人所得課税10.0％であり消費課税42.3％，資産課税等20.2％となっている。

イタリアでは，所得課税47.5％その内個人所得課税36.8％，法人所得課税10.7％であり消費課税38.9％，資産課税等13.6％である。

メキシコを除くOECD29ケ国平均では，所得課税47.3％その内個人所得課税35.2％，法人所得課税12.1％であり，消費課税42.6％，資産課税等10.0％となっている。

以上の如き国際比較から，我が国の税制の特徴として所得課税のウエイトが比較的高くなかでも法人所得課税割合が高く，また資産課税等の割合も高いが，消費課税割合が低い点を挙げる事が出来る。

上でみた様に各国の租税構造は同じではない。各国の歴史や伝統文化，経

---

4) 稲垣光隆編『図説日本の税制　平成14年度版』p.339参照。

済社会の状況,支配的な社会思想や哲学等に依るものと思われるが,18世紀頃迄に,そもそも何故,如何様に課税されるべきかについて主要な考え方が生じている。関連して様々な租税原則が打ち建てられ,更に,その時代に応じた租税政策上の配慮もなされて租税構造が規定されてきていると考えられよう。

次にこの様な点についてみる事にしよう。

租税の原則

何故,如何様に課税されるべきかの主要な考え方として利益説(Benefit Approach)と能力説(Ability to Pay Principle)を挙げる事が出来る。

利益説は,政府の提供する財,サービスの利益に応じて納税者は税を負担する点に着目するもので,社会の構成員の選好と公共サービスの選択が結びつけられ,またその公共サービスと租税分担額が同時的に決定され,予算が明らかとなるという特徴を有している。

能力説は,課税の強制的性質から公共サービス費用の分担は,受け取る利益とは別に,その支払能力に応じて負担されるのが適正であり,予算は計画の問題と考える点に,その特質がある。

これらの考えは,確かに,何故,如何様に課税されるべきかを原理的に説明しようとするものであるが,利益説の政府と納税者との間に,あたかも市場のルール的関係の想定をなす事に,公共財等排他原則不成立ケースをどう扱うべきかという問題が生じうるし,能力説の租税負担の均等犠牲概念等も効用の可測性が大きな問題となりうるものである。[5]

従って,理念として,この様な考え方を基礎としながら具体的な租税原則等が加味され実際の税制度が作られていく事になるのである。

例えば A. Smith は①公平の原則,②明確の原則,③便宜の原則,④最小

---

5) 利益説,能力説の背景,展開については,Musgrave, R. A. *The Theory of Public Finance*, McGraw-Hill, 1959, 木下和夫監修大阪大学財政研究会訳『財政理論』I, 有斐閣, 1963, 第4章, 第5章参照。

徴税費の原則を挙げているし，A. Wagner は①課税の十分性，課税の弾力性を有する，財政政策上の原則，②正しい税源，税種の選択からなる，国民経済上の原則，③課税の普遍性，公平性を配慮する，公正の原則そして④課税の明確性，課税の便宜性，最小徴税費への努力を含む，租税行政上の原則を主張しているところである。

これらの原則の多くは，今日なお，その意義を有するといってもよいであろう。

現代では，更に租税政策上の観点も加えられ，R. A. Musgrave や C. Shoup 等による基準，とりわけ 1) 効率性, 2) 公平性についての基準や 3) 税務行政に関わる費用の最小化，そして 4) 課税の誘因効果の配慮等が重視され課税の有り様，税制が規定されてくると考える事が出来よう。

次にこれらについて立ち入ってみてみる事にしよう。

4.2 効率性

先にみた如く，資源の最適配分は市場のメカニズムによって達成されるが，課税は，こうした営みに，時に歪みを与えるのである。

この歪みは，超過負担（excess burden），死荷重（deadweight loss），厚生損失（welfare loss）等と呼ばれている。

図4.1に於いて，課税前の需要関数 DD'，同供給関数 SS' とから均衡点 E_0 が得られ，市場価格は P_0，取引量は Q_0 である。

いま，量を課税標準とする間接税すなわち従量課税が T だけ課せられるとする。すると供給関数はその分だけ上方にシフトし，$S''S'''$ となり新たな均衡点は，E_1 となる。この時，何が生じているのであろうか。

初期均衡点 E_0 では，消費者余剰 P_0E_0D，生産者余剰 P_0E_0S' で，その合計の社会的余剰は最大化している。課税によって，消費者余剰は，P_1E_1D となり，生産者余剰は P_2E_3S' となり，税収入は $P_1E_1E_3P_2$ である。各々の余剰は，明らかに減少している。

図4.1

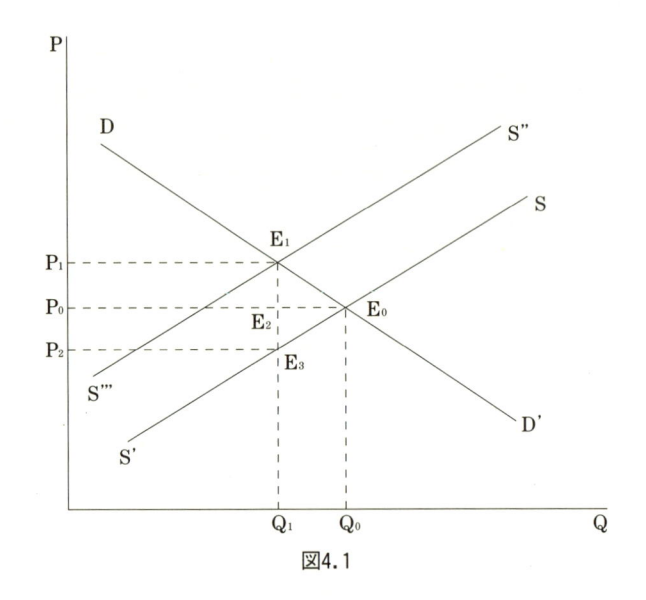

ところで税務当局が，徴収した税 $P_1E_1E_3P_2$ を減税政策で還付するとする，消費者，生産者へ各々課税前の価格をベースとして還付すると，消費者は $P_0P_1E_1E_2$ だけ還付され消費者余剰は，$P_0DE_1E_2$ と増加する。他方，生産者は，$P_2P_0E_2E_3$ だけ還付され，生産者余剰は $S'P_0E_2E_3$ へと増加する。その結果，社会的余剰は，$S'DE_1E_3$ となるが，課税前の社会的余剰 $S'DE_0$ には及ばない。

つまり課税によって，いわば課税額以上の負担すなわち超過負担が生じているのである。この場合，その大きさは，課税前後の社会的余剰の差，$E_3E_1E_0$ である。

この意味で，課税は市場に歪みを与えるといわれるのである。これは，課税標準が価格にある従価税タイプの間接税でも同様である。

それでは，所得税等の直接税についてはどうであろうか，次にこれを検討しよう。

或る労働市場を取り上げる。代表的経済主体の労働供給は次の如く行われ

図4.2

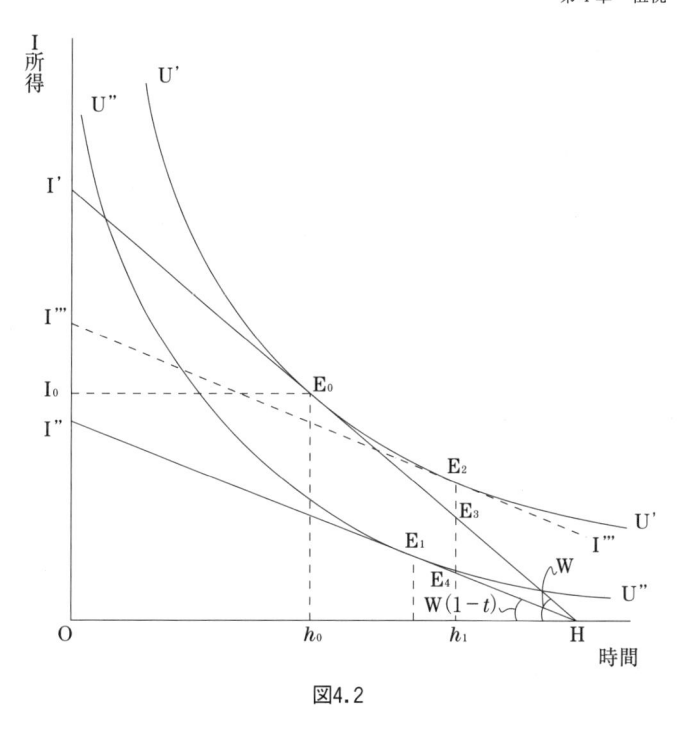

るであろう。

　この代表的経済主体の効用を U, 余暇選好時間 L_e, 労働時間 L_a, 時間当り賃金 W, 所得 I, 睡眠や食事等の生活時間を10時間とすると

$$\max. U(I, L_e)$$
$$s.t. \quad I = W \cdot L_a \tag{4.1}$$
$$L_a + L_e = 14$$

という問題の解として, 労働, 余暇時間及び所得が決定される事となる。すなわち, 図4.2に於いて, E_0 点で効用が最大化し, 労働時間 Hh_0, 所得 E_0h_0 (I_0O), 余暇時間 Oh_0 となるのである。

　いま所得税 t ％が導入されると W は $W(1-t)$ となる為, $I'H$ は, $I''H$ へとシフトする。

その結果，効用は下って $U''U''$ となり，均衡点は E_1 となったとしよう。$I''H$ に或る所得額を加え，元の $U'U'$ 水準に到達出来る，予算制約式を $I'''I'''$ とし，$U'U'$ に接する点を E_2 とする。E_2 より横軸に垂線を降ろし，$I'H$, $I''H$ 線，横軸との交点を各々 E_3, E_4, h_1 とする。課税によって効用水準は，$U'U'$ から $U''U''$ へ下ったが，所得補償が行われて元の効用水準が達成されたとすると，労働供給は Hh_1 で，所得額は E_3h_1 で，所得税負担は E_3E_4 となる。しかし，あと E_2E_3 分の所得がないと課税前の効用水準を達成出来ないのである。つまり，この部分が超過負担という事になるのである。

以上，直接税，間接税共基本的には超過負担が生じうる事をみたので，次にその大きさの測定について触れよう。

超過負担の測定

図4.1から，この場合の超過負担（DWL）は，$-(1/2)\cdot T\cdot \Delta Q$ となる。R. L. Bishop によれば，需要価格変化分と数量変化分の割合を P'，供給価格変化分と数量変化分の割合を C' と表わすと $P'-C'=\Delta P/\Delta Q-\Delta C/\Delta Q=[(P_1-P_0)+(P_0-P_2)]/(Q_0-Q_1)=-(P_1-P_2)/(Q_0-Q_1)$ と表現出来る。ここで $P_1-P_2=T$ であるから，$(Q_0-Q_1)=T/(C'-P')$ を得る。

超過負担は，$(1/2)\cdot(P_1-P_2)\cdot(Q_0-Q_1)$ であるから，$DWL=(1/2)\cdot T^2/(C'-P')$ となる。更に，E_1, E_3 での需要の価格弾力性 η，供給の価格弾力性 ε を考えると，$P'=-P_1/(Q_1\cdot\eta)$，$C'=P_2/(Q_1\cdot\varepsilon)$ から，

$$DWL=(1/2)\cdot T^2\cdot\eta\cdot\varepsilon\cdot Q_1/(P_1\cdot\varepsilon+P_2\cdot\eta) \tag{4.2}$$

を得る。もし税収入 $\bar{T}=T\cdot Q_1$ を用いると

$$DWL=(1/2)\cdot(\bar{T})^2\cdot\eta\cdot\varepsilon/(P_2\cdot\eta+P_1\cdot\varepsilon)\cdot Q_1 \tag{4.2}'$$

となる。[6]

直接税ケースでは，図4.2より，超過負担が問題となるのは，代替効果に関わってであるから，Hicks 的労働供給関数を図4.3の如く描くと超過負担

---

6) Bishop, R. L. "Effects of Specific and Advalorem taxes", *Quarterly Journal of Economics*, vol. 82, 1968, pp. 198-218 参照。

は，$E_0E_1E_2$ 部分となる。

すなわち所得税率 $t\%$ とすると $DWL=(1/2)\cdot t\cdot W_0\cdot (L_0-L_1)$ で，労働供給の弾力性を $\theta=(\Delta L/L_0)/(\Delta W/W_0)$ と表わすと

$$DWL=(1/2)\cdot t^2\cdot W_0\cdot L_0\cdot \theta \qquad (4.3)$$

を得る。

以上，みてきた如く DWL の大き

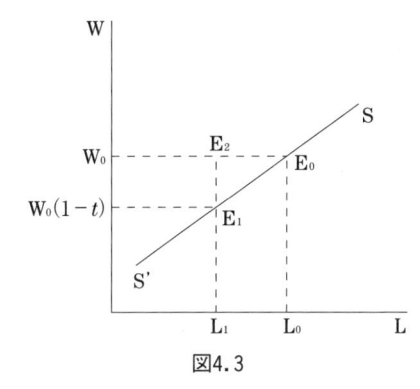

図4.3

さには，税率や需要，供給の弾力性が関係している事が分るのである。

先に，基本的には超過負担が生じうると述べたが，超過負担が生じない場合や生じても社会的余剰が，それより大きくなる場合がある。

いま，或る財の供給が限られ非弾力的であるとすれば，$\varepsilon=0$ となり，(4.2) 式より $DWL=0$ となる。現在凍結されている地価税の場合，土地の供給が非弾力的であれば，超過負担は無しで所有者に，その負担が帰着するから，この意味では望ましい事になる。もっとも従価税となっているから，税率を t とすると (4.2) 式に $T=t\cdot P_0$ を代入したものとなるが，結果は同じである。

次に，或る相互に代替的な財への課税ケースを取り上げてみよう。

図4.4に於いて右側をビール市場，左側を発泡酒市場とし，それらは代替的であるとする。ビール市場では，すでに t_b だけ課税され従って bca だけの超過負担が生じている。いま，発泡酒に課税がなされると発泡酒価格は，$P_v(1+t_v)$ と上昇し，efd だけの超過負担が生じる事となる。そこでビールと発泡酒の相対価格が変化する事によって，発泡酒と代替的なビールへの需要が増加し，ビールの需要関数は D_b' へシフトする事になる。

この結果，ビール市場の社会的余剰は，$bcgh$ となる。もし，この $bcgh$ が十分大きく，$bca+efd$ を越えるとすれば，超過負担は事実上消えてしまう事が生じうる。従って多くの財に，様々に課税する時には，財間の代替性，

図4.4

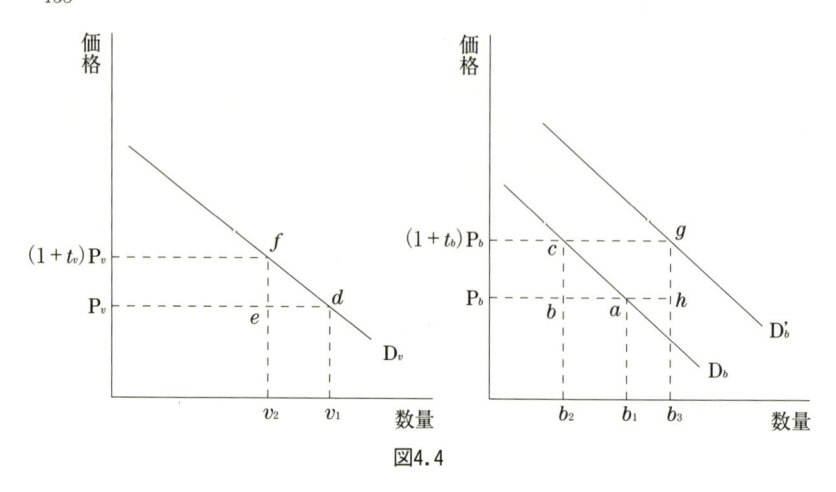

補完性の程度が超過負担に与える影響を配慮する必要が出て来るのである。[7]

効率性に関わる問題

以上から分る様に，課税は時として市場の成果を歪め，効率性を阻害する可能性があるから，超過負担を小さくする税制を考えねばならない。これに先立ち，次の様な問題についても，みておく事にしよう。

所得税の超過負担は，先にみた様に $DWL=1/2\cdot t^2\cdot\theta\cdot W_0\cdot L_0$ で与えられる。いま単純化して比例税で，所得階層 $Y_i, i=1, \cdots, h$ の労働供給の弾力性は各階層一定で θ としよう。

すると $DWL=(1/2)\cdot t^2\cdot\theta\cdot\sum_{i=1}^{h}Y_i$ となる。ここで税率変化による DWL 変化は，

$$d(DWL)/dt=\theta\cdot t\cdot\sum_{i=1}^{h}Y_i$$

---

[7] Rosen, H. S. *Public Finance*, International edition, sixth ed. McGraw-Hill, Irwin, 2002, pp. 304-305 参照。

である。

一方，税率変化による税収入変化は，$T = t \cdot \sum_{i=1}^{h} Y_i$ より，$dT/dt = \sum_{i=1}^{h} Y_i$ となる。

税収入変化当りの DWL の変化は，以上から

$$\frac{d(DWL)}{dT} = \theta \cdot t \tag{4.4}$$

と求められる。

この式は，$t>0$，図4.3より $\theta>0$ であるから，$d(DWL)/dT>0$ となる事から，もし増税により，追加歳入1円は，θt 円だけの超過負担増をもたらすのだから，これを財源として，或る事業を行うとしたら，1円＋θt 円以上の便益をもたらす事業に使用しなければならない事になる。つまり，効率性を考える時，いわばこの様な公的財源の限界費用 MCPF (marginal cost of public fund) 或いは税収入の限界的負担 (marginal burden of tax revenue) も考慮しなければならないのである。

E. K. Browning は，この様な考え方をベースとして1974年の米国の労働所得課税による，公的財源の限界費用を税収入の9～16%と推計している。[8]

間接税ケースについては，N. Bruce の例をひいて，みてみる事にしよう。[9] 図4.5で或る X 財市場を表している。Bishop の表示式では，$\varepsilon \to \infty$ つまり供給曲線 S は限界費用一定で，それを1に基準化する。D_x は需要関数で，いま t_x の課税がなされているとする。

税収入は $A+B$ 部分で，超過負担は C 部分である。いま，税率を t_x から $t_x + \Delta t_x$ へと引き上げたとすると，これに伴う追加的消費者余剰のロスは，もし，$E_2 E_1 E_0$ 部分が小さく無視出来るとすれば，D 部分で近似される。他

---

[8] Browning, E. K. "The Marginal cost of Public Funds," *Journal of Political Economy*, vol. 84, no. 2, 1976, pp. 283-298 参照。

[9] Bruce, N. *Public Finance and the American Economy*, Addison-Wesley, 1998, pp. 454-457 参照。

図4.5

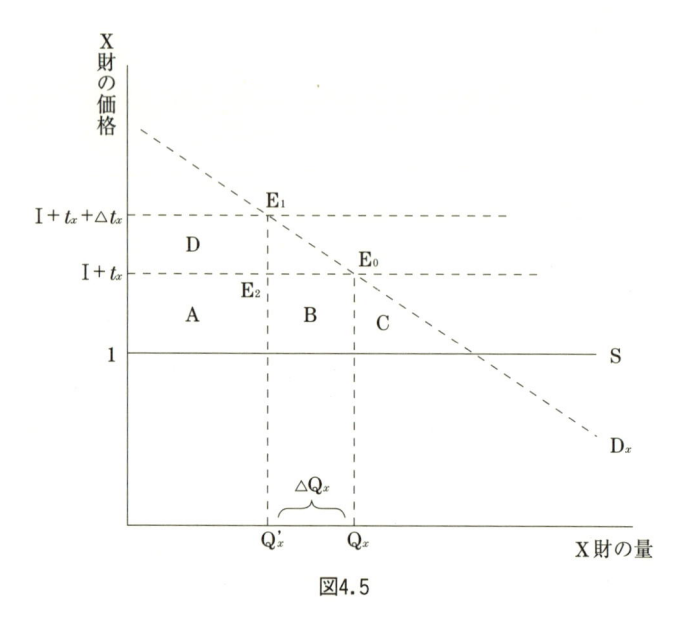

方, 追加的税収入は, $Q'_x \cdot \Delta t_x - t_x \cdot \Delta Q_x$ すなわち $D-B$ 部分で近似され, 従って税 t_x 上昇からの $MCPF$ は,

$$D/(D-B) = Q'_x \cdot \Delta t_x / (Q'_x \cdot \Delta t_x - t_x \cdot \Delta Q_x)$$

$$= 1/(1 - \frac{t_x}{\Delta t_x} \cdot \frac{\Delta Q_x}{Q'_x})$$

と近似的に表示される。

ここで, $\frac{t_x}{\Delta t_x} \cdot \frac{\Delta Q_x}{Q'_x} = \frac{1+t_x}{Q'_x} \cdot \frac{\Delta Q_x}{\Delta t_x} \cdot \frac{t_x}{1+t_x}$ で, 需要の価格弾力性 $\eta_x = \frac{\Delta Q_x}{\Delta t_x} \cdot \frac{1+t_x}{Q'_x}$, 税込み価格対税の割合を τ_x と表わすと,

$$MCPF = 1/(1 - \eta_x \cdot \tau_x)$$

(4.5)

を得る。

$MCPF$ は, τ_x が高くなるとマイナス η_x から, そして税率が上昇すると

超過負担は，その2乗に比例して増えるので，図4.6の如くなるであろう。

ここでも直接税ケースと同様，$MCPF>1$ となろう。つまり，この税収で事業を行う時には，1を越える分だけ，より効率的に事業を行わねばならないのである。

次に，以下の様な問題を考えてみよう。X 財と同様な市場条件をもつ Y 財市場にも課税が行われ，政府は一定の税収を得るとする。

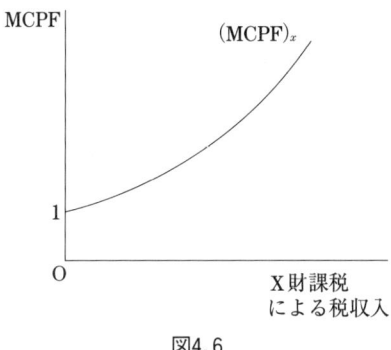

この時，超過負担，$MCPF$ を最小にする X 財，Y 財への税率条件はどの様なものとなるであろうか。

Y 財についても $MCPF$ を，同様に求めると税率比率 τ_y，需要の価格弾力性 η_y として，$(MCPF)_y=1/(1-\eta_y\cdot\tau_y)$ で近似される。税収入は一定であるから，それを R とすると，$(MCPF)_x$, $(MCPF)_y$ との関係は，図4.7の如くになる。

$(MCPF)_x$, $(MCPF)_y$ の曲線と1円との差の部分は，各々零からの課税増に伴う超過負担，$MCPF$ 分を示しているから，この部分を最小化する為には，X 財課税から O_xm^* の税収入，Y 財課税から O_ym^* だけの税収入を得る時，DWL, $MCPF$ は最小となっている事が分る。何故なら，それ以外の例えば m 点では，DWL, $MCPF$ は $n_0n_1n_2$ だけ増加している事になるからである。

m^*点では，$(MCPF)_x=(MCPF)_y$ であるから，$1/(1-\eta_x\cdot\tau_x)=1/(1-\eta_y\cdot\tau_y)$ より $\eta_x\cdot\tau_x=\eta_y\cdot\tau_y$ を得る。

この式は，$DWL\cdot MCPF$ 最小化の最適課税がなされている時，左辺は X 財の消費減少％に等しく，右辺は Y 財消費減少％に等しいとみる事が出来る。すなわち，$\Delta Q_x/Q_x=\Delta Q_y/Q_y$ である。消費者は，財が最適に課税される

図4.7

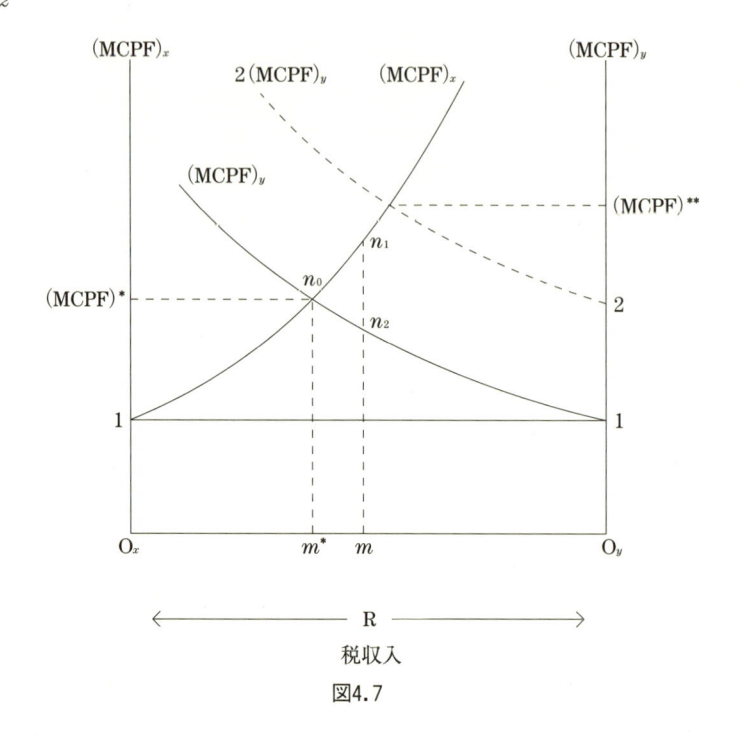

税収入 R

時，同じ割合だけ課税された財の消費を減らすのである。

　これは，最適課税の為の Ramsey のルールといわれるものである。

　また，$\eta_x \cdot \tau_x = \eta_y \cdot \tau_y$ より，$\tau_x/\tau_y = \eta_y/\eta_x$ を得るが，もし X 財が生活必需財で，Y 財が奢侈財であるとすると，$1 > \eta_x, \eta_y > 1$ より $\tau_x/\tau_y > 1$ を得る。これは，生活必需財を奢侈財に比べて，重課している事を意味している。この関係を逆弾力性ルールという。

　以上，みてきた如く効率性の観点からは出来るだけ $DWL \cdot MCPF$ を最小化する事が望ましいから，所得税率は低く，奢侈財には軽課すべきという事になるが，これは公平性の原則とは一致しない。では，どの様に公平性と効率性の調和を考えるべきか，これは税制を考える際の大きな問題である。

4.3 公平性

　先に所得の再分配機能でみた様に,税制がパレート改善となっても,公平さ,公正さに関する社会的価値判断に一致する分配状態を達成しないと受け入れられるものとはならないであろう。

　種々なる所得,資産,消費等の課税客体にどの位の範囲で,如何なる税率を適用するのが,いわば結果の公平さを達成するのかは,結果の公平より,機会の公平さが満たされている事の方が重要だとの主張もあるので,現実的には困難な問題である。

　以下では,課税客体としては,労働所得を取り上げ,公平な所得分配基準として,功利主義に基くものと max－min 基準によるものを扱って,公平性と効率性との調和について考えてみる事にしよう。

　この問題は,1970年代 J. A. Mirrlees, P. A. Diamond 等による最適課税をめぐる分析の中で取り扱われた。

　ここでは,例えば C. V. Brown と P. M. Jackson に依りながら,最適所得税のエッセンスについて触れる事とする。[10]

最適線型所得税

　いま高賃金所得を得る層と低賃金所得層を取り上げ,各層は所得と余暇の選好,代替率は同じであるとする。政府は各層の選好関数を知っており,限界税率一定の所得税を課し,その税収入を主として一括移転支出するとする。

　図4.8に於いて,低所得層の賃金は W^L,高所得層の賃金は W^H,税率 t で,課税前の低所得層,高所得層の予算制約,効用水準及び均衡点は各々 AB, $A'B'$, U_0^L, U_0^H, E_0^L, E_0^H であり,課税後のそれらは,$AC, A'C', U_1^L, U_1^H, E_1^L$,

---

10) Brown, C. V. & Jackson, P. M. *Public Sector Economics,* Martin Robertson, 1978, 大川政三,佐藤博監訳『公共部門の経済学』マグロウヒル好学社,1982,第19章参照。

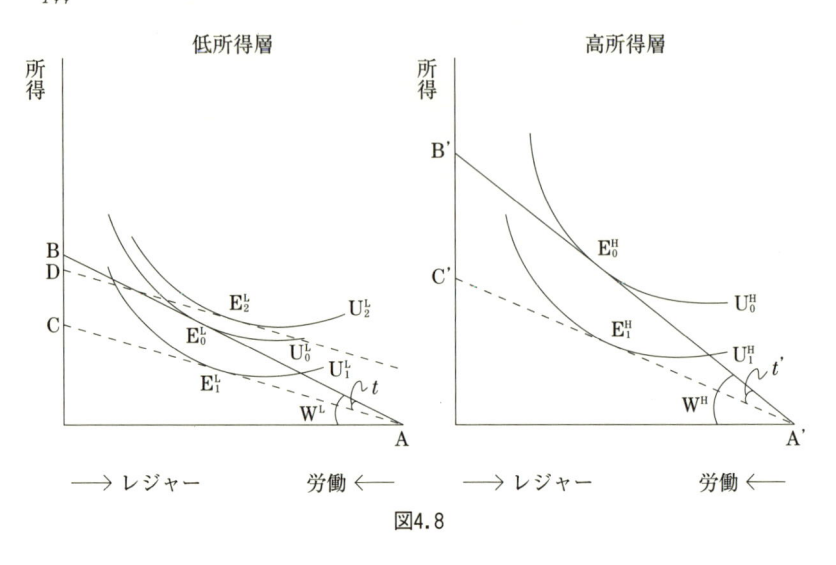

図4.8 低所得層 / 高所得層

E_1^H となっている。

そこで低所得層に対して，負の所得税や米国等で現在実施されている勤労所得税額控除（Earned Income Tax Credit）等の実質的移転支出が CD 分だけなされると低所得層の均衡点は E_2^L になる。

この様な再分配は，どの様に評価されるであろうか。功利主義の立場からは，$U_0^H - U_1^H$ の変化分より，$U_0^L - U_1^L + U_2^L - U_1^L$ の変化分が大きくなれば，社会的厚生は増加する事になるので望ましい分配となる。また Rawls の基準からは，低所得層の所得を出来るだけ高める事が望ましいのであるから，高所得層はとも角，$U_2^L > U_0^L$ であればよいので，これは満たされているのである。

そして限界税率は一定なので，累進課税ケースに比べ，超過負担は少ない。また，恐らく税務行政上からも線型所得税は簡素で扱いやすいであろう。

線型所得課税では，以上の如く公平性と効率性について扱うのであるが，現実的にはこの様な課税移転支出システムが最適となる税率が，当然問題となってくるし，税率に対する人々の所得とレジャーの代替程度つまり課税に

よる均衡点の移動程度そしてどの程度の公平性を求めるかについては，やはり社会的価値判断の選択や税収について所得層の賃金分布も関係してくる事になる。

　N. H. Stern は，先にみた一般的な社会的厚生関数に，稼得スキルを配慮した賃金分布を考慮，線型所得課税の下に，それを最大化するという J. A. Mirrlees のモデルをベースとして，個人に所得と労働（余暇）について CES 型の効用関数を用いてシミュレーションを行った。[11]

　ここで扱った政府は移転支出のみを行うケースでは，税率と所得と労働（余暇と労働）との代替の弾力性との間に，功利主義の場合，かなり傾きのきつくなる右下りの曲線が得られる一方，Rawls 分配の場合，傾きのなだらかな右下りの曲線が得られている。

　従って，一定の代替の弾力性の下では，功利主義ケースに比べ Rawls ケースでは高い税率が求められる事となる。代替の弾力性が高まれば，税率は下がるが，両ケースのこの特徴は変わらない。

　次に，より一般的な非線型所得税の場合をみてみよう。

最適（非線型）所得税

　通常所得課税は，超過高率累進課税となっている。従って，多くの限界所得税率がある中で最適な限界税率を考えようというのである。図4.9には，低所得層と高所得層の累進課税ケースが描かれている。

　課税前の低所得層，高所得層の均衡点は各々 E_0^L, E_0^H であるが，課税後は E_1^L, E_1^H と下っている。

　低所得層に対して，負の所得税や勤労所得税額控除等の実質的移転支出 IJ がなされると均衡点は E_2^L となる。他方，最適課税論では最高所得の限界税率零を主張するものであるから，高所得層の予算制約式は，FG は $A'B'$ と平行になる $A'DFG$ となる。もしも，こうした税収入で，この様な再分配

---

11) Stern, N. H. "On the Specification of Model of Optimum Income Taxation", *Journal of Public Economics*, Vol. 6, 1976, pp. 123–162 参照。

図4.9

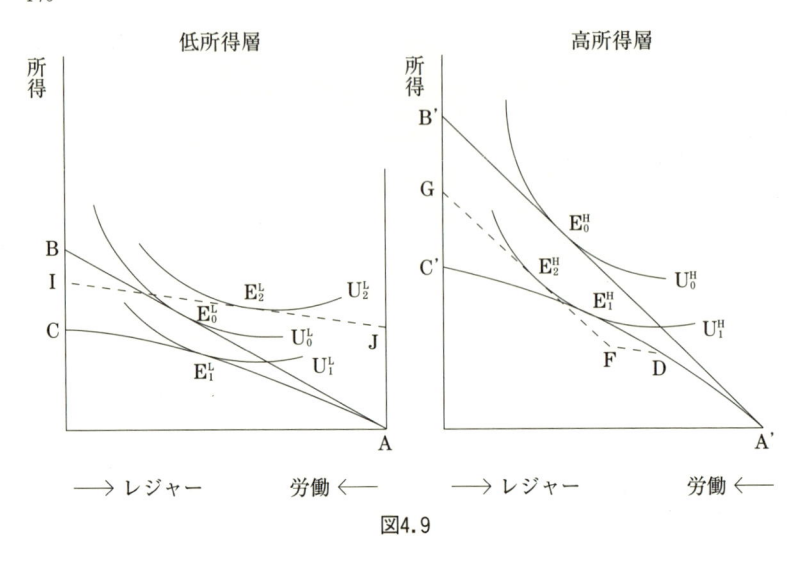

がなされるとどの様な評価となるであろうか。

$U_0^H - U_1^H$ の変化分より，$U_0^L - U_1^L + U_2^L - U_1^L$ の変化分の方が，より大となるとすれば，功利主義の立場から是認されよう。また $U_2^L > U_0^L$ であると Rawls の基準も満たされるから，いずれの社会的価値判断の立場からみても望ましい事となる。

そして最高所得での限界税率は零で，超過負担は零となり，この限りでは効率性は満たされている。

この場合，高所得層と低所得層のみを取り上げているが，より一般的には中間所得層を含めた賃金率分布を考える必要がある。

高所得層最高所得の限界税率は零であるから，高所得層の所得は増えても税収入は増えないから，この様な分配状態を維持する為には，中間所得層の限界税率を高める必要が出て来る。

従って，免税点以下の人々の所得の限界税率は零であるから，限界税率を縦軸に，横軸に所得を取ると最適限界税率のグラフは，逆 U 字型となると主張されるのである。

現実の所得税率表は，資力調査に係わるコスト等も勘案すれば，むしろ U 字型といえよう。これは最適所得課税論では，完全競争市場を前提とし様々な不確実性や制度的要因，特質を捨象したり，所得と余暇との正確な限界代替率が測定され，何より分配に関する社会的価値判断や再分配規模に関する合意が形成されている，こういった点の違いによるものであろう。

ともあれ最適所得課税論は，公平性と効率性の調和を考える際のひとつの重要な指針となっている。

最適間接税

間接税についても効率性，公平性の調和について考える事が出来る。[12]

いま再分配についての社会的価値判断から高所得層，低所得層の分配ウエイト或いは社会的価値重要度が各々 W^H, W^L であるとする。勿論，$W^L > W^H$ である。

或る財 X, Y を取り上げ課税するが，X 財については，高所得層が8割，低所得層が2割の消費をし，Y 財については高所得層は4割，低所得層は6割の消費をしているとする。

従って X 財の税負担の8割，Y 財の税負担の4割は，高所得層の負担，X 財の税負担の2割，Y 財の税負担の6割は低所得層の負担となる。

以上から各々の課税された財に関する分配上の特性を各々の財1単位当りの税負担の加重値と考える事が出来る。

分配上の特性は，X 財については，$(0.8) \cdot W^H + (0.2) \cdot W^L$，$Y$ 財については，$(0.4) \cdot W^H + (0.6) \cdot W^L$ となり各々を δ_X, δ_Y と表わしておく。

問題は，こうした分配上の特性を配慮し，一定の税収を得るのに超過負担を最少化する事で公平性と効率性の調和を考えるという事なのである。

先に Ramsey Rule でみた如く，最適課税の為には，$\delta_X \cdot (MCPF)_X = \delta_Y \cdot (MCPF)_Y$ でなければならない。

---

12) Bruce, N. 前掲書，pp. 462–465 参照。

従って,税率については,$\delta_X \cdot (MCPF)_X = \delta_Y \cdot (MCPF)_Y = (MCPF)^{**}$ とおくと各々,X 財については,$\tau_X = [(MCPF)^{**} - \delta_X]/(MCPF)^{**}\eta_X$ であり,Y 財については,$\tau_Y = [(MCPF)^{**} - \delta_Y]/(MCPF)^{**}) \cdot \eta_Y$ となる。

財への最適税率は,価格弾力性や,財の分配特性が低いならば,より高くなる。つまり低い価格弾力性をもつ財には,高い税率を課すのが効率的であり,高い分配特性をもつ財には低い税率を課すのが公平であるという事になる。

もしも $W^L > W^H$ でも,Rawls 分配ケースなら,Y 財非課税という事も生じうる。

N. Bruce の数値例 $W^L = 3$, $W^H = 1/2$ では,$\delta_X = 1$, $\delta_Y = 2$ で,図4.7での $(MCPF)_X$ と点線の $2 \cdot (MCPF)_Y$ の交点が,$(MCPF)^{**}$ で効率性のみを考慮した場合より,超過負担は増えているのが分る。

効率性と公平性は時にトレード・オフの関係になるが,もしも税体系が,そもそも非効率的で,非公平的なものであるなら,税制改正により,効率性も公平性も高めうる事になる。こうした税制が模索されねばならないであろう。

4.4　誘因効果

課税は様々な誘因効果をもつ,租税政策上意図される場合もあるし,思わぬ効果となる場合もあろう。いずれにせよ課税の転嫁形態や帰着状況をまず把握する事が重要である。

そこで,これ迄は部分均衡分析で課税の効果を検討してきたが,ここでは一般均衡分析で包括的依存関係の中での帰着の問題について,考えてみよう。

法人所得課税

一般均衡分析による法人税帰着問題については,A. C. Harberger モデルが,その嚆矢であろう。[13]

Harberger は，法人部門，非法人部門の2部門を取り上げ，各部門生産の2財，資本と労働の2生産要素，財，要素に関する競争的市場，一次同次生産関数の想定，政府の税収入支出は，私的支出の減少を相殺すべくなされる等の前提の下で，課税が法人部門の資本所得に，法人税としてなされる時，それによる資本所有者の純収益率の下落が生じ，これが2部門間の要素移動を生み，やがて，また均衡状態が出現する，この過程で，かかる税の負担，帰着がどうなるのかを分析，当時の米国経済の実態の実証を試み，分析結果の検証を行っている。

　この場合，法人部門の資本，労働の生産要素集約度が，非法人部門のそれより大きいと仮定され，この結果，法人税は資本の価格を下げる事で，資本に帰着するとされるのである。

　Mieszkowski によれば，この様な課税の効果として次の三種類を挙げる事が出来るとする。すなわち第1は，需要乃至所得源泉への効果で，第2は，産出効果であり，第3は要素代替効果である。Harberger モデルでは，税収入による需要調整がなされているので，主要な効果は第2の産出効果及び第3の要素代替効果である。

　図4.10に於いて，横軸は存在している所与の資本量 $\overline{K}$ を取り，縦軸には，同労働量 $\overline{L}$ を取る。K_X, L_X は，法人部門 X での資本，労働投入を意味し，K_Y, L_Y は非法人部門のそれである。X_0, Y_0 は，課税前の両部門の等生産量曲線で X_1, Y_1 は課税後のそれらである。

　法人部門の X の等生産量曲線は，O_X から測り非法人部門 Y のそれは，O_Y から測っている。r, w は，各々資本，労働の価格で，t_{KX} は法人部門 X の資本へ課せられる法人税である。

　A 点は課税前の均衡点で，要素価格比は，$(r/w)_A$ であり，いわゆる契約曲線 $O_X O_Y$ 上にあるから，パレート最適である。

---

13)　Harberger, A. C. "The Incidence of the Corporation Income Tax", *Journal of Political Economy*, vol. 30, No. 3, Jun. 1962, pp.215–240 及び拙著『公共部門と経済的厚生』新評論，1996, pp. 116–131 参照。

図4.10

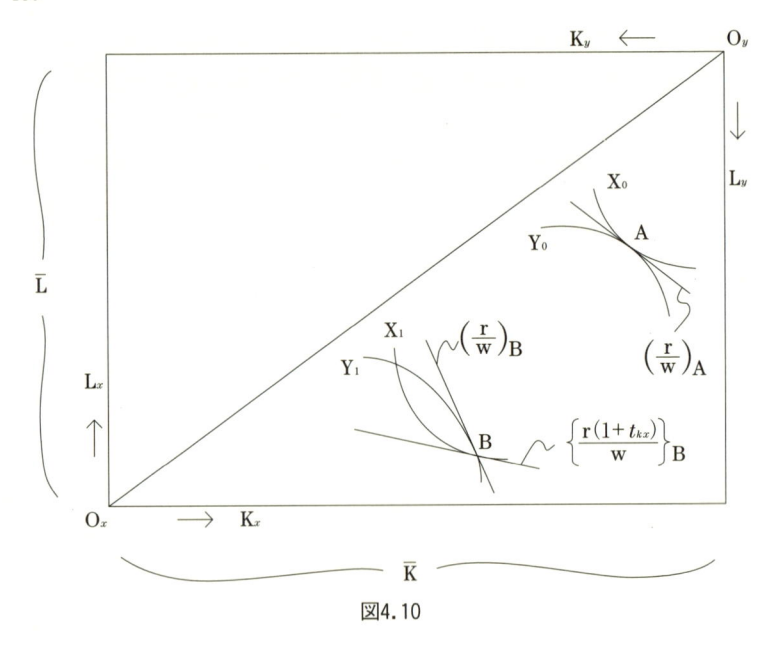

　いま法人課税がなされると，法人部門 X の資本コストが増加するから，価格は上昇する，その結果，この財の需要が減少，従って生産が減少，法人部門 X より資本と労働が流出する。非法人部門の要素集約度は，法人部門より小さいので，流出した生産要素の吸収とりわけ資本については十分ではないであろう。そこで資本の価格は下落する事になる。これが，産出効果による資本の価格下落作用である。図4.10では，B 点を通る法人部門 X の等生産量曲線は，A 点に比べ下っている事が分る。

　要素代替効果は，資本の価格の上昇は，資本を少なく，労働を多く使用しようとさせるから，資本の需要を下げ，その相対価格を下げる事となる。図4.10の B 点では，A 点に比較して，法人部門 X では，$\{r(1+t_{KX})/w\}_B < (r/w)_A$ となっている。

　この様に産出効果，代替効果が働く事によって，法人部門 X では，法人課税は資本の価格を下落させる事で，それを負担しているのである。非法人

部門 Y では，$(r/w)_B > (r/w)_A$ となり，法人課税により高くなった資本価格を転嫁し，負担はしていない事になる。

以上の如き2部門の一般均衡分析と当時の米国経済の実証結果から，Harberger は，法人税は転嫁されていないと主張するのである。

同様な結果は，Shoven と Whalley によるいわゆる応用一般均衡分析によっても得られている。[14]

しかしながら，Krzyzaniak と Musgrave の時系列分析に基く結果では，時を通じての法人税の増徴と資本の粗収益上昇が対応しており，法人税の全転嫁を示しているとの意見もある。

この様に法人税の帰着については，いつ，いかなる状況に於いても転嫁はしないという確定的結果は得られている訳ではない。しかし，短期，静態的局面に於いては，転嫁は生じないと考えてよいであろう。

ところで我が国では先にみた如く，税収入中の法人税のウエイトは高く，時に，その実効税率が他国と比べて高いとか，景気対策や持続的成長の為の投資税額控除や減価償却に関する問題が指摘されたりしている。

そこで次に，法人税や減価償却ばかりではなく活動資金等に関する税制が，企業行動にいかなる影響，誘因効果を与えているかについて検討してみる事にしよう。

まず企業の所得，受け取りについて，それを BI と表わすと次の如くになる。

$$BI = R - W - r \cdot B - D$$

ここで R：収入，W：賃金支払，r：実質利子率，B：企業の負債，D：経済的減価償却である。

勿論これは課税所得ではない，課税所得では負債の名目利子支払が控除されたりするからである。

---

[14] Shoven, J. B. & Whalley, J. "A General Equilibrium Calculation of the Effects of Differential Taxation of Income from Capital in the U. S.," *Journal of Public Economics*, Vol. 1, 1972, pp. 281–321 参照。

企業利潤課税,法人所得課税の対象所得は企業会計原則と税法上では同じではない。経済学上の利潤は,通常企業の収入マイナス総ての経済的コストと定義される。企業の経済的コストは,資本の使用者費用と原材料,労働等の投入費用を含んでいる。

資本の使用者費用は,投資された資本の企業への年々の費用いわゆる機会費用である。使用者費用 C は,次の如き表示となる。

$$C = r \cdot (B+E) + D$$

ここで,E:企業持分価値である。

従って,利潤 π は,$\pi = R - W - C$ となる。企業所得と利潤との関係は,$BI = \pi + r \cdot E$ となるから,企業所得は,利潤プラス企業(株主)持分の機会費用に等しいのである。

企業のキャッシュ・フロー所得は,利潤に対応している。課税ベースとしてのキャッシュ・フロー所得 CF は,総収入マイナス使用されるインプットと資本財支出であるから,$CF = R - W - I$ となる。ここで I:投資支出である。投資は,資本ストックを通して資本の使用者費用に関連するから,課税ベースとしてキャッシュ・フローと利潤は同じになるのである。

そこで時に,企業所得課税ベースとしての概念の明確さ,課税システムの単純化の可能性から,キャッシュ・フロー所得が主張されるのである。

次に,以上の如き概念を参考にして,企業の投資や財務上の決定に及ぼす効果について立ち入って検討する事にしよう。[15]

まず以下の如き長期に亘る利潤最大化を考える。

$$\max \sum_{t=0}^{\infty} (1+r)^{-t} \{P \cdot F(K_t, L_t) - W \cdot L_t - q \cdot (K_{t+1} - K_t + \delta \cdot K_t)\}$$

ここで P, W, q は各々産出物の価格,賃金率,資本財の価格で時を通じて一定とする。$F(K_t, L_t)$ は生産関数で,通常仮定される条件は満たしているとする。K_t, L_t は各々 t 期の資本,労働量で,δ は減価償却率で一定,r は一定の利子率である。また資本財の価格は, 1 期間資本財の 1 単位を保有する

---

15) Boadway, R. W. & Wildasin, D. E. *Public Sector Economics*, 2nd ed., Little Brown, 1984, pp. 321-331 及び Rosen, H. S. 前掲書, pp. 398-410 参照。

コストを表わす陰の価格でもあるから，$K_{t+1}=(1+r) \cdot K_t$ を考え，資本ストックに関する利潤最大化の一階条件を求め，$\partial F/\partial K_t=MPK$ で表わすと

$$P \cdot (MPK) = q \cdot (r+\delta) \tag{4.6}$$

を得る。

もしキャピタル・ロスを考え，それを $-\Delta q$ と表わし，資本財の価格変化率 $g=\Delta q/q$ で表現すると

$$P \cdot (MPK) = q \cdot (r+\delta-g) \tag{4.6}'$$

となる。

(4.6) 式の右辺は，資本の使用者費用である。先の資本の使用者費用 C 式の右辺，D を資本1単位当り減価償却 $q \cdot \delta$, $B+E$ を資本1単位当りコストつまり q と考えると $C=q \cdot (r+\delta)$ となるからである。

以下では，単純化の為 (4.6) 式を使用するが，この式の意味するところは，企業は，資本の使用者費用が，その限界生産力の価値に等しいところ迄，利潤最大化の為，投資をするという事である。

ところで資金調達コスト r については，借入れによるものと株発行に伴う配当に関するものがあり，前者のコストは借入れに対して企業が支払う利子率 i で，後者の限界的コストを ρ とすると $r=\beta \cdot i+(1-\beta) \cdot \rho$ である。β は限界的資金調達を借入れによる割合で，従って $(1-\beta)$ は株式発行による割合である。これらは，以下では単純化して一定と扱う。

それでは，法人税及びその他の税制が投資行動等に如何なる影響を与えうるのかをみるべく (4.6) 式に税制パラメーターを導入してみよう。法人税 t, α を課税対象減価償却控除率とする。この α は実際の減価償却率 δ と必ずしも等しくはない。1円価値の減価分の現在価値割引は，$\alpha/(1+r)$, $\alpha(1-\alpha)/(1+r)^2$, ……, $\alpha(1-\alpha)^{n-1}/(1+r)^n$ となるから，その合計は，$\alpha/(r+\alpha)$ となる。

そこで，これらを配慮して

$$(1-t) \cdot P \cdot (MPK) = q \cdot (r+\delta) \cdot (1-t \cdot \alpha/(r+\alpha))$$

を得る。

課税のない (4.6) 式と比較すべく変形して

$$P \cdot (MPK) = [q \cdot (r+\delta)/(1-t)] \, [1-t \cdot \alpha/(r+\alpha)] \quad (4.7)$$

となる。

ここで資金調達コスト r のうち借入れ利子が税控除されると $r = i \cdot \beta \cdot (1-t) + (1-\beta) \cdot \rho$ と変わる事になる。

(4.7) 式右辺の税制パラメーターが入った資本の使用者費用を C_T と表わし税制パラメーターの影響をみるとまず, 法人税率に関してであるが $\partial C_T/\partial t$ の符号条件については, 先験的には明らかではない。

従って, この効果の確認は実証研究に委ねられるところとなる。

しかし, 借入れ利子が税控除されていない時には, $(\partial C_T/\partial t) > 0$ となるので, 税率引下げは投資誘因効果をもつ事になる。

なお我が国の法人税率引下げの経済効果について, 凡そ 5％の法人税率引下げで, 約 1～2％程度の設備投資押し上げ効果があるとの最近の実証研究結果が得られている。[16]

一方, $(\partial C_T/\partial \alpha) < 0$ であるから, 課税対象減価償却控除率 α を高めれば, 投資を促進させる事になる。この事から, いわゆる加速償却は, 投資誘因効果をもつ事が分る。

この他に投資誘因効果をもつと考えられているものに投資税額控除制度がある。これには 2 種類考えられ, ひとつは企業の行われる投資各 1 円なら 1 円につき, 例えば ϕ の税額控除を与えるものである。この時には, (4.7) 式は,

$$P \cdot MPK = [q \cdot (r+\delta)/(1-t)] \, [1-\phi-t \cdot \alpha/(r+\alpha)]$$

となり, $(\partial C_T/\partial \phi) < 0$ となる。

他の例は, 資本財の価格 q につき, ϕ の控除を認めるものである。この場合には, (4.7) 式は,

$$P \cdot MPK = [q \cdot (1-\phi) \cdot (r+\delta)/(1-t)] \, [1-t \cdot \alpha/(r+\alpha)]$$

---

[16] 内閣府政策統括官編『政策効果分析レポート2002』平成15年 (2003),「分析 2 海外諸国における経済活性化税の事例について」参照。

となり，$(\partial C_T/\partial \phi) < 0$ となる。

どちらも企業に対して，資本の限界的コストを減少させ，更なる投資を奨励するのである。

米国では，Reagan 政権下，1981年経済再建租税法で，加速償却制度（Accelerated Cost Recovery System）や投資税額控除（Investment Tax Credit）が導入され，一定の成果を挙げたが，これらの制度のもたらすマイナス効果つまり①税負担の公平性に関する問題，②資源配分の歪み問題，③景気循環の歪み問題も指摘された。①は黒字でありながら法人所得税の実効税率が零以下となる等，法人税の抜け穴化した一面がある事である。

②は設備の種類毎に税負担が異なり，産業別の実効税率に格差が生じ，差別的優遇措置化した問題そして③については，これらの税負担軽減により，景気が良い時の方が減税額が大となり景気の振幅を大きくしたり，時限的導入が駆け込み需要やその反動を生み，また景気循環の歪みを大にするという問題である。[17]

この為1986年租税改革法では，投資税額控除は廃止され，加速償却制度については修正が加えられた。

我が国でも，エネルギー需要構造改革，ベンチャー，中小企業投資促進，ハイテク等の税制に税額控除が，これらの対象に公害防止設備，事業革新設備等を加えたものに，特別償却が認められている。

確かに加速償却や投資税額控除は，投資誘因効果をもつであろうから，短期的には経済の状況により政策手段として考えるべきであろう。しかし所期の目的が達成されて以降迄中長期的に制度を維持する事は，先に述べた諸問題が発生するので留意が必要である。

この様な時には，むしろ中立的税制が望ましいであろう。そこで，次に（4.7）式が中立的つまり（4.6）式と同様となる税制について考えてみよう。

まず次の如き二つの特別なケースが考えられる。ひとつは，経済的減価償

---

[17] 内閣府政策統括官編，前掲書，pp. 127-294 参照。

却率と控除される減価償却率が等しい時すなわち $\alpha=\delta$ でまた企業の資金調達コストが総て控除される場合である。$r'=\beta\cdot i\cdot(1-t)+(1-\beta)\cdot\rho\cdot(1-t)$ となるから, (4.7) 式右辺の C_T は,

$$C_T=[q\cdot(r+\delta)/(1-t)]\,[(r+\delta-t\cdot\delta)/(r+\delta)]$$
$$=[q/(1-t)](1-t)[\beta\cdot i+(1-\beta)\cdot\rho+\delta]$$
$$=q\cdot(r+\delta)$$

となり, (4.6) 式右辺の C_T に一致し, 中立的となる。

このケースの問題は, 税務当局が真の減価償却率 δ や株式発行に伴う企業のコスト ρ を知らねばならず, これは困難な問題である。

他のケースは, キャッシュ・フロー課税である。資金調達コストは, 利子は控除されないので $r=\beta\cdot i+(1-\beta)\cdot\rho$ である。また即時減価償却がなされるので, $\alpha\to\infty$ となる。すると (4.7) 式右辺の $[1-t\cdot\alpha/(r+\alpha)]$ は, $[1-t/(r/\alpha+1)]$ から $\alpha\to\infty$ とすると $(1-t)$ となるから, (4.7) 式右辺は, $C_T=q\cdot(r+\delta)$ となり, (4.6) 式右辺 C_T に一致し, 中立的となる。

この場合には税務当局は, 真の減価償却率や企業の資金調達コストについて何ら知る必要がない為, 管理上の容易性というメリットもある。しかし, 損失が発生した時の全損失相殺のあり方や即時減価償却が産業, 企業の規模毎に格差を生じさせる等の問題もある。

上述の2ケースに関連して, 実現可能性はとも角として以下の如き方法も考えられる。それは, 初期投資がなされ, $\alpha(r>\alpha)$ の割合で減価する各期の残存価額の流列の現在価値割引額の合計に, $r=\beta\cdot i+(1-\beta)\cdot\rho$ を掛けた額を更に減価控除する事を許すものである。

すると $(1/(1+r),\,(1-\alpha)/(1+r)^2,\,\cdots\cdots,\,(1-\alpha)^{t-1}/(1+r)^t)$ から, この合計は, $[1/(r+\alpha)]$ となるから $t\cdot r[1/(r+\alpha)]$ を (4.7) 式右辺第2項に配慮すると $[1-t\cdot\alpha/(r+\alpha)-t\cdot r/(r+\alpha)]$ となる。

これは資本1単位のいわば実効購入価格を q から $q\cdot[1-t\cdot\alpha/(r+\alpha)-t\cdot r/(r+\alpha)]=q\cdot(1-t)$ と減少させるものとなるのである。そして (4.7) 式の C_T は $q\cdot(1-t)(r+\delta)/(1-t)=q\cdot(r+\delta)$ となって, 中立的な税制となる

訳である。

以上の如き税制が，企業の投資決定に関しては中立的となる。つまり投資すべく限界的な決定には影響を与えない事になるのである。

しかし，個人所得税のあり方も間接的に企業の資金調達へインパクトを与え，企業の投資決定に影響する事も考えられる。次にこの問題について取り扱う事にしよう。

それは企業の資金調達コストと家計の貯蓄から受け取る純収益間のくさびをもたらし，資本，金融市場へ歪みをもたらす事にもなるのである。

いま，家計によって払われる利子所得への税率を m，株主の受け取るキャピタル・ゲイン配当所得への税率を θ と表わす。すると課税後 ρ の株主への収益を提供する為には，課税前の収益は，$\rho/(1-\theta)$ と表わされるから，企業の資金調達コストは，

$$r = \beta \cdot i \cdot (1-t) + (1-\beta) \cdot \rho/(1-\theta) \tag{4.8}$$

となる。

他方，家計の貯蓄からの課税後の収益率 r^* は，

$$r^* = \beta \cdot i \cdot (1-m) + (1-\beta) \cdot \rho \tag{4.9}$$

となるであろう。

もしも利子所得が配当所得より重たく課税されると，それは企業に借入れより株式発行を選択させたり，逆の場合には借入れを増やしたりする誘引を与え，仮に法人税が中立的であったとしても，資本市場へ歪みをもたらす事にもなるのである。

(4.7) 式の左辺 $P \cdot MPK$ は，資本1単位によって生み出される粗限界収益であるから，$P \cdot (MPK)/q$ は，資本1単位価格当たりの粗限界収益率である。減価償却率 δ を引くと $[P \cdot (MPK)/q] - \delta$ は，純限界収益率となる。これを σ と表わすと，(4.7) 式から

$$\begin{aligned}\sigma &= [P \cdot (MPK)/q] - \delta \\ &= [(r+\delta)/(1-t)][1 - t \cdot \alpha/(r+\alpha)] - \delta\end{aligned} \tag{4.10}$$

を得る。

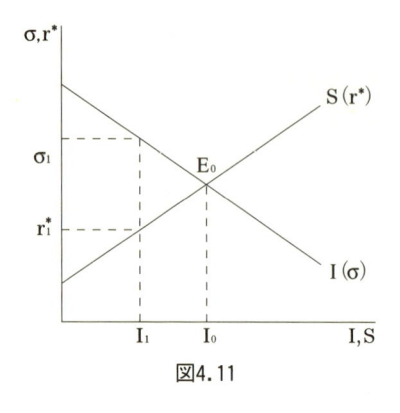

法人税制が中立的であると $\sigma = [P \cdot (MPK)/q] - \delta = r$ となる。MPK は逓減するから，σ は投資が増えると下落すると考えられる。

一方，貯蓄の収益率は r^* であり，r^* が高まると貯蓄は増加すると考えられる。これらから，図4.11の如き投資 I，貯蓄 S の関数を得る。

図4.11

r と r^* は先の (4.8) 式と (4.9) 式から分る様に一般的には異なるが，もしも一切の税がないなら，$\sigma = r = r^*$ となる。これが図4.11の E_0 点であり，資本の純収益率は，貯蓄の純収益率と等しく貯蓄，投資は等しく I_0 となり，歪みは存在していない。

然しながら税が存在する場合，$\sigma \neq r^*$ となり，I_0 は達成されない事になる。仮に図4.11の $\sigma > r^*$ の如き状況が生じている時，この差は資本市場への実効税率とでも呼ばれるであろう。これは，法人税，個人所得税双方の影響による複合的歪みである。

もしも，法人税制が中立的であるとしてもこの資本市場の実効税率は，配当所得課税がある時，個人所得税による歪みを反映する事となる。この時 $\sigma = r = [\beta \cdot i + (1-\beta) \cdot \rho/(1-\theta)] > r^*$ である。

他方，もしも資本所得への個人所得税がないとすれば，例えば支出税体系の如き税制を考えると，$r^* = \beta \cdot i + (1-\beta) \cdot \rho$ となり企業の市場からの資金調達コスト (4.9) 式及び (4.10) 式から分る様に，$\sigma \neq r^* \neq r$ である。従って，支出税体系は，法人税についてはキャッシュ・フローの如き中立的税制とセットである時，資本市場への歪みは生じない事も分るのである。

以上みてきた如く，法人税や個人所得税の有り様が，$\sigma > r^*$ となり投資を遅らせたり，或いは $\sigma < r^*$ となり投資を刺激したりする誘因効果を持つ事になる。しかし，こうした誘因効果を与える税制の場合資本市場での歪みにつ

第4章 租税 159

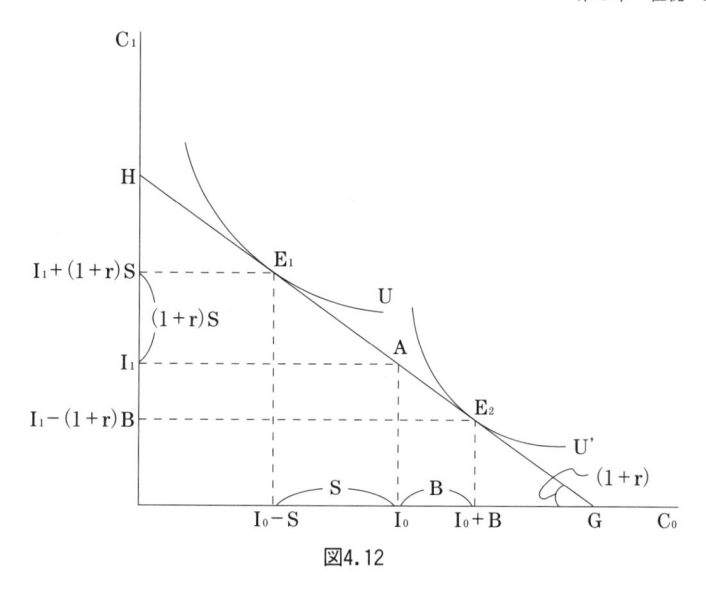

図4.12

いて，常に配慮しておく事が望ましいであろう。

貯蓄への効果

貯蓄への課税の影響は単純化されたライフサイクル理論を用いて現在の消費 C_0 と将来の消費 C_1 の選択行動を通じてみる事が出来る。[18]

図4.12に於いて通時的予算制約線は HG でこの傾きは利子率 r とすると $(1+r)$ である。初期点は A で，ここでは現在消費可能点 I_0, 将来消費可能点 I_1 が対応している。そこで，もし S だけ貯蓄するとすれば，均衡点は E_1, 無差別曲線 U で現在消費 C_0 は I_0-S で，将来消費 C_1 は $I_1+(1+r)S$ となる。

他方，もしも A 点から B だけ借入れを行うとすれば，均衡点は E_2, 無差別曲線は U' で，現在消費は，I_0+B となり，将来消費は，$I_1-(1+r)B$ と

---

18) Rosen, H. S. 前掲書, pp. 383-390 参照。

図4.13

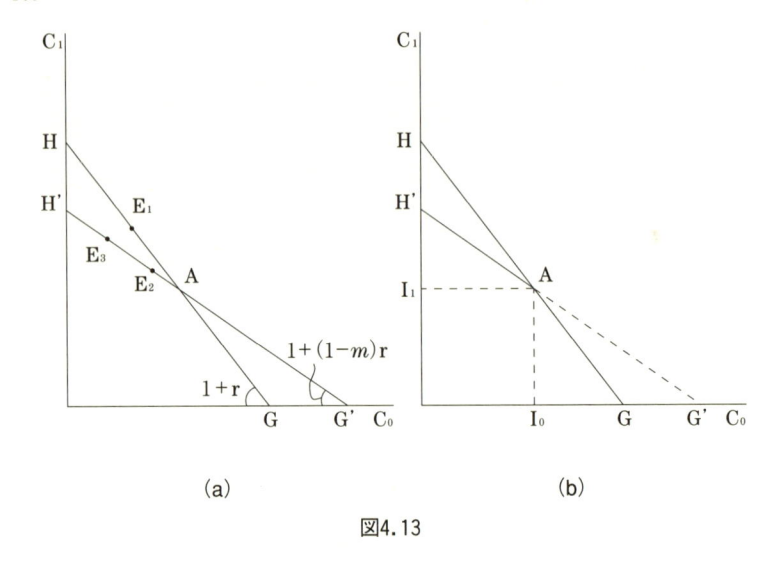

なる訳である。

いま利子所得に課税されるとする。但し，1) 支払利子は控除されるケースと 2) 支払利子は控除されないケースを考えよう。

1) のケースは図4.13(a)で，利子課税により通時的予算制約式は $H'G'$ となり，その傾きは，税率 m として $1+(1-m)r$ へと変わる。いわば現在の1円の消費の機会費用が変わるからである。

この結果均衡点は，図4.13(a)の E_2 点か，E_3 点へ動く事になる。

E_2 点では課税後，貯蓄は増加している。E_3 点では貯蓄は減少している。これは E_2 点では課税による現在消費の機会費用の下落が，将来消費と現在消費の相対価格を変化させた結果生じた代替効果による現在消費増大が，課税による将来消費目標達成困難さから，現在消費削減と働く所得効果を陵駕した結果である。

E_3 点では，課税による現在消費増大の代替効果より，現在消費削減の所得効果が大となった結果である。

E_2 点となるか，E_3 点となるかは実証分析に委ねられ，先験的には分らない

次に 2) ケースを取り上げよう。この場合には，図4.13(b)に於いて A 点より左へ１円貯蓄すると利子は課税されるから，将来の消費は $1+(1-m)r$ となる。課税後の予算制約は $H'A$ である。A 点から右へすなわち１円借り入れるとすると，その支払利子は控除されないから，税は借り入れコストに何ら影響を与えない。１円借り入れの将来のコストは課税前と同様，$(1+r)$ 円である。

つまり利子受取りについては課税され，支払利子については控除されない時，通時的予算制約式は A 点でキンクして $H'AG$ となる。均衡点がどこになるのかについては，先のケースと同様，代替効果，所得効果各々の大きさに依存して，先験的には明らかでない。

また以上の如き単純化されたモデルについて，インフレのある時の名目利子率の調整，多数の資産の存在とそれに対する異った課税，私的貯蓄のみならず公共部門の貯蓄等も含む社会的貯蓄の配慮，現行利子率での自由なる貸出し，借入れ可能性の前提等，現実的配慮が求められる点も指摘されているところである。

いずれにせよ，こうした現実への一次近似としての理論分析に最終的答を用意するのは実証分析であろう。然しながら米国での計量分析でも，課税の貯蓄への効果としては，全体としては所得効果と代替効果は，ほぼ打ち消し合っているという結果が得られたり，租税優遇措置のとられている401kプランや個人退職勘定等の有る無しが，個人の資産形成へそれなりの効果を有している等の実証例があるが，必ずしも確定された結果ではない様である。

リスク資産選択への影響

個人が或る大きさの資産を有している時，その中身をリスク資産と安全資産にどの様に振り分けるのか，そして税が課せられた時その資産選択の配分は，どの様になるのかという問題について考えてみよう。[19]

まず資産選択から得られる効用は，収益とリスクに影響されるとする。

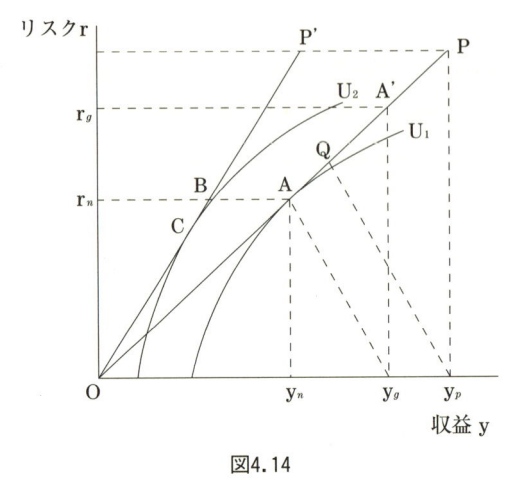

n 種類中の資産 i の収益率を X_i, $(i=1, \cdots\cdots, n)$ とする。そして X_i が生じる確率を P_i とすると予想収益 y は, $y = \sum_{i=1}^{n} P_i X_i$ となる。ここで, $\sum_{i=1}^{n} P_i = 1$ で, 勿論 $X_i < 0$ となりうる。

Domar & Musgrave に倣って, 資産の予想損失 r でリスクを定義すると, l_i を負となる様な X_i の成果とし, q_i をそれらの成果の確率として $r = -\sum_{i=1}^{n} q_i l_i$ となる。

図4.14

そこで効用 U は, $U = U(y, r)$ となるが, 図4.14の如く縦軸にリスク r, 横軸に収益 y を取ると, 収益増加は効用を高め, リスク増加は効用を下げるから無差別曲線の傾きは正, そしてより多くのリスクは, より多くの収益で補償されねばならないであろうから, この傾きは収益が増えると小さくなるので, 無差別曲線は, U_1, U_2, で表わされ, $U_1 > U_2$ である。y, r 式よりリスクと収益の組み合わせは, 機会線 OP と表わされ, これは資産配分予算線でもある。

P 点はリスク資産選択点で, 原点は安全資産選択点である。OP 線上で効用が最大となる様, この間で選択を行う事になる。課税がない時には, 無差別曲線 U_1 と OP 線との接点 A 点で資産選択がなされ, リスク資産の保有割合は OA/OP となる。

いま収益への課税が, 比例税率 t でなされるとする。税支払いは tX_i とな

---

19) Bradway, R. W. & Wildasin, D. E. 前掲書, 1984, pp. 315-321 及び Bruce, N. 前掲書, 1998, pp. 546-548 参照。

るが，$X_i<O$ なら損失で，この場合税控除か税割戻しがなされるとする。これは，時に全損失相殺税制と呼ばれる。

この時，リスク資産収益は，$\Sigma P_i X_i(1-t)=(1-t)y$ となり，リスクは $-\Sigma q_i l_i(1-t)=(1-t)r$ と変わる。この事は，P 点は $(1-t)$ の割合分だけ，原点方向へ動く，図4.14では Q 点となる。そこで新しい機会線は，OQ となるのである。

個人は依然として A 点にいるが，今や A 点は異った資産選択を反映している事になる。リスク資産の割合は OA/OQ となっているからである。$OA/OQ=Oy_g/Oy_p=OA'/OP$ の A' 点を選べば，これは課税前の A 点に対応する事となる。つまり個人はリスク資産のより多くを保有すべく誘発されているのである。

リスクは増大したと感じてはいないとしてもリスク選択は増加している事になる。

これは，政府が事実上，リスク分担パートナーになっている事によるものである。政府の予想された税収入は図4.14では $y_n y_g$ となるであろうし，そのリスクは $r_n r_g$ となるであろう。政府は収益，リスク面双方について分担している訳である。

問題は，この様な政府によってとられたリスクの社会的機会費用についての評価であろう。もしも個人がリスクを取る時のコストよりも，資産選択をより分散させ，リスクを拡散させ，社会的コストを小さくするなら，政府による，この様なリスク分担も認められる事になろう。

もっとも株式の様なリスク資産市場が十分に機能しているとしたら，政府の役割は限定的なものとなるであろう。

これ迄は，全損失相殺税制の場合であったが，もし損失相殺が全く行われない税制の場合には，どうなるであろうか。この時，図4.14に於いて，総ての正の収益を減少させる事になるから P 点は P' 点へ水平に動き，新しい機会線は OP' となる。OP' 上の B 点が，OP 上の A と同じ資産選択を表わしている。

効用最大化点は C 点となるが，B 点以上となるか，以下になるか（図4.14では以下になっている）もしれない。いわゆるリスク選択の所得効果，代替効果の大きさに依存する事となる。

ともあれ，部分的損失相殺税制機会線は，全損失相殺税制機会線 OP と零損失相殺税制機会線 OP' 間のどこかに位置する事になる。

いずれにせよ，より多くの損失相殺が認められる税制ではリスク選択の増加への誘因効果があるであろう。

次に所得税が投資者の資産選択決定に影響を与える，いわゆる実現したキャピタル・ゲインへの課税の凍結効果についてみてみる事にしよう。

キャピタル・ゲイン課税の凍結効果

ここでの凍結効果とは，税支払者が実現したキャピタル・ゲインへの課税を避ける為に，他の選択可能な，より高い収益をもたらす投資機会を選択せず，現行の投資状態にとどまる効果をいうのである。

次の様な数値例を取り上げよう。[20]

いま或る投資者が，20万円の価値の A 会社の株を10万円で購入所持しており，この株から所有期間に渡って9％の収益率を期待しているとする。他に10％の収益率をもつと思われる X 会社の株がある時，ただちに今所有の A 会社株を売り，X 会社の株を購入するであろうか，恐らくそうしないであろう。理由は以下の通りである。つまり，A 会社株を売るとキャピタル・ゲインが実現し，キャピタル・ゲイン課税がなされる。この税率を，いま28％とすると，投資者が X 会社株に投資する最大額は，17万2千円迄（10万＋(20万－10万)×(1－0.28)）である。そして X 会社株所有している間，10％の収益率から，1万7千2百円（17万2千×0.1）を稼ぐ事が出来る。

一方，投資が A 会社株にとどまるなら，投資者は，1万8千円（20万×0.09）を得る事になるから，こうした投資は行われず，キャピタル・ゲイン

---

20) Bruce, N. 前掲書, 1998, pp. 549–550 参照。

課税によって凍結されてしまう訳である。

　この様な誘因効果が生じている時には，税率を低めるか，或いは極端なケースとしてキャピタル・ゲイン課税の廃止や資産売却による他の資産購入という回転調達による投資については，キャピタル・ゲイン課税は行わない等の税制上の措置も考えられるが，税収入は減少し，また所得分配上の公平性の問題も生じうるであろう。勿論，キャピタル・ゲインが実現しようがしまいがキャピタル・ゲイン課税をなすという考えもある。投資者は常により高い収益を挙げる投資へシフトするであろうが，未実現キャピタル・ゲインやキャピタル・ロスの評価が求められ，税収入は増えようが，税制度は複雑化する恐れがある。

　以上，みてきた如く税は様々な誘因効果をもち得るので，時代や経済状況に応じて種々なる税制が適用される事となる。しかし，そうした税制について，常により公平性，効率性の観点からの絶えざる吟味が必要となる。

4.5　税務行政に関する費用の最小化

　税務行政上の費用の最小化は，簡素な税制という事でもあろう。徴税コストが少ないばかりではなく，税法上の解釈をめぐるトラブルも少なく脱税防止，摘発コストも小さくまた節税コストも小さくなるであろうからである。

　我が国の平成7年度から，12年度迄の国税の徴税費は，平均して100円当たり約1.37円であり，道府県徴税コストは同じく100円当たり約2.05円，市町村徴税コストは，100円当たり約3.15円となっている。[21] 全体的に低い感じはするが，例えば米国の内国歳入庁（IRS）の1996年の予算は，内国歳入庁が集める連邦歳入の凡そ0.5%であったといわれている。我が国でも，仮に同様な比較をすると1996年度の租税及び印紙収入決算額に関する国税庁予算の割合を求めると凡そ1.23%となる。勿論これだけで徴税コストは高いとの

---

21)　財務省財務総合政策研究所編『財政金融統計月報　租税特集号600』財務省印刷局，2002, p.118参照。

速断は出来ない。そして問題は、これらは徴税のいわば直接的コストであるが他に生じている納税者の間接的コストの存在である。この間接的コストは時に compliance cost（順法納税費用）と呼ばれる。以下では CO－費用と表わす。

この CO－費用は、いわば納税に際して税務当局へ必要な情報を提供し、税法やその改正条項を学び、記録整理保存や各種証明書収集等に必要な努力や時間についての納税者の評価価値であるといえよう。

N. Bruce の挙げている例によれば、1995年の米国での個人所得税のケースでは、平均的納税者は、納税フォームの注意事項を読み、返送チェック、記録整理保存に11時間38分を要していると IRS は推計しているという。[22] 更に項目毎の控除についての同様な手続きに4時間35分を費やし、事業所得については、10時間16分を要していて、仮に時給10ドルとすれば、これらの合計額は、140億ドル近くにも達し IRS 予算の2倍近くになっていると指摘されている。

企業の CO－費用は、使われる時間も個人の2倍で、時間当り36億ドルという報告もある。全体として企業、個人の連邦所得税の CO－費用合計は、750億ドルから2000億ドル位迄の巾をもつ推計結果が得られている。

我が国では、こうした研究はみられない様であるが、いずれにせよ直接的コストばかりではなく、上述の間接的コストを含む徴税コストは無視出来ない問題である。

税制が複雑で、また負担も重いと節税そして脱税の動きも生じてくる事となる。節税自体は、勿論悪い事ではない。然しながら、余りに節税だけに努力する事は、却って資源のロスを生じさせる事にもなりかねないのである。

図4.15に於いて、横軸は節税される所得を取り、縦軸は限界税率を取っている。tt は単純化して一定の限界税率線で、OMC は、節税の限界費用を表わしている。この限界費用は、会計士、税理士そして弁護士への相談等に要

---

22) Bruce, N. 前掲書, pp. 466-467 参照。

する費用であるから，節税所得が増えると逓増している訳である。節税による利得は払わずにすんだ税金額であるから，最適な節税額は tt と OMC との交点 E から Y_E となる。

この場合，ネットの利得は，OtE 部分とも考えられるが，この節税部分を生み出した資源は他へ転用され生産性を高めたかもしれないし，政府の収入のロスでもある事を思うと一種の超過負担とみる事も出来よう。

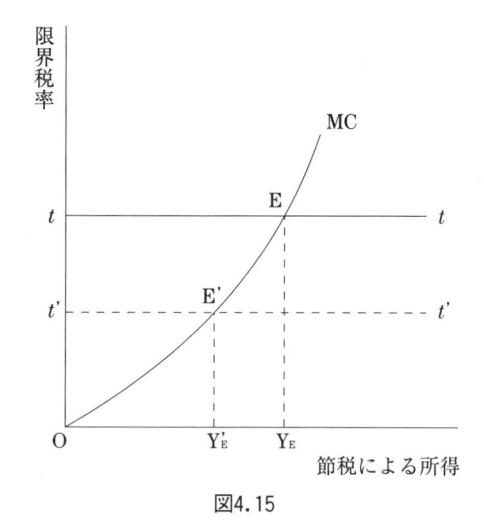

図4.15

この節税負担と先の CO－費用の合計は，米国の連邦，州所得税収入の5～7％を占めるという推計もある。

もし，過度な節税努力を抑えようとするなら，限界税率を下げるか，つまり図4.15では $t't'$ とする。或いは税制の簡素化を計る事であろう。この事は，次で扱う脱税ケースにも適用されるのである。

脱税摘発コストも徴税コストに含まれる。脱税は，節税とは異なり非合法的税不払いであるから，犯罪であり社会的損失であるが，節税と脱税間には，いわゆるグレーゾーンも広がっている。2重帳簿は脱税であるが，米国の如き小切手決済社会では，現金での取引，物々交換等を行ない取引痕跡を残さない場合線引は案外難しいであろう。[23]

いま，或る脱税者を取り上げ，適用される限界税率は一定で t とする。脱税額1円当たりの限界利得は t 円となる。無作為での税務当局の調査確率を ρ とし，重加算税等の制裁的限界的負担を R と表わすと，$\rho \cdot R$ はいわば脱

---

23) Rosen, H. S. 前掲書，pp. 325–329 参照。

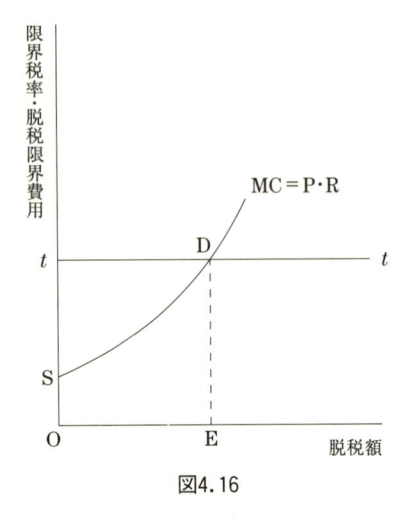

税の限界費用と考えられる。これは脱税額が増えると逓増するであろうから，図4.16の如く，以上の関係を描く事が出来よう。

脱税者にとって均衡点は D で，脱税額は OE の大きさになる。純利得は StD 部分で，これは社会的ロスでもある。この様な問題を解決する方策は，主として二つ考えられる。

ひとつは，税務調査回数を大巾に増やすと共に，重加算税その他の制裁負担を更に重くして，限界費用を高め出来れば Ot 以上にすれば，脱税はなくなろう。しかし，この場合の税務行政予算は，かなり増加する事となり，税収との見合いで，どの程度迄許容されうるのかが問題となってくる。

いまひとつは，先の節税ケースと同様に限界税率を下げ，出来れば OS 以下にすると脱税の利得は零となる。しかしこの場合時に必要な税収が確保されない可能性も生じうる。

現実的には，税務行政費用最少化の観点から，脱税罰則を重課し，他方で税率を下げ，税制を出来るだけ簡素化し，脱税の誘因を与えない様にする事が求められるであろう。もっとも米国では脱税対応は厳しく，また脱税に時効はないといわれるが，他方で tax amnesty（税恩赦）期間を設け，この間の過去の脱税額の納税については罰則を課さないという制度も，1980年代より全米30州以上の州で導入されている。この制度の効果について，評価はいまだ定ってはいないが，ひとつの工夫ではあろう。また早くからの学校教育の中での租税教育の徹底やそもそも脱税の温床になる地下経済，米国では，GDPの5〜9％（我が国ではこれより小さいといわれている。）カナダは13％，イタリアは23％という推計もあるが，この地下経済の撲滅も極めて重

要な事である。
　そして我が国に於いても効率性，公平性基準のバランスのとれた税体系の下での納税者番号の導入が必要であろう。

第5章 公債

5.1 制度と現状

　広義には国債とは国の負担する一切の債務をいうが，通常は国の財政支出を賄う金銭債務で具体的には，長期，短期の国債，一時借入金，借入金を含むものと解されている。[1]

　しかし，「国債ニ関スル法律」では証券の発行を伴うものという表現になっている。「財政法」では，国の歳出は公債または借入金以外の歳入をもってその財源とするとあり，公債という用語が使われている。一般的に公債は国ばかりではなく地方公共団体等の金銭債務を含むと考えられるから，公債は国債より広い概念と受け取られるが，財政法上の用語例としては，政府の金銭債務の国債のうち借入金，一時借入金，政府短期証券以外の資金調達手投を公債と呼んでいる。

　この様に社会通念上の概念と法制上の概念は必ずしも整理されたものとはなっていない。

　ここでは，とりあえず借入金，一時借入金，政府短期証券以外の基本的に

1）　北村恭二編著『国債』金融財政事情研究会，1979，「第2部　国債制度　1.国債の概念」pp.43-45参照。

証券の発行を伴う金銭債務を国債と観念するが，以下では，特に断らない限り，公債，国債の名称を区別なく用いている。

国債の種類

　国債は，発行目的，償還年限，利払方式，発行根拠法等により様々に分類されている。[2]

　発行目的に関しては，歳入債（又は普通国債），繰延債，融通債に分類され，歳入債は，歳入調達目的で発行される国債で新規財源債と国債償還資金のための借換債からなる。繰延債とは，財政の支出に代えて国債を発行し，その償還期日まで支出を繰り延べる目的で発行されるもので，交付国債，出資・拠出国債等がある。具体的には，遺族国庫債券やIMF世界銀行そして預金保険機構への出資や拠出のための通貨代用証券等がある。

　融通債とは国庫の資金繰りの為に一時的に発行される国債で，政府短期証券（FB：Finance Bill）と呼ばれているものである。現在，財務省証券，外国為替資金証券，食糧証券が政府短期証券と一体化され発行されている。また，財政融資資金証券もある。

　利払方式からの分類では，各利払期の利息が利札としてつけられた利付国債と償還期限までの利子相当額があらかじめ額面金額から差し引いて発行される割引国債がある。

　償還年限からの分類としては，利付国債には2年，4年，5年，6年，10年，15年，20年，30年の期間のものがあり，割引国債としては，5年，6ケ月，1年のものがある。

　なお，政府短期証券は割引債で，原則としては償還期限は13週間であるが，最近では，2ケ月程度の償還期限のものも発行されている。

　平成15年度発行予定の国債の種類については，表5.1の如くである。

---

[2]　日本銀行金融研究所編『新しい日本銀行―その機能と業務』有斐閣，2000，第10章参照。

表5.1 平成15年度に発行予定の国債の種類

	種別	概要	備考
償還期限	超長期国債	償還期限15年，20年30年	利付国債（30年もの） 利付国債（20年もの） 変動利付国債（15年もの）
	長期国債	償還期限10年	利付国債（10年もの）
	中期国債	償還期限2年，5年	利付国債（5年もの） 利付国債（2年もの）
	短期国債	償還期限1年，6カ月	割引短期国債（TB）
	（政府短期証券(FB)）	（償還期限　原則13週間）	財務省証券 食糧証券 外国為替資金証券 財政融資資金証券
	個人向け国債	償還期限10年	変動利付国債（10年もの）
	物価連動国債	償還期限10年（予定）	平成15年度後半に発行予定
債券形態	利付国債	償還期限までに，定期的に利払いを約束	年2回払い
	割引国債	償還期限までの利子相当額があらかじめ額面金額から差し引かれて発行	
	割賦償還制国債	元利金の償還を割賦の方法で行う	遺族国庫債券等
発行根拠法	建設国債	財政法4条1項	
	特例国債	特例公債法等	毎会計年度ごとに立法
	借換債	国債整理基金特別会計法5条1項，5条ノ2	
	財投債	財政融資資金特別会計法11条1項	
	政府短期証券	財務省証券…財政法7条1項 食糧証券…食糧管理特別会計法3条1項，2項，4条1項 外国為替資金証券…外国為替資金特別会計法4条1項 財政融資資金証券財政融資資金法9条1項	
発行目的	普通国債	国の収入となり国の経費をまかなう	
	政府短期証券	国庫の日々の資金繰りをまかなう	遺族国庫債券，IMF通貨代用証券等
	交付国債及び出資・拠出国債	国の支払いの手段であり国の収入とならない	
起債地	内国債	国内で発行する	
	外国債	国外で発行する	

(出典)「平成15年度国債発行計画」等。
出所：「図説日本の財政（平成15年度版）」（東洋経済新報社）

国債の構成及び保有状況

　1999年度末の国債残高387兆7千億についてみると，普通国債は，そのうち85.6％を占め，普通国債残高中，10年もの利付国債が65.8％で，20年もの利付国債8.3％，割引短期国債10.1％，その他15.8％となっている。交付国債は，全国債残高の0.15％，出資・拠出国債等2.81％，政府短期証券は11.4％を各々占めている。従って，発行残高中，10年もの利付国債は過半の56.3％を占めている事が分る。

　保有形態としては，平成11年度でみると，市中金融機関が，23.3％，その中都銀2.7％，その他金融機関20.6％，個人，法人等38.3％，旧資金運用部21.7％，日銀16.6％となっている。とりわけ個人投資家保有割合は，平均的に2〜3％程度で，アメリカの1／5程度であるといわれている。

国債の発行[3]

　国債の発行に関する具体的な業務は，日銀が行っている。しかし日銀は，財政法第5条で，国債の引受を禁止されているから，いわゆる市中消化原則に基づき，1965年度に初めて戦後国債発行が再開されてから，引受シンジケート団（国債募集引受団）による引受けが行われている。この引受けシンジケート団は，都市銀行，地方銀行，第二地方銀行，信託銀行，外国銀行支店，長期信用銀行，信用金庫，農林中央金庫，証券会社，生命，損害保険会社等の主要な金融機関から成り，2000年3月末現在，1,634社を数える。

　これに加えて，1978年度から公募入札が導入され1988年度から郵便局による窓口販売も実施されてきた。

　国債のシンジケート団引受とは，国がシンジケート団と募集引受契約を結び国債を発行する方法で，シンジケート団は国債の購入に関する募集を行うが，その応募額が発行予定額に満たない場合には，シンジケート団メンバーが残額を分担して引受けるのである。

---

3)　日本銀行金融研究所編，前掲書，pp.188-195参照。

10年利付国債，5年割引国債がこの方式で発行されている。10年利付国債の例では，当該年度の国債発行総額とシンジケート団引受総額が，財務大臣の国債発行等懇談会（日銀総裁，全国銀行協会会長，日本証券業協会会長，財政制度審議会会長，金融審議会会長等で構成）の意見聴取や国債発行世話人会（シンジケート団代表，財務省，日本銀行で構成）の了承を経て，決定されると部分的競争入札と呼ばれる入札手続により発行価格と各シンジケート団メンバーの引受額とが決定される。

入札に際し，財務省は銘柄，発行額，表面利率，発行・償還日等を日銀に通知，日銀が入札オファーを行い，入札参加金融機関による応募価格と応募額に関する申込み結果を取りまとめ財務省に通知し，これに基づき財務省が募入の決定を行い，日銀経由で入札参加者に通知するのである。

また部分的競争入札とは，各月の発行予定額を，6対4の比率で分割し，60％部分をシンジケート団メンバーによる価格競争入札を行い，40％部分は各シンジケート団メンバーに固定シェアで割り当てる入札手続である。

以上の如きシンジケート団引受以外の公募入札方式とは，入札参加者（シンジケート団メンバーである事や信用金庫，農業協同組合，信用組合，労働金庫については公共債ディーリングに関する認可取得が参加要件となっている）による競争入札によって発行条件と発行額を決定し国債を発行するものである。

平成15年度現在，2年，5年，10年，15年，20年，30年の各利付国債と6ケ月，1年償還期限の短期割引債が公募入札により発行されている。

募入の決定に関しては，利率があらかじめ決められており，入札参加者が入札価格の高いものから順に発行予定額に達する迄，各自の入札価格によって国債を決定するコンベンショナル方式によるものと30年債の様に募入決定となったもののうち，最低の価格（つまり最高の利回り）を統一的に募入決定分全体の価格とするダッチ方式によるものが実施されている。

郵便局の募集の取扱いについては，募集に残額が生じた場合，郵貯資金で引受ける事になっている。

また，入札や引受けに関して，国債発行代り金の払込み（国債の割り当てを受けた金融機関が，いわゆる日銀当預から，その代金を引き落とすこと），政府預金への入金，発行された国債の登録，振替決済等の事務は，1990年から順次，日銀ネット（国債系）でオンライン化された処理が行われている。

　なお，国債は，現物債といわれる紙の証券を保有する国債証券，国債登録制度下で保有される登録国債そして国債振替決済制度の下で保有される振決国債の形態で保有されているが，普通国債等では登録国債と振決国債がほとんどの保有割合を占めている。

　国債登録制度は，国債権者（国債に表章された国に対する権利の帰属主体）等の権利保護のためにあるが，国債振替決済制度は，1980年に創設され増大する発行，流通量に伴う取引に関して，金融システムに影響を与えるシステミック・リスクの顕在化防止をはかるものである。この制度は，銀行，証券会社等が顧客から国債の寄託を受け，自ら保有する分共々日本銀行へ再寄託しておき，国債取引に伴う受渡を帳簿上の口座振替によって行う事によって，売買関係者の事務負担の軽減がなされ国債の発行，流通の効率化にも役立っているのである。

国債の償還

　減債制度によって国債整理基金特別会計へ次の如き資金の繰入れが行われ償還がなされている。

　まず定率繰入れ及び発行価格差減額繰入れがある。定率繰入れは，公債発行による対象資産の平均的耐用年数を60年とみて，この期間内全額償還を考え，政府短期証券，交付国債，出資・拠出国債を除いた前年度首の国債総額の1.6/100（1/60）に相当する額を繰入れるものである。

　発行価格差減額繰入れは，割引債について，その発行価格を額面金額とみなす事にしているので，発行価格と額面との差減額分を償還年限で除した金額を繰入れするものである。

　次には剰余金繰入れがある。これは財政法6条によって，一般会計決算上

の余剰金の1/2を下らない額の繰入れをしなければならないとされているものである。

最後に予算繰入れがある。これは国債整理基金特別会計法を根拠とし必要に応じ予算をもって定むる額を繰入れるものである。

国債の借換え

昭和50年以降大量発行されてきた国債の償還満期が，次々と到来その財源調達の為，新たな借換債の発行が必要となり，昭和60年国債整理基金特別会計法改正が行われ，短期の借換債の発行や年度を越えた借換債の前倒し発行といった方策がとられている。また日銀保有国債についての借換えは，財政法5条但し書きにより，そのまま借換債引受けがなされる乗換えが行われている。

いずれにせよ借換債の発行限度額，乗換え額については国会の議決が求められる。

国債管理政策

国債管理政策とは，これ迄みてきた如く，国債発行に際しては，発行価格，額面利率，償還期限等の発行条件の決定そして満期及至期限前の借換え，期限前償還，国債（長，短期債）の構成，既発債価格維持等，債務管理上の諸問題の処理に関する政策をいうのである。

新規借入れについては，経済の状況を勘案し，速やかな消化となる様，価格，利率，償還期限を決める必要がある。しかし，既発債の残高，満期構成によっては，応札額が発行予定額を下回る未達（札割れ）という状況も生じうる。そして残高，満期構成は利払費の大きさにも関係してくる。

そこで，以下では経済の状況に応じた国債発行，管理政策として流動性，満期構成の変化，利払費の最小化，公債価格の安定について取り上げる事としよう。

好況期，不況期の経済安定化の為には，流動性の観点からは，好景気時期

には,総需要を抑制すべく,流動性の低い長期債を発行し不況期には,流動性の高い短期債発行が望ましい。しかし,こうした政策は金利が低い時短期債借入れを行い,金利が高い時長期債借入れを行う事になるので,公債利払費が高まってしまうという問題がある。つまり景気政策としての公債管理政策と利払費最小というコスト面での公債管理政策とはトレード・オフ関係に立つ為,どちらにウエイトをおくかの選択に直面するのである。

既発債についても,中央銀行(日銀)は,短期債を購入,長期債売却により公債残高満期構成を長期化出来,また長期債購入,短期債売却によって公債残高満期構成を短期化出来るから,好景気には前者,不況期には後者の景気安定化の為の公債管理政策(twist operation 操作)をとる事が出来る。

しかし先の新規借入れケースと同様,利払費最小化政策とは両立しない事になる。

ただ,貨幣も利子無しの公債と考え,貨幣量,短期債,長期債からなる流動性の望ましい構成を利払費最小に関して検討するE. Rolph, J. Tobin, P. Cagan等の考え方もあり,極端な長期化や短期化構成ではなく,流動性と利払費最小化のバランスのとれた管理政策の追究も必要とされるところである。[4]

公債価格が大幅に変動すると,特に公債価格下落は,公債の発行,借換えを困難にするし発行条件の改定は公債費を増加させる。また公債価格の急激な下落は,投機的投げ売りを生じさせ市場が混乱する恐れもある。
そこで公債価格の維持,市場の混乱防止は,公債管理政策の重要な目的のひとつとなる。

中央銀行が,公債価格支持政策をとると,公債発行が続けば,それを買入れ,価格下落を防ごうとする訳であるが,貨幣供給が増えるから,経済がイ

---

4) Rolph, E. "Principles of Debt Management", *American Economic Review*, Vol. 47, Jun. 1957, pp. 302–320 及び Cagan, P. "A Partial Reconciliation between Two Views of Debt Management", *Journal of Political Economy*, Dec. 1966, pp. 624–628 そして館龍一郎「国債管理と金融政策」(小宮隆太郎,鈴木淑夫編『国債管理と金融政策』日本経済新聞社,1968,第6章)参照。

ンフレ気味であるとすれば,実効ある金融引締め政策はとれない事になる。また,インフレ圧力下の経済で,金融引締め政策を実行すると,当然金利が上昇,公債価格は下落,公債費負担増,市場混乱の恐れも出て来る事を政府は懸念しなければならないであろう。

　この様なインフレギャップ下の経済で,中央銀行の立場と政府の立ち場との調整問題が,実際第2次世界大戦後のアメリカで生じたのである。1951年財務省と連邦準備銀行との間で,いわゆる合意,アカード (accord) が成立する。つまり公債価格の大巾な変動を生ずる事なしに,金融政策は効果をあげ得る,或る考え方が了解されたのである。[5]

　その考えとはアヴェーラビリティ理論 (availability doctrine) である。

　アヴェーラビリティ理論では,金利の変動が,資金の貸手の貸出し意欲と貸出し能力に影響を与え,貸出しの増減をもたらす事を説明しようとするものである。

　つまり,金利が上昇し公債その他の債券価格が下がると,人々の手元流動性が減少従って支出減となり,また金融機関等保有の流動資産価値が減少従って貸出し抑制となる効果や金利の上昇が,資金調達コストを引上げる一方,顧客との関係から貸出し金利上昇には時間を要し,その結果貸出しが抑えられたり,こうした中での将来の利子率水準予測について生じる不確実性等が,貸出し抑制効果として働く事で,インフレ圧力下で金融引締め効果が発揮されるのである。

　では,公債価格についてはどうなるのであろうか。上記以外にアヴェーラビリティ理論で最も重視された効果が,凍結効果或いは封じ込め効果と呼ばれている効果である。

　いまインフレ圧力下で貸出しが進み,金融機関の手元に余裕資金がなくなってきた時,貸出し増の為には手元有価証券売却による資金調達が必要となる。しかし金利は上昇しているから債券価格は下落する,そこで大量の

---

[5]　館龍一郎「国債管理(6)」,財政Ⅶ,4,公債,『経済学大事典Ⅰ』東洋経済新報社,1980, pp.722-728参照。

キャピタル・ロスが発生する事となる。

そこで金融機関は，手持ちの公債の売却をせず，手元で凍結，その結果，貸出し増大が抑えられる。この効果を凍結効果というのである。従って，この過程で公債の売却が抑えられる事から，公債価格の下げ止りとなるというのである。

以上の如く，金利そして公社債価格の僅かな変動で，引締め効果をあげる事が出来るという主張なのである。

凍結効果について，金利上昇期には，やがて貸出し金利も上昇してくるとすれば，債券売却で多少のキャピタル・ロスが発生しても貸出しが続けられ，凍結効果は働かないだろうという反論もある。実証的には，その後アメリカでは，公債残高が急速に減少した事もあり，明確な結着はついていないといえよう。

公債価格の大巾な値くずれを防ぐ為には，非市場性をもつ公債発行も一種の価格支持政策となりうる。すなわち1965年以降1977年迄，我が国では，金融機関保有国債を市場では売らないとう暗黙の了解があり，その代わり日銀は発行後1年を経過した国債を買オペ対象として買い取るという慣行が行われていた。また，準備預金制度と同様，預金や資産の一定比率を公債で保有する事を金融機関に義務づける，公債準備制度も考えられる。しかし制度があると却って公債へ安易に依存する事となったり，金融機関のどの範囲迄，準備制度適用とするか等，問題点も指摘されている。

現実的には，多様な金融政策手段を組み合わせ，公債価格への影響は小さくそして貨幣量の増大とならない様，配慮する方法が考えられる。例えば，支払準備率を引き上げる一方で，中央銀行が公債の買オペを行うと，金融緩和を抑えつつ，公債価格低下を防ぐ事が出来よう。

---

6) Leeper, E. M. "Equilibria under 'active' and 'passive' monetary and fiscal policies", *Journal of Monetary Economics*, Vol. 27, 1991, pp.129-147 及び土井丈朗『地方財政の政治経済学』東洋経済新報社，2000，第2章。また，土井丈朗「我が国に於ける国債管理政策と物価水準の財政理論」（経済企画庁経済研究所編『財政赤字の経済分析：中長期的視点からの考察』大蔵省印刷局，2000，第5章）参照。

第5章 公債 *181*

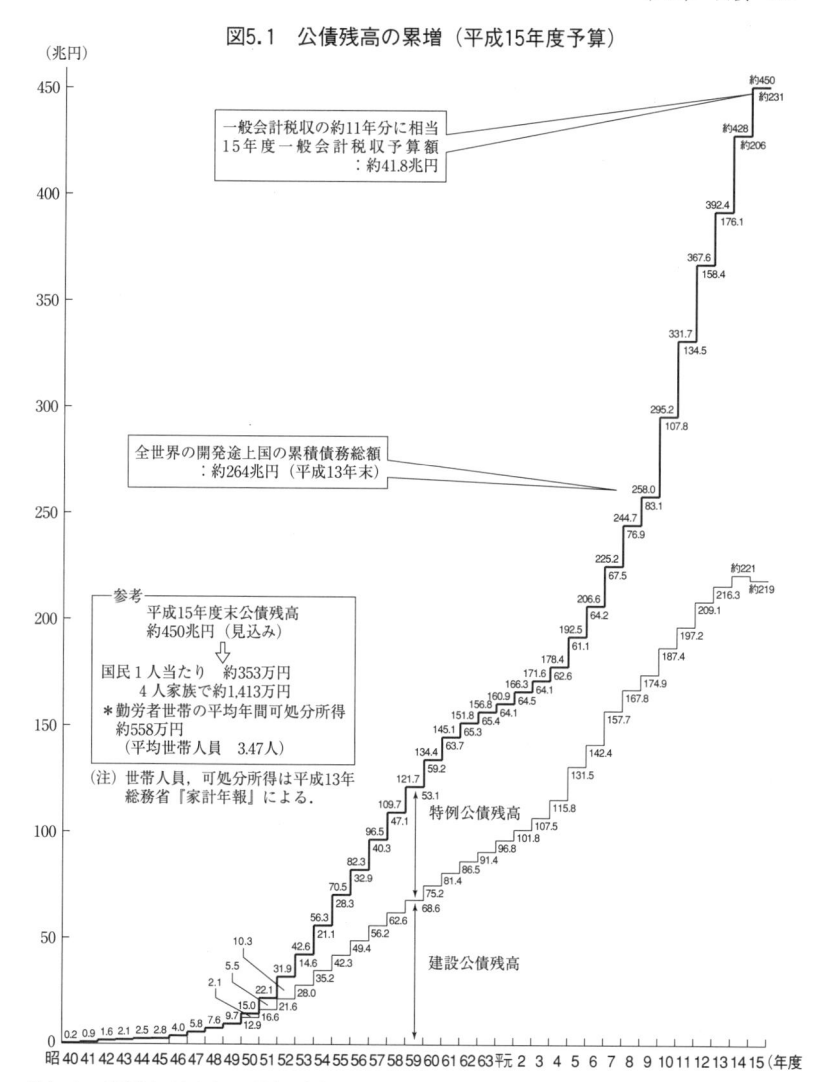

図5.1 公債残高の累増（平成15年度予算）

(兆円)

一般会計税収の約11年分に相当
15年度一般会計税収予算額：約41.8兆円

全世界の開発途上国の累積債務総額：約264兆円（平成13年末）

参考
平成15年度末公債残高
約450兆円（見込み）
⇩
国民1人当たり　約353万円
4人家族で約1,413万円
＊勤労者世帯の平均年間可処分所得
約558万円
（平均世帯人員　3.47人）
（注）世帯人員，可処分所得は平成13年
総務省『家計年報』による．

特例公債残高

建設公債残高

主な数値（年度順）：
0.2, 0.9, 1.6, 2.1, 2.5, 2.8, 4.0, 5.8, 7.6, 9.7, 12.9, 15.0, 16.6, 21.6, 22.1, 28.0, 35.2, 42.3, 49.4, 56.2, 62.6, 68.6, 75.2, 81.4, 86.5, 91.4, 96.8, 101.8, 107.5, 115.8, 131.5, 142.4, 157.7, 167.8, 174.9, 187.4, 197.2, 209.1, 216.3, 約219

2.1, 5.5, 10.3, 14.6, 21.1, 28.3, 32.9, 40.3, 47.1, 53.1, 59.2, 63.7, 65.3, 64.1, 64.5, 64.1, 62.6, 61.1, 64.2, 67.5, 76.9, 83.1, 107.8, 134.5, 158.4, 176.1, 約206, 約231

31.9, 42.6, 56.3, 70.5, 82.3, 96.5, 109.7, 121.7, 134.4, 145.1, 151.8, 156.8, 160.9, 166.3, 171.6, 178.4, 192.5, 206.6, 225.2, 244.7, 258.0, 295.2, 331.7, 367.6, 392.4, 約428, 約450

昭40 41 42 43 44 45 46 47 48 49 50 51 52 53 54 55 56 57 58 59 60 61 62 63 平元 2 3 4 5 6 7 8 9 10 11 12 13 14 15（年度）

（注）1. 公債残高は各年度の3月末現在額，ただし，平成14年度，15年度は見込み（14年度は15年度借換国債の14年度における発行予定額（約9兆円）を含む）．
　　　2. 特例公債残高は，国鉄長期債務，国有林野累積債務の一般会計承継による借換国債を含む．
出所：『図説日本の財政（平成15年度版）』（東洋経済新報社）

図5.2 主要国の国及び地方の財政収支の対 GDP 比（SNA ベース）

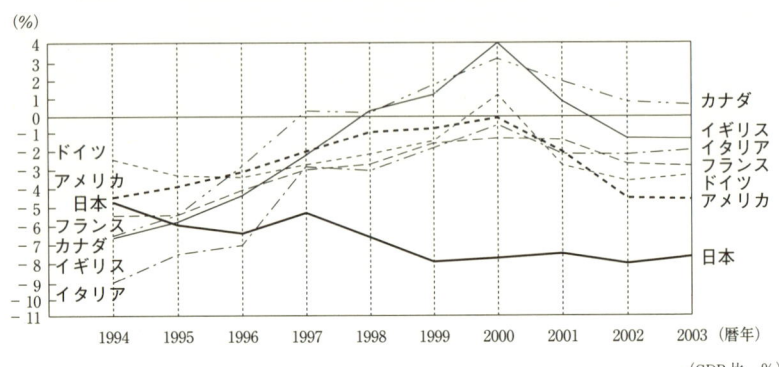

(GDP 比, %)

(暦年)	1994	1995	1996	1997	1998	1999	2000	2001	2002	2003
日　　　本	▲4.7	▲6.0	▲6.5	▲5.3	▲6.7	▲8.1	▲7.9	▲7.6	▲8.2	▲7.7
ア　メ　リ　カ	▲4.5	▲3.9	▲3.1	▲2.0	▲0.9	▲0.7	▲0.1	▲2.1	▲4.6	▲4.7
イ　ギ　リ　ス	▲6.7	▲5.8	▲4.4	▲2.2	0.2	1.1	3.9	0.7	▲1.4	▲1.4
ド　イ　ツ	▲2.4	▲3.3	▲3.4	▲2.7	▲2.2	▲1.5	1.1	▲2.8	▲3.7	▲3.3
フ　ラ　ン　ス	▲5.5	▲5.5	▲4.1	▲3.0	▲2.7	▲1.6	▲1.3	▲1.4	▲2.7	▲2.9
イ　タ　リ　ア	▲9.3	▲7.6	▲7.1	▲2.7	▲3.1	▲1.8	▲0.6	▲2.2	▲2.3	▲2.1
カ　ナ　ダ	▲6.7	▲5.3	▲2.8	0.2	0.1	1.7	3.1	1.8	0.6	0.5

(出典) OECD『エコノミック・アウトルック』〔72号（2002年12月）〕。計数は SNA ベース，一般政府。ただし，修正積立方式の年金制度を有する日本及び米国は，実質的に将来の債務と考えられる社会保障基金を除いた値。仮にこれを含めれば，以下の通り。

	1994	1995	1996	1997	1998	1999	2000	2001	2002	2003
日本	▲2.8	▲4.2	▲4.9	▲3.7	▲5.5	▲7.1	▲7.4	▲7.2	▲7.9	▲7.7
米国	▲3.6	▲3.1	▲2.2	▲0.9	0.3	0.7	1.4	▲0.5	▲3.1	▲3.0

出所：『図説日本の財政（平成15年度版）』（東洋経済新報社）

　しかしながら，公債価格下落を抑えるべく，市場に介入するタイミングやその規模の決定は，市場の調整能力の見極めも含め，政策当局にとっては，難しい問題でもある。

　最近の国債管理政策に関する研究は，これ迄の視点とは別に，国債管理政策とインフレーションとの関係を取り上げている。これは「物価水準の財政理論」と呼ばれ，税，公債に関する財政政策が，金融政策との対応の下に，

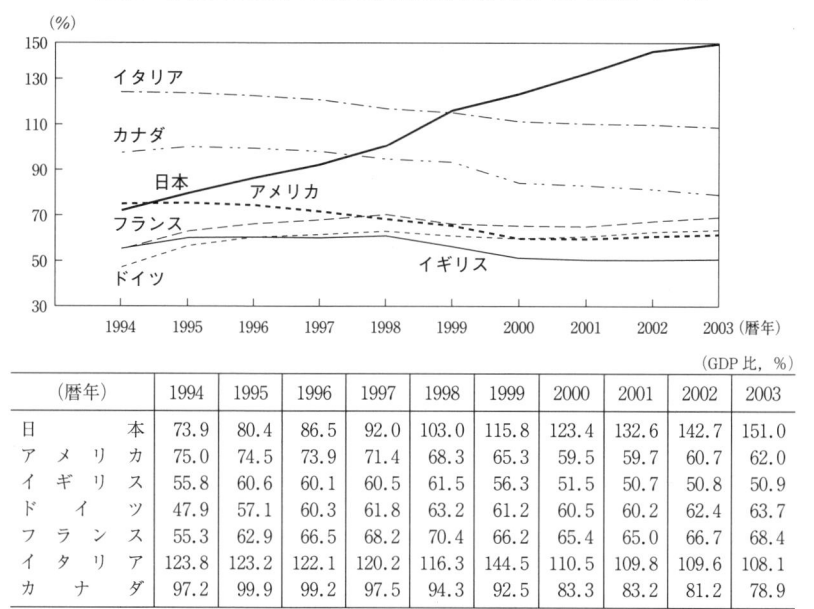

図5.3 主要国の国及び地方の債務残高の対GDP比（SNAベース）

(GDP比, %)

（暦年）	1994	1995	1996	1997	1998	1999	2000	2001	2002	2003
日　　　　本	73.9	80.4	86.5	92.0	103.0	115.8	123.4	132.6	142.7	151.0
ア メ リ カ	75.0	74.5	73.9	71.4	68.3	65.3	59.5	59.7	60.7	62.0
イ ギ リ ス	55.8	60.6	60.1	60.5	61.5	56.3	51.5	50.7	50.8	50.9
ド　 イ 　ツ	47.9	57.1	60.3	61.8	63.2	61.2	60.5	60.2	62.4	63.7
フ ラ ン ス	55.3	62.9	66.5	68.2	70.4	66.2	65.4	65.0	66.7	68.4
イ タ リ ア	123.8	123.2	122.1	120.2	116.3	144.5	110.5	109.8	109.6	108.1
カ ナ ダ	97.2	99.9	99.2	97.5	94.3	92.5	83.3	83.2	81.2	78.9

(出典)　OECD『エコノミック・アウトルック』〔72号（2002年12月）〕。計数はSNAベース、一般政府。
出所：『図説日本の財政（平成15年度版）』（東洋経済新報社）

マクロ的物価水準，インフレ率決定に如何様に作用するか，とか国債の満期構成に関する国債管理政策が一般物価水準に与える影響を理論的，計量的に分析するものである。

我が国についても，この様な考え方に基づく研究が行われ始めている。[6]

国債残高問題

我が国の公債残高については，図5.1に昭和40年度から，最近年度迄の建設公債，特例公債残高共々累増実態をみる事が出来る。

最近の年度で，公債残高対GDP比は71％を越え続けている。地方公共団体の債務残高を加えると対GDP比120％を越えてしまう。

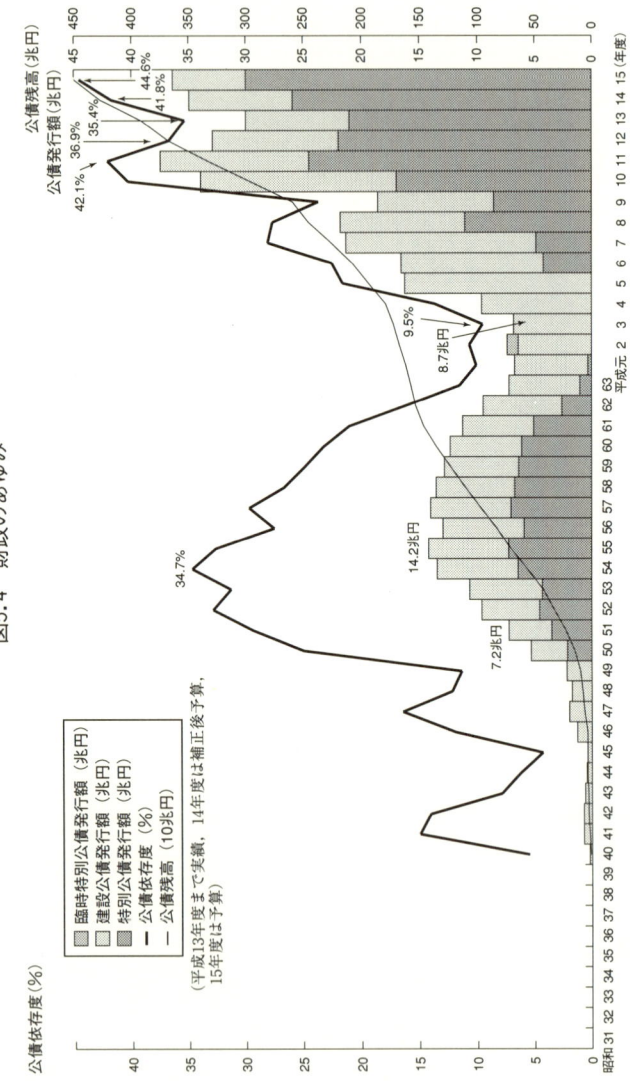

図5.4 財政のあゆみ

第 5 章　公債

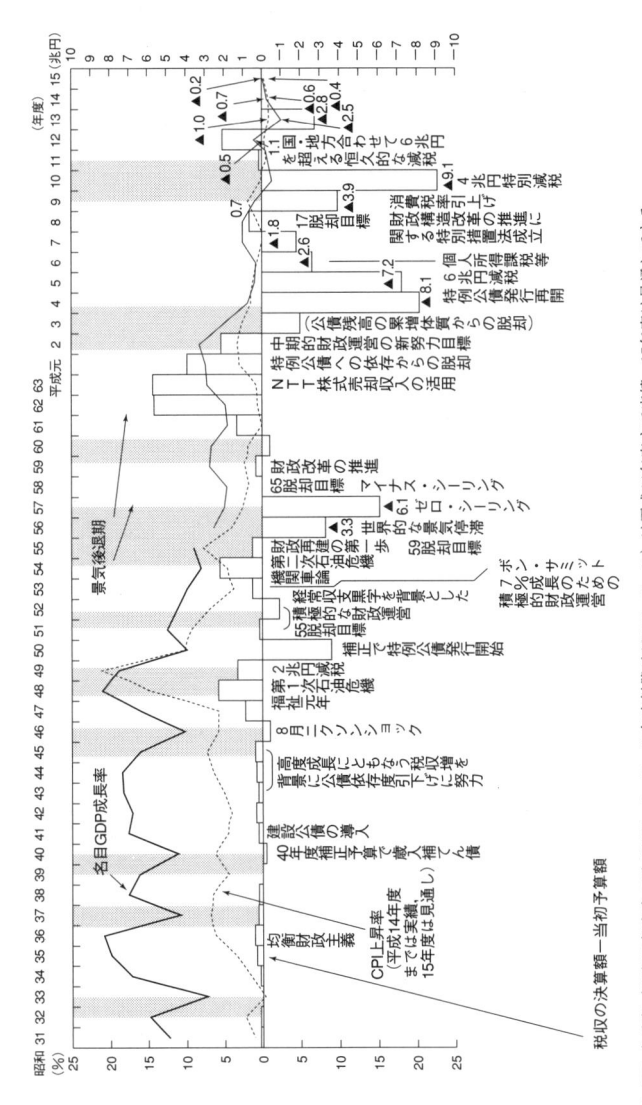

世界の主要国の国及び地方の財政収支の対 GDP 比をみたのが，図5.2である。1990年代前半，揃って財政収支が赤字だった主要国も1990年代後半には，その多くは財政収支改善となっている。また，図5.3は，主要国の国及び地方の債務残高の対 GDP 比を表わしているが，財政収支改善を反映し，1990年代後半から2000年代当初へと債務残高対 GDP 比を下げている。

　我が国の財政は先の公債残高累増で，端的に分る様に，そしてフロー面，ストック面での他の主要国との比較でみても，極めて厳しい状況にあるのである。

　何故，この様な状況になったのであろうか。図5.4の財政の歩みでは，昭和30年代からの景気，名目 GDP 成長率，CPI 上昇率，税収の決算，当初予算過不足額，公債依存度，公債発行額，公債残高が表わされているが，日本経済の動きと対応する財政の姿を窺う事が出来る。一言すれば次の如くになるであろう。

　とりわけ80年代後半からのいわゆるバブル景気そしてそれがはじけて以来の制度やシステムのグローバリゼーションへの適応の遅れ，ストック調整，雇用調整そして不良債権問題解決の先送りによる金融システムの機能不全化の中で，とられた効率性を配慮せず，硬直した歳出構造の見直しに欠ける総合経済対策，景気政策としての歳出増加や減税の結果が，一向に本格的回復をみせない景気感もあり公債発行の継続そしてその残高の累増を生む事になったとみる事が出来よう。

　しかし，いずれにせよ本来公債発行は財政収支充足の一手段であり，発行自体は問題ではない。問題となるのは公債発行が，経済に如何なる作用を生み，公債残高累積がどの様な効果をもたらすのかを十分に把握し，対処出来る見通しを有しているかどうかであろう。

　そこで以下では，この様な問題を考える為にも，公債の経済に及ぼす作用と効果について検討する事にしよう。

5.2 公債の作用と効果

国債が発行され,蓄積される時,如何なる影響を経済に与えるのだろうか。ここでは需要への効果,負担問題,分配面や効率性,持続可能性等に関する問題について考えてみよう。

需要への効果

景気政策として拡大的財政政策の財源が,国債発行で賄われ,支出がなされる時,所期の効果は得られるであろうか。

先の第1章の *IS-LM* 分析をベースとしたいわゆる Blinder–Solow model を取り上げよう。[7]

物価水準 P は1に基準化し,未償還の国債量 B,発行された国債の量 ΔB とする。単純化の為,年1円のクーポンを支払う永久債(consols)タイプの国債とする。利子率は i で,$[1/(国債の市場価格)]=i$ より,国債の市場価格は $1/i$ であり,発行国債の市場価値は $\Delta B/i$ となり,政府は国債所有者に毎年 $B \cdot 1$ 円を支払うのである。

以下では単純化して政府の予算制約では,マネタリーベースと貨幣供給を等しいと扱うと,貨幣供給 ΔM^s を含め,$Y+B$ に課税する税収入 T を一定税率 t として $T=t\cdot(Y+B)$ とすると,政府の予算制約は,

$$\Delta M^s + \Delta B/i + t\cdot(Y+B) = G+B \tag{5.1}$$

となる。

また国債は資産と考えると,総資産 W は,$W=M+B/i$ となり,ストック均衡時つまり $M^s=M^d=M$ の時の *LM* カーヴは,

$$M = M(Y, i, M+B/i) \tag{5.2}$$

となる。

---

7) Cuthbertson, K. & Taylor, M. P. *Macroeconomic System*, Basil Blackwell, 1987, pp. 50–52 参照。

(a) (b)

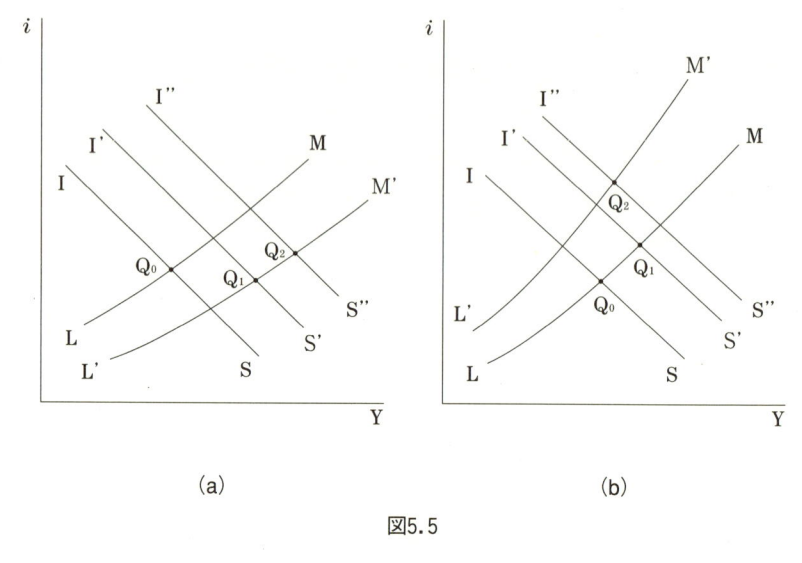

図5.5

そして、IS カーヴについては、消費は可処分所得のみではなく、資産の関数として表現されるので

$$Y = C[Y+B-t\cdot(Y+B)-\overline{T}, W] + I(i) + G \tag{5.3}$$

となる。

さて、国債を財源として政府支出がなされると図5.5にみられる如く IS カーヴは $I'S'$ へシフトする。そして資産効果が働くと更に $I''S''$ へとシフトするであろう。

ここで問題となるのは、金、外貨及び公債を裏付けに発行された、いわゆる外部貨幣供給量である。もし日銀が公債引受けをすると外部貨幣供給量は増加するが、これは禁止されている。

銀行以外の個人や企業等の経済主体が購入する、完全市中消化が行われると、この経済主体は預金をおろし購入すると銀行のバランスシート上、貸出し等が減るであろうが政府支出による、預金増はそれを相殺するであろうから外部貨幣供給量は一定で、国債残高だけが変化する事となる。

銀行引受けの場合、国債購入により日銀当座預金を減らすが、政府支出に

よる預金増による貸出し増は，結局日銀当座預金を回復，外部貨幣供給増となるであろう。

以上の点を勘案すると，もしも国債発行が外部貨幣を増加させる事になるケースでは，図5.5(a)の如く，政府支出増による IS カーヴの $I'S'$ へのシフト，資産効果による更なる $I''S''$ へのシフトが生じる一方，LM カーヴは貨幣供給増により $L'M'$ へシフトする事となる。

均衡点は Q_0 より Q_1 そして Q_2 へと動き，有効需要は増加し，効果ある景気政策となろう。しかし，Q_0 点での金利より，Q_2 点での金利は上昇している可能性もある。もしそうなら，民間投資は，それにより押しのけ（crowding out）られているかもしれない。

他方，国債が銀行以外の経済主体保有ケースでは，貨幣供給量の増加を伴わないため，図5.5(b)の如く，IS カーヴシフトは先のケースと同様であるが，LM カーヴは，増加した所得そして正味資産増加から富の分散保有傾向も生じるであろうから，貨幣への需要の増加によって，LM より $L'M'$ へと左へのシフトが生じる事となろう。均衡点は，Q_0, Q_1, Q_2 へと動くが，もし Q_2 点が Q_0 点の真上に位置すると完全な押しのけ効果が働き，政府支出増と同じだけ民間投資減となり，有効需要への効果は零となってしまうのである。

仮に図5.5(a)の状況だとしても，その場合の Q_2 点は安定点なのかどうかが問題となるであろう。

Q_2 点の如き均衡点を M, B, G の関数として表わすと

$$Y=F(M, B, G), \quad i=H(M, B, G) \tag{5.4}$$

と表現されよう。

Y 式を B に関して偏微分すると，それは国債発行の総需要への影響を示すもので $\partial Y/\partial B = F_B$ を得，単純化して $\Delta Y = F_B \cdot \Delta B$ と考える事が出来よう。他方で，税収入 $T = t \cdot (Y+B)$ から，この Y, B の変化からの税収入増分は，$\Delta T = t \cdot (F_B + 1) \Delta B$ となる。Q_2 点が安定的である為には，この税収入増分は少なくとも，増加した ΔB と同じか，それ以上でなければならないであろう。つまり

$$t\cdot(F_B+1)\Delta B \geqq \Delta B$$

となる事,変形して

$$F_B \geqq (1-t)/t \tag{5.5}$$

の条件が求められる事になる。

従って,現実的には,この様な条件が満たされているのかどうかが重要なポイントとなる。

また,この様な長期均衡点では,

$$\Delta W = \Delta M^s + \Delta B/i = 0$$

で,政府の予算制約は,$t\cdot(Y+B)=G+B$ となる。これを全微分し整理して,政府支出乗数

$$dY/dG = [1+(dB/dG)(1-t)]/t \tag{5.6}$$

を得る。

もしも,政府支出が,貨幣供給で賄われるとすると,$(dB/dG)=0$ より,政府支出乗数は $1/t$ となり,いわゆる長期政府支出乗数とも等しくなる。もしも,$(dB/dG)\neq 0$ なら,つまり国債発行による政府支出乗数は,貨幣供給による政府支出乗数より大きく,より拡大的効果をもつ事になる。

これは,或る意味では当然である。つまり長期には,予算は均衡しなければならないから,所得の均衡水準は,増えた負債を賄うのに十分な,より多くの税収入を得る為に,より高くならねばならないのである。

ところで,押しのけ効果が,どの程度働くかについて,Keynesian と Monetarist との論争があったが,理論上ばかりではなく,各々の国に於ける,現実的条件の下での実証的結果の検証が求められる。

その際,中央銀行の買オペ等による貨幣供給コントロールの程度そして利子率の変動が生じ易い金利構造なのか,或いは逆に信用割り当て的金融構造で,押しのけ効果が生じ易くなっているのかどうか,また貨幣の流通速度が弾力的に変化すると,貨幣供給は一定でも押しのけ効果は生じないであろうから,これらの点の留意も必要であろう。

負担問題

国債発行が続くと,すぐ問題となるのは,この財政赤字のコストを誰が負担する事になるのかという点であろう。

負担をどの様に考えるのかに応じて幾つかの考え方がある。次にこれらをみる事にしよう。

A. P. Lerner は,内国債の場合一国全体からみて利用可能な資源の民間から政府への移動という事で,将来世代への負担は生じないとした。将来世代に於いて国債が償還される時,生じるのは国債非保有者から,国債所有者への所得の移転であり,将来世代全体として,その消費水準は,それが生じるであろうと思われた水準と同じで,悪化するものではないとされている。

他方,外国債の場合には,利子及び元本を国外債権者へ支払わねばならないので,もし外国債発行によって生産性が十分上昇するのでなければ,負担は将来世代へ残されるというのである。

J. M. Buchanan は,負担は個人のレベルでとらえるべきで,例えば公債の強制的引受けによって個人の効用等が下がるならば,負担が生じているとみる。もしも自発的に購入しているのなら負担としない。そして将来,公債の償還や利払いの為の増税で,誰かの効用が低下する時,負担は生じるので,公債は将来世代に負担の転嫁が生じるというのである。

また,F. Modigliani は,完全雇用ケースで,資本の限界生産力を γ,限界消費性向 c,公債発行額 ΔD,同額の増税分 $\Delta T (=\Delta D)$ として,公債発行による資本蓄積減少分と租税ケースによるそれとを比較する。公債発行ケースでは,$\gamma \cdot \Delta D$ となるが,租税ケースでは一部は消費 $c \cdot \Delta T$ を減少させ,一部は $(1-c) \Delta T$ だけの投資を減らす事から,$\gamma \cdot (1-c) \Delta T$ の資本蓄積が阻害される。結局 $\gamma \cdot \Delta D - \gamma(1-c)\Delta T = \gamma \cdot \Delta D - \gamma(1-c)\Delta D = \gamma \cdot c \cdot \Delta D$ だけ公債発行ケースでは,租税ケースに比較して資本蓄積分を減少させるという形で,将来世代に負担が生じる事になる訳である。

---

8) Rosen, H. S. *Public Finance*, International edition sixth ed. McGraw-Hill, Irwin, 2002, pp. 430–432 参照。

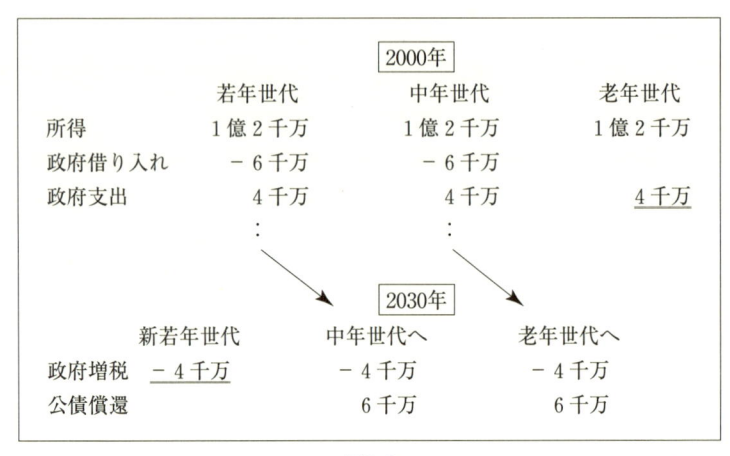

```
                        2000年
              若年世代      中年世代      老年世代
所得          1億2千万    1億2千万    1億2千万
政府借り入れ   －6千万     －6千万
政府支出        4千万       4千万       4千万
                  ⋮           ⋮
                        2030年
              新若年世代   中年世代へ    老年世代へ
政府増税       －4千万     －4千万     －4千万
公債償還                    6千万       6千万
```

図5.6

　不完全雇用ケースでは，民間投資は公債発行によって削減されず，上述の如き負担は生じないとされるのである。

　W. Bowen, R. Davis そして D. Kopf は，以下の如き重複世代モデルで負担の問題を考えている。[8]

　いま若年，中年，老年同数の3世代があり，各世代は30年続くとし，各人は，この30年間に一定の1億2千万稼ぎ出し，全所得を消費するというサイクルが永続的なものであると仮定する。そして2000年から2030年を取り上げ，政府は30年後に償還される公債1億2千万を発行，政府支出を行うとする。

　老年世代は，30年後に償還額を受け取れないかもしれないので，公債は若年と中年世代が同額購入するとする，また単純化の為利払い額は零とする。

　政府は，その政府支出の便益は丁度各世代等しく4千万となる様支出するとする。

　すると2030年には，老年世代は亡くなり，中年世代は老年，若年は中年へと世代変化が生じ，また新若年が誕生している。政府は，各人に公債償還の為，4千万の税を課して，借金した若年，中年世代へ償還を行うとする。

　この結果，図5.6から明らかな様に，2000—2030年の老年世代は，そうで

ない場合より4千万の所得増となり，若年，中年世代はこの間，つまるところ良くも悪くもならない。2030年の新若年は，公債償還増税による4千万，そうでない場合に比べて生涯消費を減らす事になるであろうから，負担は老年世代から，新若年世代へ転嫁される事になる。

この様にBowen, Davis, Kopfは重複世代モデルを用いて世代間で負担が転嫁されると主張するのである。

以上，みてきた如く公債の負担は，マクロ的，個人や世代というミクロ的視点，効用，所得や消費，資本蓄積という対象また経済状況，条件に応じて，様々な形態を取り得る事になるのである。

財政赤字は，政府の通時的予算制約式に於いて，当該年度の増税や支出削減を避け，それを他の年度に押しつけているという事であると考えると赤字政策は，課税のタイミングについての選択であるとみる事が出来る。

もしも現在の支出よりも少ない税を選択すれば，赤字となり，それは将来への負債で，より高い税が課せられる事となるのである。

D. Ricardoは，合理的な納税者は，課税のタイミングに無差別であり，赤字（つまり公債負担）と政府支出を賄う課税を同じものとして扱うであろうと主張している。

これは，Ricardoの等価定理或いは中立命題といわれているものである。

或る納税者を取り上げ，この考えをみてみる事にしよう。[9]

この納税者は現在と将来の2期間を生き，各期の所得をIとする。政府は各期Tの税金を取るとし，従って各期の可処分所得は$I-T$となる。納税者の通時的予算制約は，図5.7の如くBBであり，現在の選択点はE点はであるとする。納税者は，利子率iで自由に借入れ，貸付けが可能であるとする。

E点では，貯蓄は零で，政府は当初均衡予算で，公債は発行していないとする。もしも政府が，政府支出を一定のままで，初期時点で減税 ΔT（＜

---

[9] Bruce, N. *Public Finance and the American Economy*, Addison-Wesley, 1988, pp. 669–671 参照。

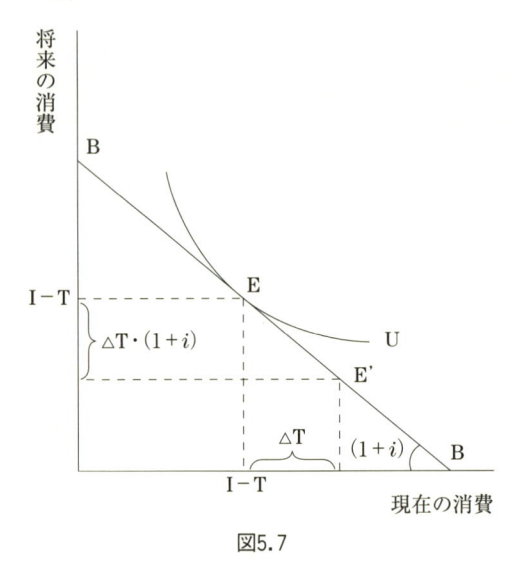

0）をし，公債を発行，赤字政策を取るとする。政府は，赤字により借入れを行うので通時的予算制約としては，その借入れ額に等しい，現在割引価値の将来の税収入増が必要とされる事となる。

ここでは，単純化して税は第2期には初期の公債発行の償還と利子支払いを賄うべく増税されるとする。政府も納税者と同じ利子率で借入れを行うとすると2期目の増税分は，$\Delta T \cdot (1+i) > 0$ である。納税者は，政府赤字の増加分による将来の増税を十分認識しているとすると，現在の可処分所得は，$I-(T+\Delta T)$ と上昇するが，将来の可処分所得は，$I-[T-\Delta T \cdot (1+i)]$ へと下落すると受け取めている事を意味する。

この事は，図5.7の予算制約上の均衡点を E から E' 点へとシフトさせる。そして現在消費を増やさず，その減税分を貯蓄し，2期目の増税分の支払いに充当すると通時的予算制約は変化しないから納税者は E 点で2期間のいわば生涯に亘る消費選択の効用を最大化しているのである。

E 点では税金を取られている。赤字政策は税のタイミングを変化させるが，生涯に亘る納税者の消費しうる大きさは，税金支払いケースと同じになる訳である。

なお，この場合，公債はその発行時の世代生存中に償還が行われているが，公債発行と公債償還が別の世代に渡っても，親世代が子世代，子世代が，またその子世代の効用に配慮し，次世代へ負担が増えない様，遺産を残すならば，同じく課税と公債は何ら変わりはない事になる。これは，R. Barro の中

図5.7

立命題と呼ばれている。

　いずれにせよ，この様な「等価定理」や「中立命題」が成立すると負担については，課税総額を一定とする限り，課税のタイミングを変えても，つまり公債償還時期を変えても何も影響がなく，世代間の負担転嫁は生じないのである。

　そもそも公債発行と課税は実質的に同じとの主張となるので，公債発行や財政赤字の意味もなくなり，従って公債残高も同様となる訳である。

　しかし，以上の如き「等価定理」や「中立命題」が成立する為には，幾つかの前提条件が必要である。まず納税者の代表的家計が取り上げられ，同一世代内の各家計の相異が考えられていない事，資本市場は完全で，同一利子率での借入れ，貸出しが行われて，納税者の流動性制約等はない事，政府の支出パターンは一定である事，そして納税者は近視眼的ではなく政府の予算制約を正しく認識し，現在の確かな減税から将来の確かな増税を予想し，正しく必要な遺産を残す事，等が求められるのである。

　この様な理論上の前提条件は，現実的には厳しい感じがするが，問題は実際に，どの程度迄，こうした考えが，現実の状況を説明しうるのかという事であろう。これ迄の米国等での多くの実証分析結果は，中立命題を否定するもの，肯定するもの，双方あり確定的結果は得られていない。我が国での実証分析からは，100％中立命題が成立しているとはいえないが，0％であるといい切る事も出来ないという結果が，さしあたり得られているといえよう。

　勿論，厳密な検証ではないが，例えば1987年から1998年迄の国，地方の財政収支と家計貯蓄率（OECD out look，経済白書等による）との相関をみてみると，もし中立命題が成立するとすれば，国，地方財政収支がマイナスになると家計貯蓄率が増加する関係になるがその相関係数は，0.7196となり，1％有意である。

　また，1986年から1999年迄の国の貯蓄・投資バランスと家計貯蓄率との相関係数については，0.5653となり，有意水準5％では棄却されないが，有意水準1％では棄却されるのである。

この様な点からみても，中立命題は無視出来ないが，100％成立しているとも云い難いと考えられる訳である。

中立命題が成立しない時，負担に関連して世代間の所得分配上の公平さや効率性の問題も生じるであろう。次にこれらについて触れよう。

分配上の公平性と効率性問題

現在世代で公債発行され，政府消費支出がなされる時，その現在世代は政府消費支出から便益を得また公債発行により，税負担も低いであろう。そして将来世代へ公債を売ると現在世代は生涯可処分所得を高める事となろう。他方，将来世代は公債を購入し，その利子支払いの増税が生じる事となり，資産と負債負担が同時に発生している。この様な状況が生じているとして，利益説，能力説各々で公平性について考えてみると，まず利益説的視点ではもしも，この赤字政策で将来世代が，増えた負担に対して政府支出から便益を受け取れないとしたら不公平さも増えるであろう。しかし，もし政府支出が投資的支出で，将来世代にも便益が及ぶとすれば，負担の一部を担うのは不公平とはいえない。

能力説的観点からは，もしも将来世代が現在世代より高い支払能力をもつとすれば，政府支出から便益を受けるかどうかに掛わらず将来世代への負担転嫁は公平性を損わないであろう。

効率性すなわち超過負担についてはどうであろうか。赤字政策は税のタイミングを変える一方，異った年に課せられる税の超過負担にも影響を与える。

例えば，赤字の増加は，現在の税の税率を低め，従って現在の超過負担を減じ，将来の超過負担を増加させるのである。勿論，押しのけ効果が大きく働らく時，現在割引価値でみて，この増減関係が逆転する事もあり得よう。

超過負担面からの最適な赤字政策として，政府の通時的予算制約式に従属して，現在そして将来の税によって生じる超過負担の現在割引値を最小化する事が，考えられる。種々の条件設定によって，色々な解が生じうるが，一定の条件下で，恐らく必要とされる税収入を確保する高さで，通時的にス

ムーズな税率が選択される事となるであろう。

持続可能性

公債残高が増大するとやがて政府は償還不能となって課税権はあるにしろ経済が大混乱に陥るのではないかという恐れが出て来る。公債を抱えつつ, 通常の財政活動を続けうるのか, どうかというのが, 財政赤字の持続可能性問題と考える事が出来よう。

戦後のハイパーインフレーションでは, 公債証書は一片の紙切れと化したが, だからといって政府はインフレ政策を取る訳にはいかない。勿論, インフレにより実質負債は減少するから, インフレ志向的インセンティヴは持つかもしれない。また先にも触れた如く或る政策目標, 例えば失業率と公債発行の赤字政策手段との間に時系列的にある関係が特定化されている時, 赤字政策ウエイトが増し続けると政策目標の達成を目ざす手段としては不安定化し機能しなくなる, 手段の安定性という問題も生じて来る可能性もある。[10]

以下では, 幾つかの財政赤字の持続可能性の考え方を取り上げ検討しよう。

まず, E. D. Domar は概略, 次の如き持続可能性問題を考えている。[11] すなわち, γ の率で成長する国民所得 Y の常に一定割合 α で公債 D を発行するとする。すると時間に関する変化分を・をつけて表現すると $\dot{Y}=\gamma \cdot Y$, $\dot{D}=\alpha \cdot Y$ で, 国民所得の初期値を Y_0, e を自然対数とすると, t 期の国民所得は, $Y_t=Y_0 \cdot e^{\gamma t}$ となる。$\dot{D}=\alpha \cdot Y$ より $\dot{D}=\alpha \cdot Y_0 \cdot e^{\gamma t}$ から t 期の公債は, $D_t = \alpha \cdot Y_0 \cdot \int_0^t e^{\gamma \tau} d\tau$ で, 初期公債残高を D_0 とすると

$$D_t = D_0 + (\alpha/\gamma) \cdot Y_0 \cdot (e^{\gamma t} - 1) \tag{5.7}$$

となる。

---

10) 拙著『公共部門と経済的厚生』新評論, 1996, pp. 222-226参照。
11) Domar, E. D. *Essay in the Theory of Economic Growth*, Oxford Univ. Press, NewYork, 1957. 宇野健吾訳『経済成長の理論』東洋経済新報社, 1966, 第9刷, 第2章。また Hoy, M., Livernois, J., McKenna, C., Rees, R., Stengos, T. *Mathematics for Economics*, Second ed. The MIT Press, Cambridge, 2001, pp. 863-866 参照。

問題は，時を通じた公債残高と国民所得及び公債利子支払額と国民所得との関係である。まず前者すなわち D_t/Y_t については，

$$D_t/Y_t = (D_0/Y_0) \cdot e^{-\gamma t} + (\alpha/\gamma)(1-e^{-\gamma t}) \tag{5.8}$$

となる。

$t \to \infty$ を考えると $\lim_{t \to \infty} e^{-\gamma t} = 0$ より，$\lim_{t \to \infty}(D_t/Y_t) = (\alpha/\gamma)$ を得る。つまり公債残高対国民所得比は，一定値 α/γ へ収斂する事となる。利子率 i を一定とすると利子支払額と国民所得の関係は $i \cdot D_t/Y_t$ であるから，$t \to \infty$ の時，$\lim_{t \to \infty} i \cdot D_t/Y_t = i \cdot \alpha/\gamma$ となる。これも一定値へ収斂するが，注目すべきは，$1 > (\alpha/\gamma)$ であるかどうかであろう。もし $1 > (\alpha/\gamma)$ なら，公債残高は国民所得以下であるし，$1 > i > 0$ であるから，$i \cdot D_t/Y_t < 1$ で，公債を発行している財政赤字経済は，持続可能性があるといえよう。もしも α が，一定で，$1 > \alpha > 0$ の時には，$\gamma > 0, i > 0$ で $\gamma/i > \alpha$ つまり，成長率と利子率比はそれ以上である事が求められる。もしも $(\alpha/\gamma) > 1$ なら，このままでは，国民所得以上の公債残高となり，場合によっては，利子支払額が国民所得を越えてしまう破産的状況が生じてしまう恐れが出て来る。

ちなみに先にもみた OECD outlook でみると，(α/γ) 比率は，1980年代後半，アメリカ，イギリス，カナダのそれは1より小で，イタリアは3.2，我が国は予算上余剰が発生していた。90年代に入ると，ドイツを含む上記の国では，いずれも1を越え，我が国も1992年には1.5となった。しかし，2000年に入って，カナダ，アメリカ，イギリスでは財政余剰が発生したが，我が国では依然として90年代と同様な状況が続き，持続可能性について問題となりつつある。

なお，$(\alpha/\gamma) < 0$ ともなりうるが，$\alpha < 0$ なら財政余剰が発生している事になるから問題はないが，$\gamma < 0$ すなわちマイナス成長となっている時には，税収も減少，公債発行増となりうるので，やはり問題となろう。

H. Bohn は，基礎的財政収支（primary balance，歳入より国債発行額を除

---

12) Bohn, H. "The Behavior of U. S. Public Debt", *Quartely Journal of Economics*, vol. 113, Aug. 1998, pp. 949–963 参照。

き,歳出から国債関係費を差し引いた,収支)を取り上げ,国債残高対GDP比が上昇する時,基礎的財政収支黒字対GDP比が上昇していけば,通時的予算制約が維持され,政府の財政赤字政策は持続可能性があると主張する。[12]

確かに基礎的財政収支黒字となれば,国債残高を減らす余地が出て来,逆に赤字になれば,更なる国債発行が必要となり,国債残高が増加する事となる。

H. Bohn は,1916—1995年間のアメリカの財政分析により,時に基礎的財政収支は赤字の年はあったが,多くの場合,基礎的財政収支対GDP比が,国債残高GDP比によりポジティブに反応し,通時的予算制約が維持されていたので,財政赤字は,持続可能性があるとしている。

我が国について,Bohn と同様な分析,検証例があるが,この持続可能性条件は満たされているとは云い難いという結果が得られている。[13]

J. D. Hamilton and M. A. Flavin は,政府の関係する t 期の予算収支は,次式の如く表わされるとしている。[14]すなわち

$$B_t = (1+i)B_{t-1} - S_t + V_t \qquad (5.9)$$

である。ここで B_{t-1} は,$t-1$ 期首実質公債残高,V_t は公債保有に伴う,一種の実質キャピタルゲイン,S_t は,実質税収入と実質貨幣供給を加えて公債費を除く実質政府支出を差し引いた合計を各々表わしている。

将来時点 T へ向って B_t を繰り返し代入して,

$$B_t = \sum_{j=t+1}^{T} \frac{S_j - V_j}{(1+i)^{j-t}} + (1+i)^{t-T} B_T \qquad (5.10)$$

を得る。

そこで,将来時点での,この式の右辺第1項の期待値 $E_t \sum_{j=t+1}^{\infty} (S_j - V_j)/(1$

---

13) 井堀利宏,土井丈朗『財政読本』第5版,東洋経済新報社,2000, pp. 177–179 参照。
14) Hamilton, J. D. &Flavin, M. A. "On the Limitations of Government Borrowing : A Framework for Empirical Testing", *American Economic Review*, vol. 76, No. 4, Sep. 1986, pp. 808–819 参照。

$+i)^{j-t}$ が，B_t に等しい時，財政赤字は持続可能であるといえよう。つまり，この時，右辺第2項について $E\lim_{T\to\infty}B_T(1+i)^{-T}=0$，いわば累積公債費支払額の期待値が零となっている事が求められる訳である。

Hamilton と Flavin は，1960年から1980年頃迄のアメリカについて検証を試み，この条件が成立しうる事を示している。

同様な考え方を我が国に応用した研究例があるが，1957年度から1999年度に於いて，時に，この財政赤字の持続性条件は満たされるが，最近では，難かしい状況になりつつあると指摘されている。[15]

以上，幾つかの考え方をあげて，財政赤字の持続可能性について検討してきたが，いずれも現在の我が国の状況についての厳しさを示すものといえよう。従って，いわゆる少子高齢化時代に向って，年金，医療保険等の制度改革や必要な社会的間接資本の蓄積が求められるのであるから，財政が対応出来る様に速やかに長期財政計画を立て，以後毎年度の歳入，歳出についてローリングシステムで見直しを続けつつ，財政再建の見通しとその手順を，国民に明確に提示し実行していく事が必要であろう。

---

15) 中里透「財政運営における『失われた10年』」（岩田規久男，宮川努編『失われた10年の真因は何か』東洋経済新報社，2003，第4章）参照。

第6章 地方財政

6.1 制度と歳出, 歳入構造

　地方財政白書（平成15年版）によれば，現在47都道府県，3,270市町村，23特別区（地方自治法が規定している東京都の23政令区）2,159一部事務組合（都道府県，市町村及び特別区が，例えばごみ，し尿処理等の事務の一部を共同処理する為に設ける団体），総計5,429の地方公共団体がある。これらの地方公共団体の経済が，地方財政である。[1]

　平成13年度歳出決済額でみて，国の歳出額（国から地方に対する支出を控除した一般会計と特別会計との純計）は，57兆4,050億円であるが，地方の歳出額（地方から国への支出を控除した普通会計）は，それをはるか越えた95兆8,970億円の大きさであり，名目GDPの19.1%を占め，国民経済，生活に与える影響は極めて大なるものがあるといえよう。

　いま，地方財政は大きな節目にあるといわれている。国と同様，厳しい財

---

[1] 以下の地方財政制度についての記述については，総務省編『地方財政白書』（各年度版），柴田護『地方財政のしくみと運営』良書普及会，1973，岡本全勝『地方交付税―仕組みと機能』大蔵省印刷局，1995，地方財政研究会編『やさしい地方財政』ぎょうせい，1996，等に依るところが多い。

政状況にある一方，いわゆる Shoup 税制改革以来ともいえる大きな制度改革が続いているからである。

すなわち，2000年4月地方分権一活法による国と地方との事務配分の一応の整理，関連して市町村の合併の特例に関する法律の改正（2005年3月31日迄適用のいわゆる市町村合併特例法）による市町村合併促進の動きそして，補助金，地方交付税，地方独自財源を如何にすべきかについて同時相互関連の下での検討，いわゆる三位一体論議が，具体的に平成16年度予算概算要求の中で始っているのである。

この様な中で，地方財政には如何なる問題があり，本来の地方財政とはどうあるべきかの追究が求められている。

その為に，まず現在の地方財政の姿からみておく事にしよう。

地方財政の役割

地方財政は，国の財政と密接に関係しながらも，自らの役割というべきものを担っている。国の予算は，先にみた如く一般会計，特別会計，政府関係機関の種類があるが，地方公共団体は，その一般会計と公営事業会計を除く特別会計を合算した普通会計と地方公共団体の企業活動の収支を表わす公営企業，収益事業，国民健康保険事業等の事業会計である公営事業会計とに会計区分されている。

公営企業，公営事業及びこれらに類する公益質屋，農業共済，交通災害共済事業等は各々，地方自治法，地方財政法，地方公営企業法に基づくものと各地方公共団体が任意に設置しているものとがある。

通常，地方財政といえば，この普通会計を指す事が多い。地方財政の会計区分，公営事業会計内区分，国民経済計算上の区分等が図6.1に示されている。この普通会計と国の一般会計，特別会計各々の重複分を除いた平成13年度の純計について，行政目的に応じた歳出区分すなわち目的別の純計歳出規模を示すのが，図6.2である。

防衛費の如き純粋公共財や年金，恩給関係を除けば，公衆衛生，清掃等に

第6章 地方財政

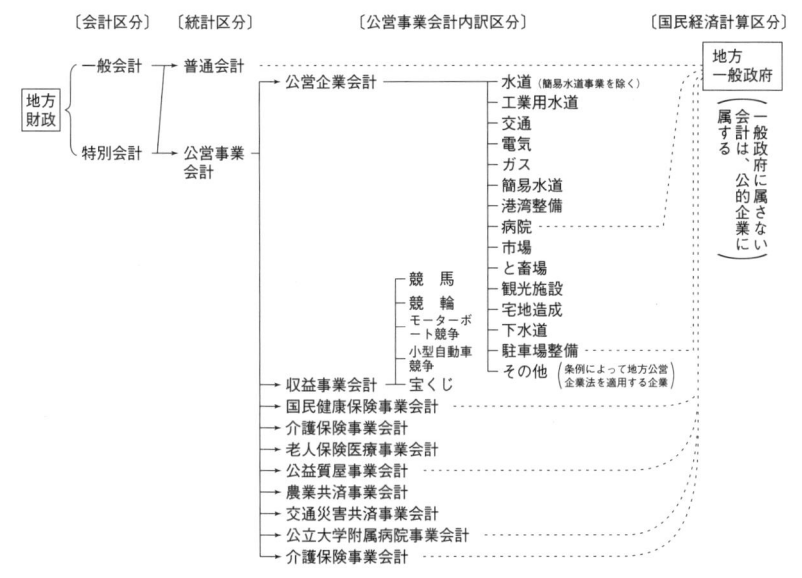

〔会計区分〕　〔統計区分〕　　〔公営事業会計内訳区分〕　　　　〔国民経済計算区分〕

```
                                           ┌ 水道（簡易水道事業を除く）    ┌地方
          ┌ 一般会計 ─ 普通会計 ─┬ 公営企業会計 ─┼ 工業用水道              │一般政府
          │                    │          ├ 交通                    │
 地方      │                    │          ├ 電気                    │  一
 財政  ────┤                    │          ├ ガス                    │一 般
          │                    │          ├ 簡易水道                 │般 政
          └ 特別会計 ─ 公営事業 │          ├ 港湾整備                 │政 府
                    会計       │          ├ 病院                    │府 に
                               │          ├ 市場                    │に 属
                               │          ├ と畜場                   │属 さ
                               │       ┌ 競 馬 ┤観光施設              │す な
                               │       ├ 競 輪 ├ 宅地造成              │る い
                               │       ├ モーターボ├ 下水道             │  会
                               │       │ ート競争 ├ 駐車場整備           │  計
                               │       ├ 小型自動車└ その他（条例によって地方公営 │  は
                               │       │ 競争                企業法を適用する企業）│  、
                               ├ 収益事業会計 ─ 宝くじ                │  公
                               ├ 国民健康保険事業会計                   │  的
                               ├ 介護保険事業会計                      │  企
                               ├ 老人保険医療事業会計                   │  業
                               ├ 公益質屋事業会計                      │  に
                               ├ 農業共済事業会計                      │
                               ├ 交通災害共済事業会計                   │
                               ├ 公立大学附属病院事業会計                │
                               └ 介護保険事業会計                      │
```

出所：『図説日本の財政（平成15年度版）』（東洋経済新報社）

図6.1

係る衛生費，小学校，中学校，高等学校等に関する学校教育費，警察，消防等に係る司法警察消防費，道路整備，都市計画，土地改良等に関する国土開発費等身近な国民生活に関係する経費については，地方公共団体を通じて支出されている割合が高いのである。

表6.1に，更に国，都道府県，市町村間の一応の行政事務分担が例示されている。これらから，地方財政の役割を窺う事が出来る。

次に平成15年版地方財政白書に基づき，平成13年度決算から都道府県及び市町村の歳出，歳入構造について立ち入ってみてみる事にしよう。

歳出構造

まず経費を総務，民生，衛生等の行政目的によって分類した目的別歳出について，都道府県，市町村についてみたのが，図6.3である。なお，純計とあるのは都道府県，市町村間の重複部分調整後の全体の構成比で以下同様な

204

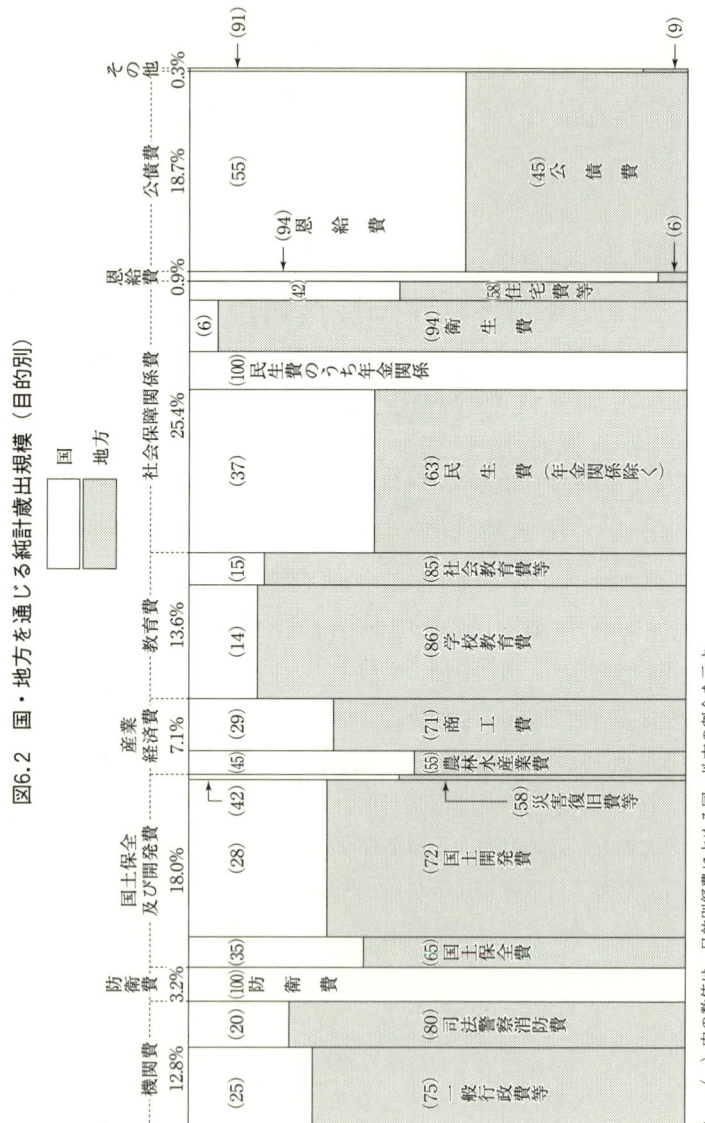

図6.2 国・地方を通じる純計歳出規模（目的別）

□ 国
▨ 地方

| 機関費 12.8% | 防衛費 3.2% | 国土保全及び開発費 18.0% | 産業経済費 7.1% | 教育費 13.6% | 社会保障関係費 25.4% | 恩給費 0.9% | 公債費 18.7% | その他 0.3% |

機関費 12.8%: (25)一般行政費等、(20)(80)司法警察消防費、(75)
防衛費 3.2%: (100)防衛費
国土保全及び開発費 18.0%: (35)、(28)(72)国土開発費、(65)国土保全費、(42)(58)災害復旧費等
産業経済費 7.1%: (29)(45)(55)農林水産業費、(71)商工費
教育費 13.6%: (14)(86)学校教育費、(15)(85)社会教育費等
社会保障関係費 25.4%: (37)(63)民生費（年金関係除く）、(100)民生費のうち年金関係、(6)(94)衛生費
恩給費 0.9%: (42)(94)恩給費、(58)住宅費等
公債費 18.7%: (55)(45)公債費、(6)
その他 0.3%: (91)、(9)

（注）（ ）内の数値は、目的別経費に占める国・地方の割合を示す。
出所：総務省編『地方財政白書（平成15年版）』

表6.1 国と地方との行政事務の分担（例示）

分野		安全	社会資本	教育	福祉・衛生	産業・経済
国		外交 防衛 司法 刑罰	高速自動車道 国道（指定区間） 一級河川	大学 私学助成（大学）	社会保険 医師等免許 医薬品許可免許	貨幣 関税・通商 通信・郵便 経済政策 国有林
地方	都道府県	警察	国道(その他) 都道府県道 一級河川(指定区間) 二級河川 港湾 公営住宅 都市計画決定	高等学校・特殊教育学校 小・中学校教職員の給与・人事 私学助成(幼～高)	生活保護(町村) 児童福祉 老人保健福祉 保健所	地域経済復興 職業安定・職業訓練 中小企業診断指導
	市町村	消防 戸籍 住民基本台帳	都市計画事業 市町村道 準用河川 港湾 公営住宅 下水道	小・中学校 幼稚園	生活保護（市） 老人保健福祉 児童福祉 国民健康保健 上水道 ごみ・し尿処理 保健所	地域経済振興 農地利用調整

出所：地方財政研究会編『やさしい地方財政』（ぎょうせい，1996）

処理である。都道府県では，市町村立義務教育諸学校教職員の人件費を負担しているので教育費が大きな割合を占め，以下土木費，公債費，民生費，農林水産産業費の順となっている。他方，市町村については，老人福祉，児童福祉，社会福祉，生活保護（市の区域は市，町村の区域は原則として都道府県が支出している）等の民生費が最も大きな割合を占め，以下，土木費，総務費，公債費，教育費の順となっている。

次に，地方公共団体の経費の経済的な性質による，義務的経費，投資的経費及びその他の経費という区分すなわち性質別歳出についてみたのが，図6.4である。

義務的経費は，職員給与費等の人件費，生活保護費等の扶助費そして地方債の元利償還金等の公債費からなり，これは法律で支出を義務づけられているのである。 投資的経費は，道路，橋梁，公園，公営住宅，学校等の建設

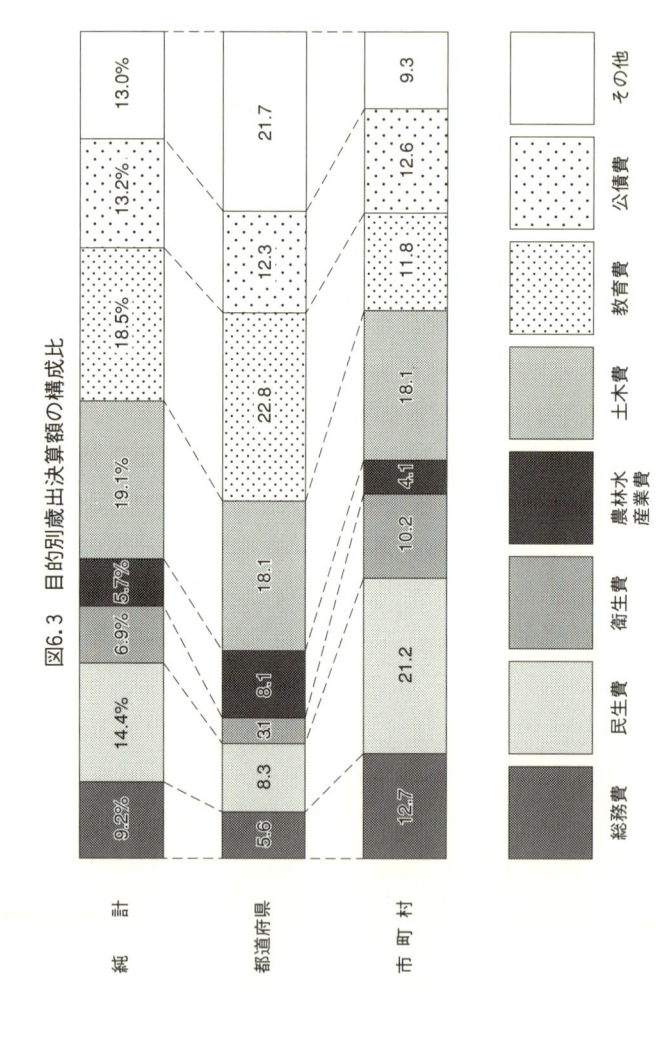

図6.3 目的別歳出決算額の構成比

	総務費	民生費	衛生費	農林水産業費	土木費	教育費	公債費	その他
純計	9.2%	14.4%	6.9%	5.7%	19.1%	18.5%	13.2%	13.0%
都道府県	5.6	8.3	3.1	8.1	18.1	22.8	12.3	21.7
市町村	12.7	21.2	10.2	4.1	18.1	11.8	12.6	9.3

出所：総務省編『地方財政白書（平成15年版）』

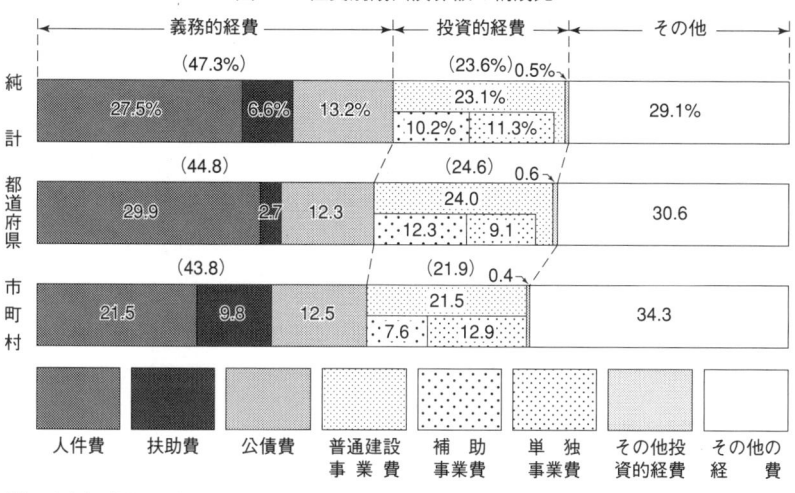

図6.4 性質別歳出決算額の構成比

	義務的経費			投資的経費			その他	

純計 (47.3%) 義務的経費内訳: 27.5% 人件費, 6.6% 扶助費, 13.2% 公債費 / (23.6%) 投資的経費内訳: 23.1%(普通建設事業費 10.2% 補助事業費+11.3% 単独事業費) / 0.5% その他投資的経費 / 29.1% その他の経費

都道府県 (44.8) 29.9, 2.7, 12.3 / (24.6) 24.0 (12.3 + 9.1) / 0.6 / 30.6

市町村 (43.8) 21.5, 9.8, 12.5 / (21.9) 21.5 (7.6 + 12.9) / 0.4 / 34.3

凡例:人件費／扶助費／公債費／普通建設事業費／補助事業費／単独事業費／その他投資的経費／その他の経費

(注)（ ）内の数値は，義務的経費及び投資的経費の構成比である。
出所:総務省編『地方財政白書(平成15年版)』

の為の普通建設事業費，災害復旧事業費そして失業対策事業費からなっている。なお，単独事業費は，その自治体自らの事業費で，補助事業費は国等からの補助による事業費である。

人件費については，都道府県において市町村立義務教育諸学校教職員の人件費を負担しているので，市町村より高くなっている。扶助費については，福祉関係事務が主に市町村においてなされている事等から市町村が都道府県よりその構成比を高めている。

普通建設事業費の中，補助事業費の構成比は，都道府県が市町村を上回り，単独事業比の構成比は，市町村が都道府県を上回っている。

普通建設事業費及び災害復旧事業費の中には，地方自治体自らが行う補助事業及び単独事業の他，国が行う直轄事業に対する負担金が含まれている。

なお，その他経費には，物件費，維持補修費，補助費等，積立金，投資及び出資金，貸付金，繰出金，前年度繰上充当金等が含まれている。

以上，都道府県，市町村について，その歳出構造を目的別，性質別区分に

よってみてきたが，それでは，これらの歳出を支える歳入は，どうなっているのであろうか。以下では歳入について取り上げてみよう。

歳入構造

平成13年度歳入決算額の都道府県，市町村別にみたのが，図6.5である。

ここで一般財源とあるのは，地方税，地方譲与税，地方交付税，地方特例交付金の合計で，使途が特定されず，どの様な経費にも使用出来るものである。なお，市町村については，これらに加え都道府県から市町村が交付を受ける利子割交付金，地方消費税交付金，その他の交付金を加算した額となる。純計はこの様な都道府県と市町村間の重複部分が控除，調整されたものである。

特定財源とは，国庫支出金，地方債，都道府県支出金，その他で，これらは，いずれも使途が特定されている財源である。なお，その他の収入としては，分担金，負担金，使用料，手数料，財産収入，寄附金，他会計からの繰入れ金等の収入である。

都道府県，市町村共に，一般財源構成比が特定財源構成比を上回っている。各々の財源を構成する主要なものについては後で説明する事として，地方自治体の歳入について使途以外の区分についてもみておこう。

まず自主財源と依存財源の区分であるが，これは自治体の収入調達方法からみたものである。自主財源は自治体自ら調達する事の出来る財源で，地方税，使用料手数料，財源収入，分担金負担金，寄附金等が，これに当たる。

他方，依存財源は，その額，内容が国や国による基準によって定められる財源で，国庫支出金，地方交付税，地方譲与税，地方債等を指すのである。

勿論，自主財源割合の高い方が，財政運営の自主性が増す事を意味する。

次に，経常財源と臨時財源という区分についてであるが，これは経常的な収入と臨時的な性格の強い収入との区分である。前者としては，地方税，地方譲与税，普通地方交付税そして国庫支出金の中，義務教育職員給与費国庫負担金や生活保護費国庫負担金等がある。

図6.5 歳入決算額の構成比

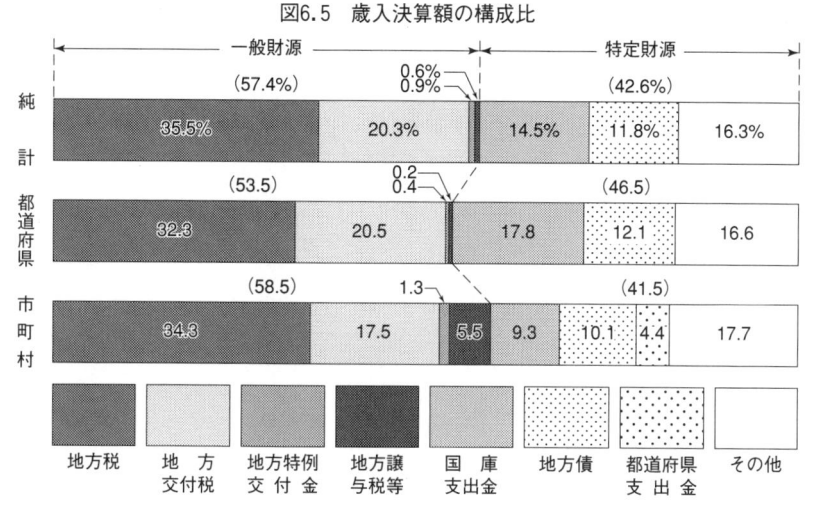

	一般財源					特定財源		
純計	(57.4%) 35.5%	20.3%	0.6% 0.9%	14.5%	(42.6%) 11.8%		16.3%	
都道府県	(53.5) 32.3	20.5	0.2 0.4	17.8	(46.5) 12.1		16.6	
市町村	(58.5) 34.3	17.5	1.3 5.5	9.3	(41.5) 10.1	4.4	17.7	

凡例：地方税／地方交付税／地方特例交付金／地方譲与税等／国庫支出金／地方債／都道府県支出金／その他

(注) 国庫支出金には，交通安全対策特別交付金及び国有提供施設等所在市町村助成交付金を含む。
出所：総務省編『地方財政白書（平成15年版）』

後者としては，地方債，分担金負担金，寄附金，国庫支出金の中，施設建設に関する国庫補助金等がある。

この区分は，自治体の財政状況が健全であるかどうかを見る時，人件費や借入金の元利償還金等の経常的な経費が，経常的な収入で十分賄われ，経常財源に余裕が生じているかどうかを調べるのに役に立つ訳である。

以上の区分は，地方財政を多角的に分析するのに有用であるが，以下では，これらの区分にも現われる，先にも述べた如く，各財源項目を取り上げ説明する事にしよう。

地方税

図6.6(1)，図6.6(2)に平成13年度の道府県税，市町村税収入総額及び各税目額そしてその構成比が示されている。なお，東京都及び都内特別区については，地方税法で特例が定められているが，大旨東京都は道府県税，特別区は市町村税を課す様になっている。

図6.6(1) 道府県税収入額の状況

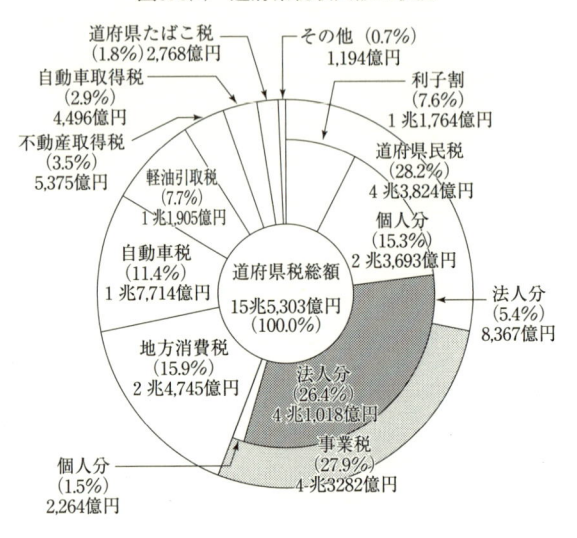

- 道府県たばこ税 (1.8%) 2,768億円
- その他 (0.7%) 1,194億円
- 自動車取得税 (2.9%) 4,496億円
- 利子割 (7.6%) 1兆1,764億円
- 不動産取得税 (3.5%) 5,375億円
- 道府県民税 (28.2%) 4兆3,824億円
- 軽油引取税 (7.7%) 1兆1,905億円
- 個人分 (15.3%) 2兆3,693億円
- 自動車税 (11.4%) 1兆7,714億円
- 法人分 (5.4%) 8,367億円
- 道府県税総額 15兆5,303億円 (100.0%)
- 地方消費税 (15.9%) 2兆4,745億円
- 法人分 (26.4%) 4兆1,018億円
- 個人分 (1.5%) 2,264億円
- 事業税 (27.9%) 4兆3,282億円

図6.6(2) 市町村税収入額の状況

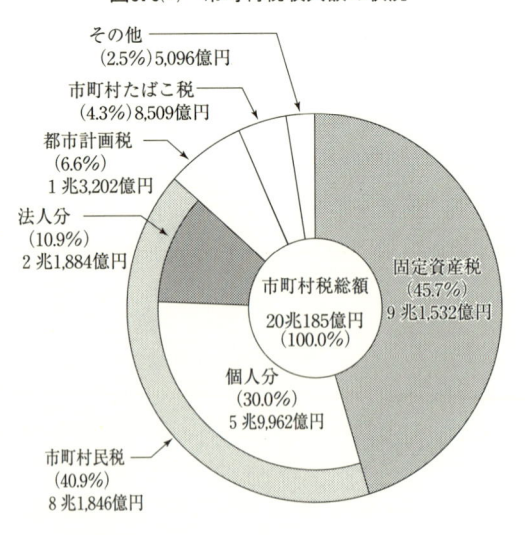

- その他 (2.5%) 5,096億円
- 市町村たばこ税 (4.3%) 8,509億円
- 都市計画税 (6.6%) 1兆3,202億円
- 法人分 (10.9%) 2兆1,884億円
- 固定資産税 (45.7%) 9兆1,532億円
- 市町村税総額 20兆185億円 (100.0%)
- 個人分 (30.0%) 5兆9,962億円
- 市町村民税 (40.9%) 8兆1,846億円

出所：総務省編『地方財政白書（平成15年版）』

道府県税収入は，道府県民税，事業税による割合が高く，市町村税収入は，固定資産税，市町村民税による割合が高い特徴を有している事が分る。

地方自治体が課税出来る地方税の税目には法定普通税と法定外普通税そして目的税とがある。法定普通税は，地方税法で地方自治体が課税しなければならないと定められている税目で，法定外普通税は，地方自治体が特に必要がある場合設けるもので，地方分権一活法によって，かつては自治大臣の許可が必要であったが，自治大臣の同意を要する協議を行う事に変った。

目的税は，都市計画等特定の目的の為の経費に充てるべく課税され，使途が特定化されている。

図6.6で示されている如く，道府県の目的税は自動車取得税，軽油引取税，その他の中の入猟税，水利地益税で，市町村のそれは，都市計画税そしてその他の中の入湯税，事業所税，宅地開発税，水利地益税，共同施設税，国民健康保険税がある。なお，都道府県の法定外普通税としては，核燃料税等があり，市町村のそれは砂利採取税，別荘等保有税，商品切手発行税がある。

地方税の税率については，地方自治体の条例で定められるが，地方税法で主要な税目について，通常よるべき税率として標準税率が定められている。また，財政上の特別な理由のある場合には，これ以上の超過課税も可能であるが，特定の税目について制限税率があり，上限が設定されている。

地方交付税

地方交付税は，地方公共団体間の偏在する税源の調整を行い，全国いずれの地域に於いても一定の行政サービスを提供出来る様，財源を保証し，地方公共団体の独立性の強化を図る目的を有している。

地方交付税の総額は，法定5税分と特例加算分から成る。法定5税分とは，所得税，酒税の32％，法人税の32％（平成12年度分から当分の間35.8％），消費税の29.5％，たばこ税の25％の合計分であり，特別加算分等としては，各年度の地方財政に係る措置により一般会計からの加算，借入金の返済等がなされるものである。

地方交付税の種類としては，総額の94％を占める普通交付税と普通交付税での算定以外の特別な財政需要に対し交付される総額の6％を占める特別交付税がある。

普通交付税額は，各地方自治体毎に，標準的な財政需要としての基準財政需要額と標準的な財政収入として基準財政収入額とが計算され，その差額分という事になる。

基準財政需要額は，例えば土木費，教育費等の行政項目について道路の面積，教職員数等の測定単位を求め，都道府県，市町村について標準団体，標準施設行政規模（人口，面積，世帯数，道路の延長等）から，単位費用を計算する。そして各地方団体の測定単位当たりの行政費用は，その人口規模，密度，都市化の程度，気象条件等の違いによって大きな差があるので，補正係数で調整するのである。

人口規模，密度については各々段階，密度補正が，都市化の程度については態様補正が，気象条件については寒冷補正等がある。

以上から基準財政需要額は，

（単位費用）×（測定単位）×（補正係数）

を各行政項目について経常経費，投資的経費に関して算出した合計となる。

基準財政収入額は，地方自治体の標準的な一般財源収入額として算定された額をいい，平成15年度より都道府県では，法定普通税ほかの標準的な地方税収入×100分の75＋地方譲与税等で，市町村では，法定普通税ほかの標準的な地方税収入×100分の75＋地方譲与税等が，その算定額となる。

特別交付税は，普通交付税の算定期日後に生じた風水害，大火災等のための財政需要や財政収入減そして離島航路，へき地診療所等に要する経費が多額である事等，基準財政需要額に含まれない特別の需要や過大に算入された基準財政収入額の修正が生じた時等に普通交付税の機能を補完するものである。

勿論，地方交付税の使途は特定化されていない。地方自治体の財政の調整と保障にどの様に働いているのかを示すのが，図6.7である。図で財政力指

第6章 地方財政 213

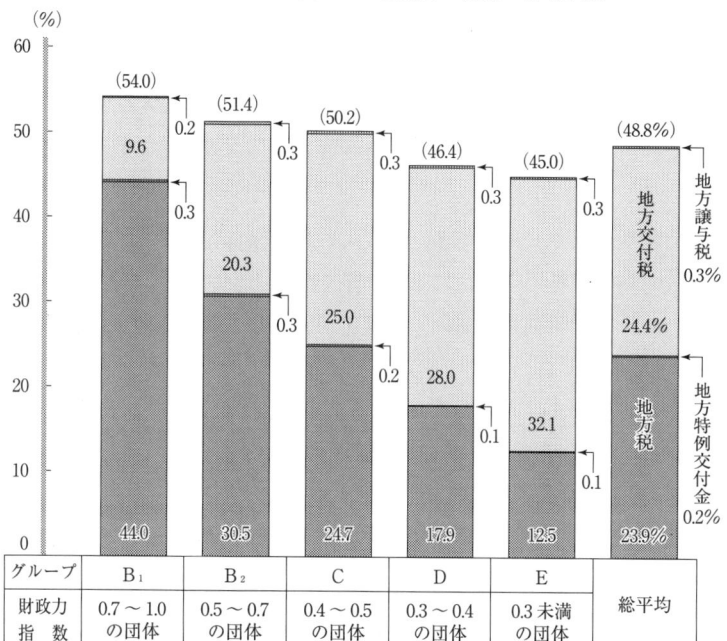

図6.7 歳入総額に占める一般財源の割合の分布状況

(%)

グループ	B₁	B₂	C	D	E	総平均
財政力指数	0.7～1.0の団体	0.5～0.7の団体	0.4～0.5の団体	0.3～0.4の団体	0.3未満の団体	

各グループの数値:
- B₁: (54.0) — 9.6, 0.2, 0.3, 44.0
- B₂: (51.4) — 20.3, 0.3, 0.3, 30.5
- C: (50.2) — 25.0, 0.3, 0.2, 24.7
- D: (46.4) — 28.0, 0.3, 0.1, 17.9
- E: (45.0) — 32.1, 0.3, 0.1, 12.5
- 総平均: (48.8%) — 地方交付税 24.4%, 地方譲与税 0.3%, 地方特例交付金 0.2%, 地方税 23.9%

(注) 1 （ ）内の数値は，歳入総額に対する一般財源の割合である。
2 歳入総額及び地方税は，利子割交付金，地方消費税交付金，ゴルフ場利用税交付金，特別地方消費税交付金，自動車取得税交付金及び軽油引取税交付金に相当する額を控除したものである。
3 グループ別の該当団体
B₁ 愛知県，神奈川県，大阪府
B₂ 静岡県，埼玉県，千葉県，福岡県，京都府，兵庫県，茨城県
C 群馬県，栃木県，広島県，宮城県，三重県，滋賀県，岐阜県，長野県
D 岡山県，福島県，石川県，新潟県，香川県，山口県，富山県，北海道，奈良県，福井県，愛媛県，山梨県，熊本県
E 山形県，大分県，鹿児島県，佐賀県，岩手県，青森県，徳島県，宮崎県，和歌山県，長崎県，沖縄県，秋田県，鳥取県，島根県，高知県
4 東京都については，総平均から除いている。
出所：総務省編『地方財政白書（平成15年版）』

数とあるのは，上に述べた基準財政収入額を基準財政需要額で割った数値の過去3年間の平均を求めたものである。この指数が100％を越えると地方交付税が交付されない。財政力があるという訳である。

また，図6.5にもあった地方特例交付金というのは，恒久的な減税に伴う地方税減収の一部補填の為に，平成11年度に創設され交付されているものである。

財政力指数が高く，従ってまた税収入の多い団体には少なく，税収入の低い，財政力指数の低い団体には，より多くの地方交付税が交付され，歳入総額に占める一般財源割合を高め，均衡化が図られている事が分る。

図6.7は都道府県についてであるが，都市についても人口，産業構造による区分でみて，例えば人口23万人以上，43万人未満の団体と人口3万5千人未満の団体の歳入総額に占める一般財源の割合が，前者で63.1％，後者で60.2％となっている。

町村についても人口，産業構造区分で，人口3万5千人以上の団体と3千5百人未満の団体を取り上げても，前者の歳入総額に占める一般財源の割合は，69.2％，後者のそれは63.0％で，地方交付税による財源調整機能が働いているのをみる事が出来る。

地方譲与税

これは形式上，国税として徴収し，地方自治体に対して譲与するもので，地方道路譲与税，石油ガス譲与税，自動車重量譲与税，航空機燃料譲与税，特別とん譲与税がある。

地方道路譲与税としては，揮発油を課税客体とした従量課税中国税の揮発油税分を除いた地方道路税分が，譲与され，都道府県，大都市そして市町村に対し，各々一般国道，都道府県道また市町村道の延長，面積に応じたものとなっている。

石油ガス譲与税は，国税としての石油ガス税の1/2が，都道府県，大都市に道路整備財源として譲与されるものである。

自動車重量譲与税は，道路運送車両法による車検を受ける自動車及び使用の届出をする軽自動車に課税する自動車重量税収入の1/3が，市町村に各々の市町村道の延長及び面積に応じて譲与されているものである。
　航空機燃料譲与税は，国税の航空機燃料税収入の2/13が，空港関係市町村及びこれらの市町村を包括する空港関係都道府県に，航空機騒音対策，空港周辺整備の為に譲与されている。
　特別とん譲与税は，昭和32年，外航船舶に対する固定資産税軽減措置に伴う減収補填の為に設けられ，国税として，とん税共々外国貿易のため我が国と外国とを往来する船舶（外国貿易船）の，とん数に応じて課税され，特別とん税分は，全額，外国との貿易の為の港がある市町村に譲与されているものである。

国庫支出金

　国庫支出金とは，国が地方自治体との経費負担区分に従って，支出する負担金，委託費特定施策の奨励や財政援助の為の補助金等をいう。地方財政法に依ってこれらの支出はなされる。
　負担金には，義務教育の教員給与費，小中学校の建物建設費，生活保護費，児童福祉費，保健所費等の普通国庫負担金，そして道路，河川，砂防，海岸，港湾等の土木施設，農林水産業施設等の新設改良費，都市計画事業費，公営住宅建設事業費，社会福祉施設の建設費，土地改良費，失業対策事業費等の建設事業費国庫負担金また災害救助費，土木施設，農林水産業施設その他の災害復旧事業費等についての災害国庫負担金がある。
　委託費としては，国会議員の選挙費，国の統計調査費等がある。
　奨励的補助金は，国が或る施策を実施する特別の必要性を認め，地方公共団体に補助金を支出するもので，財政援助的補助金は，地方公共団体の財政上の特別の必要性が認められた時，国が補助金を支出するものである。
　奨励的補助金は，各省所管の種々なるものがある。財政援助的補助金としては，新産業都市等建設事業債に対する利子補給金等がある。

地方債

　地方債は，普通建設事業等の財源を調整する事を目的に地方公共団体が行う借金で，返済が1会計年度を越えるものをいう。

　地方分権一括法施行により，平成18年度から，これ迄の地方債許可制度から，地方公共団体は自治大臣又は都道府県知事との協議を行うという新しい仕組みに移行する。

都道府県支出金

　都道府県の市町村に対する支出金で，道府県自らの単独施策としての，例えば普通建設事業費支出金等の他，国庫財源を伴う普通建設事業費支出金，児童保護費負担金，災害復旧事業費支出金等がある。

　以上，地方自治体の歳出，歳入構造並びに関連する仕組みについてみてきたが，次に最近の地方財政の状況と課題について触れる事にしよう。

6.2　地方財政の状況と課題

　まず地方財政分析に使われる幾つかの指標を説明し，平成15年版地方財政白書から現況を見てみよう。

　経常収支比率は，人件費，扶助費，公債費の如く毎年度の経常的経費に充当された一般財源額を地方税，普通交付税等の毎年度の経常的収入たる経常一般財源額（恒久的減税に伴う減収を補う減収補填債，投資的経費の国庫補助負担率引下げによる国庫補助負担金減額分補填の建設地方債等の臨時財政対策債を含む）で割った割合である。

　この比率が高いと経常一般財源に余裕がなく，投資的事業や住民の財政ニーズに応えていく余力がない事を意味し，財政構造の弾力性が失われていると解されるのである。この比率は，従来から町村にあっては70％，都市については，80％を超える場合には，財政構造の弾力性が失われつつあるといわれている。

平成2年度には，市町村合計で69.7％，都道府県70.7％であったが，平成7年度より13年度迄，市町村は80％を超え，都道府県では，88.1％〜90.5％に達している。

従って，地方公共団体の財政構造の弾力性は失われているのである。

収支の均衡については，決算上の収支として歳入総額と歳出総額との差の形式収支があるが，予算の繰越等により翌年度に繰り越すべき財源を形式収支から控除した実質収支が，純剰当金や純損失を意味し，財政運営の健全性をみる上で重要である。更に実質収支は前年度からの収支の累積でもあるので，実質収支が前年度と比べ，どう変化したのかを示す当該年度の実質収支と前年度の実質収支との差をみる単年度収支そして財政調整基金の積み立て，地方債の繰上償還また基金の取り崩し等の黒字，赤字要素で調整した実質単年度収支も，共に見ておく必要がある。

平成13年度では，都道府県，市町村全体額でみると各々黒字であるが，都道府県の中には4年連続の赤字団体があり，市町村では26団体で，前年度に比べ3団体増加している。（合併等に伴う打切り決算により赤字となった6団体を除く。）従って，財政の健全性の点で問題もあるといえよう。

後年度の赤字要素として留意すべきは地方債と債務負担行為である。地方債の状況を表す指標として公債費比率がある。これは，分子に，地方債元利償還金に充当された一般財源（繰上償還金を除く）マイナス過疎対策事業債等の償還費で基準財政需要額に算入された額を取り，分母に標準財政規模マイナス過疎対策事業債等の償還費で基準財政需要額に算入された額を取った，その割合である。

標準財政規模というのは，普通交付税算定の際の，その団体の標準的な一般財源の規模で，次の様に算定されている。

標準財政規模＝｛基準財政収入額－（地方譲与税収入額＋交通安全対策特別交付金収入額）｝×｛100/80（都道府県，平成15年度より100/75）／100/75（市町村）｝＋（地方譲与税収入額＋交通安全対策特別交付金収入額）＋普通交付税額

なお，交通安全対策特別交付金とは，道路交通法による反則金相当額を交通事故発生件数，人口集中度等を考慮した方式によって，都道府県，市町村に交付し，道路交通安全施設の整備を図ろうとするものである。
　最近では，公債費比率より公債負担比率や起債制限比率が，よく使われている。
　公債負担比率とは，分子に，一時借入金利子，転貸債及び繰上償還額を含む，公債費充当一般財源を取り，分母に一般財源総額を取った，その割合である。
　なお，転貸債とは，地方公共団体が，地方公共団体以外の団体への出資金，貸付金の財源の為に発行する地方債である。
　起債制限比率は，分子に，地方債元利償還金に充当された一般財源マイナス交付税措置のある公債費等を取り，分母には，標準財政規模プラス臨時財政対策債発行可能額を取り，その割合を表わすものである。
　地方分権一括法で，平成18年度から地方債の協議制度へ移行するが，それ迄は地方債許可制度が維持されるので，この起債制限比率が，20～30％を超える団体には一般単独事業債等に係る地方債発行が許可されない等の制約を受ける事になる。
　公債負担比率でみると，平成8年度から同13年度迄，全団体加重平均で14.0％から18.4％へと上昇している。起債制限比率では，全団体で，凡そ10％～11％台だが，市町村の5団体が，20％以上となっている。
　以上の事から財政構造の硬直化をみてとる事が出来よう。
　地方債の他に，後年度の負担となる債務負担行為額については，平成7年度から同13年度迄，減少傾向にあるが，平成13年度全団体合計で，130兆8,784億円となっている。
　普通会計の地方債その他を含む借入金残高は，平成15年度末には，199兆円程度にも達すると見込まれている。
　そして，ここでは取り上げていないが，地方公営企業についても，地方公営企業法適用企業全体の経常収支比率ひとつをみても99.8％と極めて余裕の

ない経営状況にある。

　以上見てきた如く，最近の地方財政の実態は，国の財政同様，極めて厳しい状況にある事が分るのである。

　そして冒頭に触れた如く，いま地方財政について様々な改善が行われようとしている。大切な事は，これ迄の地方財政制度や運営のどこに，如何なる問題や課題があるのかを検討し，本来の地方自治を支える制度改革を行う事である。

　確かに，いわゆるShoup税制改革以来，地方自治，財政制度は，シビルミニマムの徹底化等一定の成果を挙げて来たが，より住民自治を追求する団体にとって束縛，制約となったり，国の実質的統御，選出議員の集票見返りの補助金の分配等の財政運営は住民ニーズとの乖離を生じさせたり，また自治体自体の甘えや自律性の喪失にも連なった面がある。

　経済状況が悪化し，国の財政も厳しくなった現在，これらの問題，課題の解決こそが，本来の自治のあり方を模索させているともいえよう。

　市町村合併促進法に基づく，合併促進の動きについては，何でも合併して大きくなる事ではなく，住民選好に共通性があり地方公共財，サービスのスピル・オーバー効果があったり，大規模処理の利益，費用逓減等が作用するかどうかの点が重要であろう。また逆から云えば，従来の行政区域は，本来の住民自治として首肯すべき行政区域なのかどうかという事でもあろう。

　先に見た地方公共団体の厳しい財政状況の下で，まず求められるのは歳出の効率化である。常に費用・便益，費用・効果を意識し，予算改革のところでも触れたNPMを出来るだけ活用，業績／成果を住民に情報開示するという説明責任を果たす事が必要である。その上で住民のニーズ，負担関係を問い，事業優先順位を決定するのが望ましいであろう。また，住民の移動性も高い事もあるので，将来の負担増となる財源調達には慎重さが求められよう。

　国庫補助負担金，交付税，地方への税源配分のあり方を三位一体で検討する点については，現在の国と地方間の財源配分は，国民の租税総額の凡そ3/5が国税，2/5が地方税であるのに国と地方の歳出総額の凡そ2/5が国の歳

出,3/5が地方の歳出となっている事からも,また地方の歳出の自由度という点からも,まず税源移譲を含む独自税源の拡大が考えられるべきであろう。

地方消費税の税率引き上げ,事業税の外形標準化,所得税の地方への分割調整,所得税・住民税の共同税化等の具体的提案も出て来ているところである。更なる検討が求められよう。

地方への財源を増加させ,国庫支出金,交付税を削減すればよいという訳ではない事に留意する必要がある。

地域の経済発展の跛行性や経済力格差がある以上,たとえ税源が移譲されても歳入は以前より少なくなる事が生じるからである。ある程度の財源の調整や保障機能は残さざるを得ないであろう。また,国庫支出金についても,それが後で触れる様に,有用な局面を有している点も否定出来ない。

いずれにせよ,これ迄の制度やその運用の下で生じている問題を吟味し,本来の地方自治を実現する制度確立への道を求めての模索を続けねばならない。その際,手掛りとなる幾つかの基本的考え方について,次に取り上げ検討しておく事にしよう。

6.3 地方公共財と自治体

地方公共財或いは準公共財は,或る行政区域や限られた地理上の区域で,非競合性の特徴をもつ財である。従って市場ではなく,公共部門により供給がなされる。

現在,人口,面積その他の規模や中身の違いをもつ多くの自治体が存在する事は先にみた通りである。何故,この様な多くの自治体が存在しているのであろうか。地理上に加えて,歴史,文化,経済社会等の様々な要因に依るものであろう。いま地方公共財との関連のみに絞り込むと,多くの自治体が存在する利点として,住民の選好の多様性,混雑さの回避,土地,行政区域等限られた範囲内でのみの利便性の提供等が挙げられよう。

とりわけ地方公共財の消費,利用の多様性は多くの自治体をもつ事で可能

であり，それは，また経済的効率性を高めるものである。

例えば，以下の如き例で考えてみよう。[2]

二つの選好のタイプをもつ同数の人々がいて，同じ自治体で暮しているとする。

ひとつの選好タイプは，アウトドア派で緑地公園の整備，拡充を好み，その限界便益評価或いは，積極的支払いには高いものがあるとする。他の選好タイプは，緑地公園よりもむしろ道路舗装の充実に高い便益，積極的支払評価額を有しているとする。前者のタイプの追加的緑地公園の評価を MB_O，後者のそれをマイナス MB_A と表わしておく。

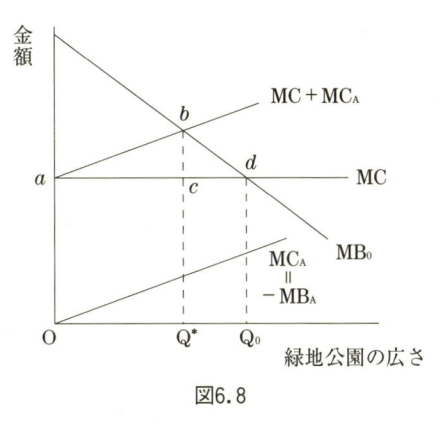

この自治体に於ける効率的な緑地公園の整備量はどうなるのかを考えてみよう。

緑地公園整備，拡充のための限界費用 MC は，土地等の私的利用の機会費用を表わし一定であるとする。

効率的提供量は，総ての消費者の MB の合計が，その財の MC に等しい事である。しかし，この場合 MB_O はプラスだが，MB_A はマイナス或いは費用と受け取られうる。すなわち $-MB_A = MC_A$ となるのである。

すると，この場合の緑地公園の最適量は，図6.8の如くになるであろう。

アウトドア派の緑地公園に関する需要関数は MB_O，非アウトドア派の需要は，マイナスで費用負担として受け取られるので，結局社会全体の最適供給量は，$MB_O = MC + MC_A$ から b 点に対応する OQ^* の大きさとなる。

もしも新しい自治体が，費用が掛らず形成されうるなら，アウトドア派と

図6.8

---

2) Bruce, N. *Public Finance and the American Economy*, Addison Wesley, 1998, pp. 138–148 参照。

非アウトドア派は別々に住むのがよいであろう。何故なら，b 点での均衡は二つの厚生損失，死荷重をたらしているからである。すなわちアウトドア派のみが，この自治体で住むとすれば均衡点は d 点，Q_0 となるであろうから，図形 cbd 分の利得を得る事になる。それが失われている事と図形 abc の部分は，別々に住んでいたなら非アウトドア派が払わなかったであろう税額で，いわば非アウトドア派からアウトドア派への移転支出であるからである。

この例は，地方公共財に関する異なった選好をもつ人々について，異なった自治体をもつ事が，経済的効率性を改善する事を示すものである。

この様な考えは，C. Tiebout による，いわゆる足になる投票として知られているところのものである。

Tiebout は，大旨以下の如き仮定の下に，その主張を展開している。[3]
1) 十分な配当所得等をもち，就業機会の如き要因には束縛されず，個人（消費者でもあり投票者でもある）は，最大限望ましいと考える地方公共財，利用可能なサービスを求め自由に移動し，自治体を選択する。
2) 個人が選択，生活する，選好の多様性を満たす十分多くの自治体が存在する。
3) 個人は，各自治体の歳入と歳出パターンの違い等について十分なる情報，知識を有している。
4) 自治体間の外部経済，外部不経済は存在していない。
5) 自治体の地方公共財，サービスパッケージに関して，最小平均費用で供給がなされる最適な自治体規模がある。
6) 自治体は，最適な状態で，その構成人数を一定に保とうと努める。

これらの前提条件の下では，市場メカニズムに代って，人々の移動という，いわば足による投票のメカニズムが働く結果，地方公共財の効率的提供量達成が促進される事を示すのである。

関連してクラブ理論について触れておこう。クラブ理論は，J. M. Bucha-

---

3) Tiebout, C. M. "A Pure Theory of Local Expenditure," *Journal of Political Economy*, vol. 64, 1956, pp. 416–424 参照。

nan によって主張され，地方公共財は，その行政区域内では非競合性がある事から，地方公共財を或るクラブ財に見立てた時，最適な構成人員と効率的供給条件とは，如何なるものとなるのかについて考察したものである。[4]

すなわち，いま当該施設規模は $\overline{G}$ で所与であるとする。利用者数 N が増えていく状況を考えるとメンバーが増えていくと各利用者の便益は減少するであろうから，全体の便益 TB は，図6.9の TB の如くになるであろう。

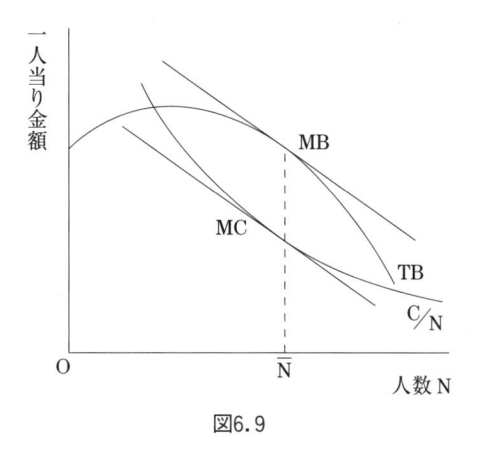

図6.9

TB 曲線の傾きは，追加的利用者からの限界便益 $MB=d(TB)/dN$ で，これは混雑現象を表わしてもいるのでマイナスで，限界混雑費用ともいえよう。

N 個人がいると，1人の追加的利用者増加によって N 人総ての便益は，$N\cdot(MB)$ 分減少する事になる。他方，総費用 C は総ての利用者で等分に負担されるとすると各個人の費用は，C/N となる。$\overline{G}$ は所与なので，C/N は，図6.9の如き双曲線となるであろう。C/N の傾きは，追加的利用者が加わる時の各個人への費用の変化分であり，限界費用 MC といえる。

追加的利用者の費用分担により，他の人の費用負担は減るから，MC はマイナスである。具体的には，各個人の費用負担は，C/N であったから，$MC=d(C/N)/dN=-C/N^2$ となる。

1人当たりにとっての純便益は，$TB-C/N$ が最大化している時，最大となるから，

$$d(TB)/dN-d(C/N)dN=O$$

---

4) Boadway, R. W. & Wildasin, D. E. *Public Sector Economics*, Second ed, Little Brown, 1984, pp. 96-98 参照。

より $MB=MC$ が得られる。つまり $MB=-C/N^2$ 或いは，$-N\cdot MB=C/N$ の時，最適利用者数が得られる事となる。

C/N は，現在の利用者にとって，追加的利用者が，その負担を下げてくれる追加的便益であり，一方，$-N\cdot MB$ は総ての利用者へ課せられる，追加的利用者の機会費用つまり限界混雑費用である。これらが等しい時，最適な利用者数となり図6.9では，$\overline{N}$ となる。

他方，この条件式は，任意の施設規模 $\overline{G}$ での供給水準に関して導出されるが，最適供給は，最適な規模水準と最適な利用者数双方から得られるであろう。

最適な規模水準については，周知の Samuelson 条件，ここでは，$N\cdot (MRS)=MRPT$ が，満たされる必要がある。クラブ財（地方公共財）供給の限界費用は一定であるとすると，規模或いはその産出水準 G として，総費用 $C=G\cdot (MRPT)$ となる。すると，$C=G\cdot (MRPT)=G\cdot N\cdot (MRS)$ より $C/N=G\cdot (MRS)$ を得，先の最適人数条件式を援用すると

$$C/N=G\cdot (MRS)=-N\cdot (MB)$$

を得る。

この式の C/N は，いわば1人当たりの tax price で，これが規模或いは産出水準と各個人の限界代替率との積に等しく，クラブ財（地方公共財）が最適に供給されている事を示し，また C/N は，各利用者によって課せられる限界混雑費用 $-N\cdot (MB)$ に等しく，各利用者の純便益は最大化しているので先にみた通り最適な利用者数が，得られている事になる。

以上の如く，クラブ理論は，いわば地方公共財提供に関する最適な規模とその効率的供給条件について有益な示唆を与えるものとなっているのである。

勿論，現実的には，完全情報ではないし，自治体選択に多くの制限があろうし，自治体も最適規模人口を維持しているわけでもない。ゾーニングの如き規制以外，参入者を除外出来ないであろうし，人々は気候等から特別な地域に集中するという事も生じるであろう。そして，より少ない人口地域では，地方公共財の負担費用が高くなり，人々は去り，地域の過疎化や非効率性が

発生しうる。

　自治体間のスピル・オーバー効果もあるであろうし，自治体が住民の正確な選好を把握し政策化する際の情報問題もある。

　しかし，それでも足による投票やクラブ理論の考え方は，何故，どの様にして自治体が形成されるべきなのか，自治体の財政政策と人口移動，自治体間の関係の或る局面を説明し，また自治体の供給する地方公共財に関する最適規模や効率性についての有用な基礎理論を提供しているといえるであろう。

6.4　補助金の経済効果と問題点[5]

補助金の経済効果

　先に触れた如く，国から地方自治体へ地方交付税，国庫支出金という形で多くの財源が配分されている。これらは，どの様な効果を持つのであろうか，ここではこれを考えてみよう。

　いま図6.10に a, b 二つの自治体の或る地方公共財 G の需要関数が各々，$D_a=\Sigma(MRS)_a, D_b=\Sigma(MRS)_b$，で与えられているとする。もしも，国が，この様な財を提供するとすれば，恐らく一律の水準つまり D_a と D_b の平均的な需要を標準的需要 $\overline{D}$ と想定するであろう。

　単純化の為，限界費用を一定とし，これは両自治体同一とする。図6.10では，横軸と平行な MRT と表わされている。

　国による供給水準は一律 $\overline{G}$ となるが，自治体 a にとっては，G_a が，b にとっては G_b が望ましい均衡量であるから，自治体 a には dbe 部分の厚生損失を生じさせ，b には cdg 部分の死荷重を与える事になり，これは効率性からみて問題である。

　従って国よりも各自治体に供給を任せた方がよいであろう。しかし，自治

---

[5]　Bruce, N. 前掲書，pp. 153–160 及び，Boadway, N. W. & Wildasin, D. E. 前掲書，pp. 518–522 そして Rosen, H. S. *Public Finance*, International Edition sixth ed., McGraw-Hill Irwin, 2002, pp. 497–502 参照。

図6.10

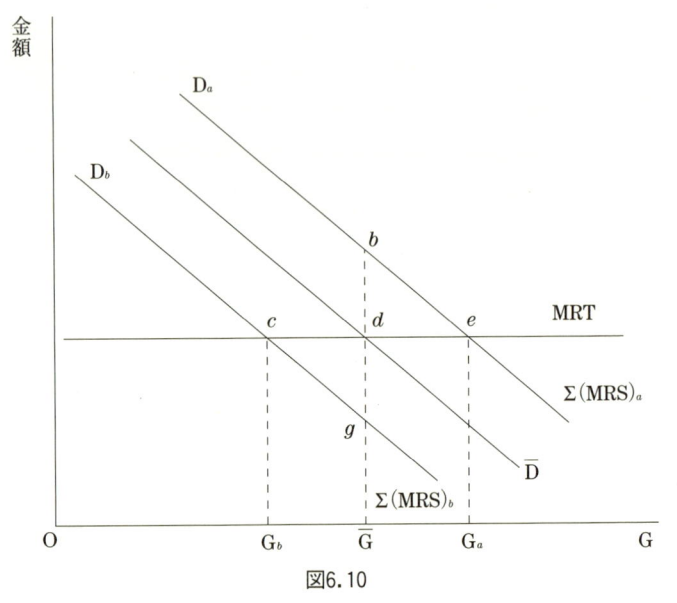

体には十分なる財源がないとすれば，国は財源上の手当てを考えねばならないであろう。

　地方交付税は，その使途は自由であり時に一般補助金（unconditional grant, noncategorical grant）と呼ばれたりする，他方国庫支出金は，使途が特定化されているので特定補助金（conditional grant, categorical grant）といわれる。

　単純化して，もしも自治体の中間投票者の無差別曲線は，通常の消費者のそれと同様なものであるとして，一般補助金と単価補助の特定補助金の効果について見てみると，図6.11の如くになる。

　当初の自治体の予算線は AB で均衡点はⅠで効用水準は U_0 である。G に対する特定補助金により予算線は，AC となり均衡点はⅡで確かに，地方公共財供給は増えて，効用水準も U_1 へと高くなっている。しかし，この特定補助金と同額の一般補助金が与えられた時には，予算線は DE となり均衡点はⅢで，地方公共財は，Ⅱ程ではないが，Ⅰより増えており，効用水準は

特定補助金ケースより高い U_2 となるのである。

従って，同額の補助金ならば，一般補助金の方が，地域の効用水準を高めるので望ましいという事になるであろう。

では，いつでも一般補助金の方が望ましいのであろうか。これは必ずしもそうではないのである。

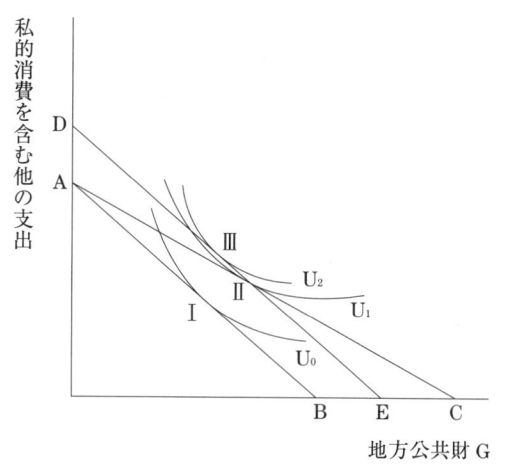

いま自治体 a, b 間にスピル・オーバー効果があるとしよう。自治体 a が行う公的支出の効果が，自治体 b の住民にも便益を与えていて，a, b 自治体住民の各々の集合的便益を $(MB)_a, (MB)_b$ と表わし，この活動の限界費用を MC と表わす。

すると，この支出の効率的水準は，

$$(MB)_a + (MB)_b = MC$$

で決められる事になろう。

自治体 a の地域住民の為の効率的支出水準は，$(MB)_a = MC$ でよいのだから，b 自治体住民に与えている便益分は，国が特定補助金で補助を行う事が望ましい。つまり，その分限界費用を下げて，$MC - (MB)_b$ とすれば地域全体で最適な供給条件，$(MB)_a = MC - (MB)_b$ を達成出来る事になる。具体的な補助分としては，$(MB)_b / [(MB)_a + (MB)_b]$ となるであろう。つまり，この補助の結果 MC は，$MC \cdot \{1 - (MB)_b / [(MB)_a + (MB)_b]\}$ となり，

$$(MB)_a = MC \cdot \{1 - (MB)_b / [(MB)_a + (MB)_b]\}$$
$$= MC \cdot (MB)_a / [(MB)_a + (MB)_b]$$

より $(MB)_a + (MB)_b = MC$ となるからである。

では一般補助金を使用するとすれば，どうなるであろうか。図6.12で見て

みよう。

　自治体 a の住民の予算線は AB で，均衡点は I であるが，スピル・オーバー効果をもたらすので，事実上 $\overline{G}$ 分の公的支出をなしているのと同じである。この分を特定補助金によって，補助率 BC/OC で，補助が行われるのが上のケースで，予算線は AC になり，均衡点は II で，効用水準は高まっている。

　もしも，一般補助金で $\overline{G}$ 分の公的支出の補助を行うとすれば，予算線は ED となり，均衡点は III で，効用水準も高くなる。しかし，国としては，特定補助金なら II IV 額で間に合うが，一般補助金ならば，III IV 額の補助をしなければならなくなってしまう，つまり中央政府にとっては，より費用が掛り，非効率的である。

　従って，この様な場合には，一般補助金よりも，特定補助金の方が望ましいという事になる。

　勿論，こうした場合，a, b 自治体の了解の下での合併により，補助金も不要で効率性が達成される可能性もある。

　いずれにせよ，中央政府から地方政府への補助金の有り方は，補助金の与えられる目的に依存するという事になろう。もしも，その目的が，地方政府の公的支出の特別なタイプを促進する事や外部性，スピル・オーバー効果の内部化にあるなら，特定補助金が適当である。もっとも，補助率は，上にみた如く限界的スピル・オーバーの大きさに依存するが，実際上，中央政府が，どの程度それを正確に捕捉しうるのかの問題は残る。

　他方，地方政府への財源保障や調整の為の事実上のトランスファーという目的の場合には，一般補助金が適当であるといえよう。

　以上が，補助金についての基本的な有り様という事になるが，以下では更にタイプの異なる補助金の効果等についても見てみる事にしよう。

　一般補助金は図6.11の如く，自治体の地方公共財の限界費用を変化させず，予算線を右へシフトさせる。つまり所得効果が働き，均衡点は I から III へ動く，その結果，地方公共財の供給が増え，また私的消費も増えている。これ

は補助金の一部が減税に回されたからである。勿論，減税の代わりに他の公的支出増加もあり得る。

私的財，地方公共財共に正常財とすると，この効果の程度は，それらの所得弾力性に依存する事になろう。例えば，もしも所得弾力性が1なら，そしてこの地域所得の20％を自治体支出が占めると，一般補助金の20％は地方公共財へ支出され，残りの80％は減税へ回されるという事になるわけである。

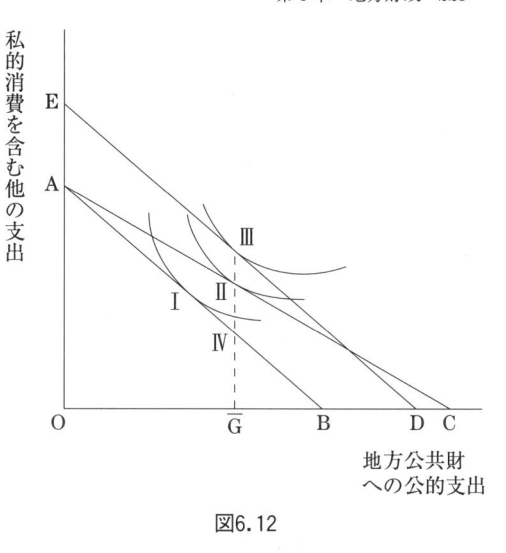

図6.12

特定補助金は，定額補助金（block grant, nonmatching grant）と定率補助金（matching grant）に分けられる。

定額補助金は，一定額の，持出し財源なしの補助金で，使途は特定化されている。図6.13(a)の様に，予算線は AB から，$AA'B'$ の如くシフトし，均衡点はⅠからⅡへ動き，地方公共財は増加する。

定率補助金は，自治体の特定化された地方公共財 G の限界費用を下げるので，予算線はより平らとなる。図6.13(b)の如く，予算線は，AB から AB' へと変化する。均衡点はⅠからⅡとなり，地方公共財供給は増えて，また私的消費，他の財への支出も高める事が分る。

いま，特定化された地方公共財について自治体が自らの財源より200円支出する時，国が100円の補助金を与えると補助率は1/2という事になる。この時，この補助金を受け取った自治体は，自らの200円の費用で，全体として300円の支出を行う事が出来るのである。住民の，この地方公共財の tax price は補助以前のそれを100円とすると補助金交付後は，100円×(2/3)で

図6.13

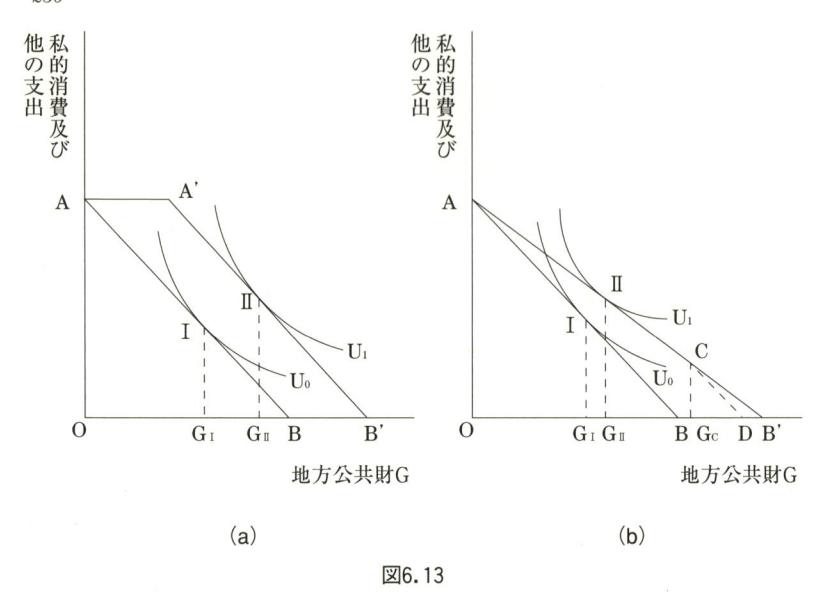

(a) 縦軸: 私的消費及び他の支出、横軸: 地方公共財G
(b) 縦軸: 私的消費及び他の支出、横軸: 地方公共財G

約67円と下るのである。一般的に、補助率を m とすると住民の tax price は100円につき $1/(1+m)$ となる。

図6.13(b)の予算線 AB' の傾きは、もしも補助率 m とすると（予算線 AB の傾き）$\times 1/(1+m)$ となるのである。

また、この場合の特定補助金は、自治体が図6.13(b)の OB' 迄、地方公共財を供給するのを補助しているが、この様な補助金は上限無或いは制限無し特定補助金（open-ended matching grant）と呼ばれている。

しかし、多くの場合、補助金には制限がある。この場合には上限有或いは制限付き特定補助金（closed-ended matching grant）といわれ、図6.13(b)で C 点迄は、補助をするが、G_c 以上の地方公共財供給については、補助がなされないので CD の傾きは、元の予算線 AB の傾きに一致してしまうのである。従って、この時 G_c 以上については、定額補助金と同様な効果をもたらす事になる。もしも、補助金の目的が、自治体間のスピル・オーバーの内部化にあるなら、上限無、制限無し特定補助金の方が望ましいという事に

なろう。

補助金の問題点

以上の如く，補助金は，その効果を踏まえた適切な運用のなされる事が望ましいが，現在，様々な問題点が指摘されている。

まず，補助金も政治的意思決定によるので選挙区に関係する政党，政治家，族議員の，必ずしも地域全体の利益とはならない，票や政治献金がらみの部分的利益誘導のプロセスによって，地方に補助金がもたらされる結果，国，地方政府にとっても非効率性が生じている可能性がある点である。[6]

また，いわゆる補助金の超過負担問題もある。補助金交付の際の，その単価，数量，対象について，国の標準と地方の実態とのずれがあり，補助金をもらっても更なる財源持ち出しとなってしまうという問題である。もっとも国による是正措置もとられているところではあるが，十分なる補正ではないとの指摘もある。

所管省庁の縦割補助金による二重投資そして零細補助金についての自治体の，申請，事業報告書等に関する事務負担の費用対効果からみた非効率性もある。

この様な問題の解決として，補助金を一括一般補助金化する方向が考えられるが，現実的には，昭和50年以降一般補助金たる交付税に，自治体の建設地方債の償還財源の補填をさせる方式がとられている。これでは交付税の本来の財源の調整，保障という機能は損われてしまうであろう。

次に，一般補助金について生じる，いわゆるフライペーパー効果（flypaper effect，蠅取り紙効果）について触れておこう。

図6.14に於いて，いま一般補助金が交付される事で，予算線は AB から

---

[6] 小林良彰「公共支出に於ける政治家行動力—地方自治体財政に於ける政治的ノイズの計量分析」，金本良嗣，宮島洋編『公共セクターの効率化』東京大学出版会，1991，第1章及び土井丈朗『地方財政の政治経済学』東洋経済新報社，2000，第3章「国庫支出金分配と政権与党の関係」参照。

図6.14

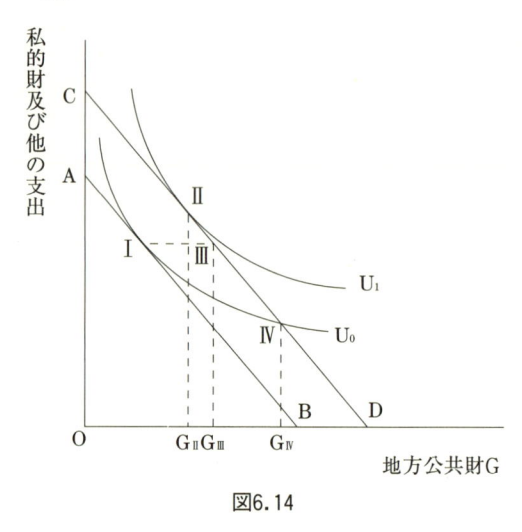

縦軸: 私的財及び他の支出 / 横軸: 地方公共財G

CD へとシフトする。均衡点はⅠからⅡとなり，地方公共財 G は増え，また減税による私的消費も増えている。もしも，補助金と同額の国税減税がなされても，同じ均衡点が得られるであろう。これは，時に Bradford－Oates の等価定理と呼ばれる。ところが，米国での実証分析では，一般補助金のこの様な効果は得られず，むしろ，減税分に回らず，地方公共財の G_{II} より大なる供給となっている現象を，あたかも蠅が，蠅取り紙にぶつかり，くっついてしまう様に，トランフアーされた補助金が，何らかの理由で，ぶち当ったところにくっついてしまい最適な状態から，ずれてしまう意味でフライペーパー効果と呼ぶのである。

その何らかの理由について諸説があるが，ここでは，以下の主張を挙げておこう。[7] ひとつは，中間投票者が情報の不完全性により補助金増による tax price 下落と受け取るか，現行の tax price に慣らされ，これが不変で地方公共財増となる状況を受け入れているという，いわば財政錯覚によるものである。

この場合，均衡点はⅢで，地方公共財は G_{III} となるであろう。

いまひとつは，自治体の官僚の予算最大化行動により，補助金交付後も，地域の経済的厚生を悪化させねばよいと考え，地方公共財供給を増加させるというものである。[8]

---

7) Bruce, N. 前掲書, pp. 161–163 参照。

こうした場合，均衡点はIVとなり，地方公共財は，G_{IV}となるのである。

我が国の，とくに都市財政についての実証分析でも，地方交付税が固定資産税収より多い交付団体等にフライペーパー効果が認められるという研究結果も得られている。[9]

勿論，ここでの中間投票者の効用関数の前提や地方の補助金をめぐる政治的過程の解明等の問題もあり，今後の研究成果に俟つところが大きいが，例え一般補助金交付であっても，最適な地方公共財供給とならない恐れのある点を理解しておく事は必要であろう。

補助金問題については，国の家父長的意識，制約が指摘されるが，自治体についても，ややもすれば補助事業を優先化し，補助金がつかないと事業を行えない，いわゆる補助金待ちの行財政運営の姿勢も，また問題であると云わねばならない。

先に触れた如く，地方分権一括法で，一応の事務配分の整理が行われ，現在，国庫補助負担金，交付税，税源移譲を含む財源配分のあり方の，いわゆる三位一体での検討も始っている。こうした中で，自治体としては，まず国による最低限の財源の保障と調整の下で，受益と負担について，本来の自治の確立を目指さなければならない。そして一方では，国を含む税等の負担構造の改革や他方では，自らの歳出の効率化を通して，財政運営の自立性を高める努力も，また求められるという事になるであろう。[10]

---

8) Rosen, H. S. 前掲書, pp. 502-503 及び Filmon, R., Romer, T. & Rosenthal, H. "Asymmetric Information and Agenda Control : The Bases of Monopoly Power and Public Spending", *Journal of Public Economics*, 17, 1982, pp. 51-70 参照。
9) 土居丈朗「日本の都市財政におけるフライペーパー効果」(大蔵省財政金融研究所『フィナンシャル・レビュー』第40号, 1996, pp. 95-119) 及び土井丈朗, 前掲書, 第4章「都市財政におけるフライペーパー効果とスピルオーバー効果」参照。
10) これからの地方財政のあり方及び地方財政改革については，総合研究開発機構「地方分権下の地方財政—真の自立への提言」(『NIRA 政策研究』Vol. 13, No. 9, 2000), そして本間正明, 斉藤愼編『地方財政改革—ニュー・パブリック・マネジメント手法の適用』有斐閣, 2001参照。

参考文献

● 和文文献

1 赤井伸郎，鷲見英二，吉田有理『バランスシートでみる日本の財政』日本評論社，2001。
2 足立英之「日本経済の構造変化と裁量的政策の有効性」，貝塚啓明編『財政政策の効果と効率性―サスティナビリティを求めて』東洋経済新報社，2001，第1章，pp.11-36.
3 石弘光『財政構造の安定効果―ビルト イン スタビライザーの分析』勁草書房，1976。
　　〃 『財政理論』有斐閣，1984。
4 稲垣光隆編『図説日本の税制』平成14年版，財経詳報社，2002。
5 稲田献一『新しい経済学』日本経済新聞社，1965。
6 井堀利宏『財政』岩波書店，1995。
　　〃 『財政学第2版』新世社，1997。
　　〃 『公共経済学』新世社，1998。
　　〃 ，土居丈朗『財政読本第5版』東洋経済新報社，2000。
7 太田清「財政政策の有効性は低下してきたのか―公共投資拡大論と公共投資有効性低下論」，『郵政研究所月報』1995．7（上），pp.99-105，1995．8（下），pp.89-93。
8 大野栄治編著『環境経済評価の実務』勁草書房，2000。
9 奥野信宏『公共経済学』岩波書店，1996。
10 岡本全勝『地方交付税―仕組みと機能』大蔵省印刷局，1995。
11 貝塚啓明，館龍一郎『財政』岩波書店，1973。
　　〃 編『財政政策の効果と効率性―サスティナビリティを求めて』東洋経済新報社，2001。
　　貝塚啓明『財政学』東京大学出版会，1988。
　　貝塚啓明，石弘光，野口悠紀雄，宮島洋，本間正明編『シリーズ現代財政(1)，

(2), (3), (4)』有斐閣, 1990。
12　川北力編『図説日本の財政』平成15年度版, 東洋経済新報社, 2003。
13　川瀬雄也『公共部門と経済的厚生』新評論, 1996。
14　北村恭二編著『国債』金融事情研究会, 1979。
15　経済企画庁『経済白書』平成6年版, 1994。
　　経済企画庁調査局編『政策効果分析レポート2000』2000。
16　河野一之『新版予算制度』第2版, 学陽書房, 2001。
17　木村元一『近代財政学総論』春秋社, 1958。
18　小林良彰「公共支出における政治家行動力—地方自治体財政における政治的ノイズの計量分析」, 金本良嗣, 宮島洋編『公共セクターの効率化』東京大学出版会, 1991, 第1章, pp.33-52。
19　佐伯胖『きめ方の論理』東京大学出版会, 1980。
20　財務省財務総合政策研究所編『財政金融統計月報　租税特集号600』2002。
21　柴田弘文, 柴田愛子『公共経済学』東洋経済新報社, 1988。
22　柴田護『地方財政のしくみと運営』改訂版, 良書普及会, 1975。
23　新庄浩二「自然独占と規模の経済性」, 植草益編『講座・公的規制と産業①　電力』NTT出版, 1998, 第2章, pp.65-87。
24　杉山章三郎『財政法』新版, 有斐閣, 1982。
25　鈴木光男『計画の論理』東洋経済新報社, 1975。
26　総合研究開発機構『NIRA政策研究』vol.13, No.9, 2000。
27　総務省編『地方財政白書』各年度版。
28　高山憲之『年金の教室』PHP研究所, 2002。
29　館龍一郎「国債管理政策と金融政策」, 館龍一郎, 小宮隆太郎, 鈴木淑夫編『国債管理と金融政策』日本経済新聞社, 1968, 第6章, pp.157-177。
　　　　〃　「国債管理(6)」,「財政Ⅶ, 4, 公債」,『経済学大辞典Ⅰ』, 東洋経済新報社, 1980, pp.722-728。
30　第一勧銀総合研究所『世界の経済・財政改革』東洋経済新報社, 2001。
31　地方財政研究会編集『やさしい地方財政』ぎょうせい, 1996。
32　常木淳『公共経済学　第2版』新世社, 2002。
33　土居丈朗「日本の都市財政におけるフライペーパー効果」, 大蔵省財政金融研究所『フィナンシャル・レビュー』第40号, 1996, pp.95-119。
　　　　〃　「我が国における国債管理政策と物価水準の財政理論」, 経済企画庁経済研究所編『財政赤字の分析：中長期的視点からの考察』大蔵省印刷局, 2000, 第5章, pp.169-202。

〃　『地方財政の政治経済学』東洋経済新報社，2000。
34　内閣府政策統括官編「分析2　海外諸国における経済活性化税の事例について」，『政策効果分析レポート2002』2003，pp.127-294。
35　中里透「課税平準化仮説と日本の財政運営」，経済企画庁経済研究所編『財政赤字の経済分析：中長期的視点からの考察』大蔵省印刷局，2000，第2章，pp.37-61。
〃　「財政運営における『失われた10年』」，岩田規久男，宮川努編『失われた10年の真因は何か』東洋経済新報社，2003，第4章，pp.115-132。
36　中村英雄編，道路投資評価研究会著『道路投資の社会経済評価』東洋経済新報社，1997，第16〜19章，pp.315-387。
37　中谷巌『入門マクロ経済学　第4版』日本評論社，2000。
38　永長正士編『図説日本の税制』平成15年度版，財経詳報社，2003。
39　長峯純一，片山泰輔編著『公共投資と道路政策』勁草書房，2001。
40　日本銀行金融研究所編『新しい日本銀行―その機能と業務』有斐閣，2000。
41　野口悠紀雄『公共経済学』日本評論社，1982。
〃　『公共政策』岩波書店，1984。
42　八田達夫，小口登良『年金改革論』日本経済新聞社，1999。
43　林宏昭，永久寿夫編著『世界はこうして財政を立て直した』PHP研究所，2001。
林宏昭，橋本恭之『入門地方財政』中央経済社，2002。
44　林栄夫『財政論』筑摩書房，1968。
45　堀雅博，鈴木晋，萱園理「短期日本経済マクロ計量モデルの構造とマクロ経済政策の効果」，『経済分析』第157号，経済企画庁経済研究所，1998。
46　本間正明編『ゼミナール現代財政入門』日本経済新聞社，1994。
本間正明，黒坂佳央，井堀利宏著『財政』有斐閣，1988。
本間正明，斎藤慎編『地方財政改革―ニュー・パブリック・マネジメント手法の適用』有斐閣，2001。
47　三井清，太田清編著『社会資本の生産性と公的金融』郵政研究所研究叢書，日本評論社，1995。
48　吉野直行，中島隆信『公共投資の経済効果』日本評論社，1999。
49　米原淳七郎『地方財政学』有斐閣，1977。

● 欧文文献

1　Arrow, K. J. *Social Choice and Individual Values*, John Wiley, N. Y., 1951.（『社会的選択と個人的評価』長名寛明訳，日本経済新聞社，1977）

2   Atkinson, A. B. "On the Measurement of Inequality", *Journal of Economic Theory*, Vol. 2, 1970, pp. 244-263.

   Atkinson, A. B. & Stiglitz, J. E. *Lectures on Public Economics*, McGraw-Hill International editions, 1980.

   Atkinson, A. B. & Stern, N. H. "Pigou Taxation and Public Goods", *Review of Economic Studies*, vol. 41, 1974, pp. 119-128.

3   Baldani, J., Bradfield, J. & Turner, R. *Mathematical Economics*, The Dryden Press, 1996.

4   Bishop, R. L. "Effects of Specific and Ad valorem Taxes", *Quarterly Journal of Economics*, vol. 82, 1968, pp. 198-218.

5   Boadman, A. E., Greenberg, D. H., Vining, A. R. & Weimer, D. L. *Cost-Benefit Analysis : Concept and Practice*, Second ed., Prentice Hall, 2001.

6   Boadway, R. W. & Wildasin, D. E. *Public Sector Economics*, Second ed., Little, Brown and Company, Boston, Toront, 1984.

7   Bohm, P. *Social Efficiency : A Concise Introduction to Welfare Economics*, Macmillan, 1984.

8   Bohn, H. "The Behavior of U. S. Public Debt", *Quarterly Journal of Economics*, vol. 113, Aug. 1998, pp. 949-963.

9   Brent, R. J. *Applied Cost-Benefit Analysis*, Edward Elgar, 1996.

10 Brown, C. V. & Jackson, P. M. *Public Sector Economics*, Martin Robertson, 1978. (『公共部門の経済学』大川政三, 佐藤博監訳, マグロウヒル好学社, 1982)

11 Browning, E. K. "The Marginal Cost of Public Funds ", *Journal of Political Economy*, vol. 84, no. 2, 1976, pp. 283-298.

12 Bruce, N. *Public Finance and the American Economy*, Addison-Wesley, 1998.

13 Cagan, P. "A Partial Reconciliation between Two Views of Debt Management", *Journal of Political Economy*, vol. 74, Dec. 1966, pp. 624-628.

14 Colm, G. *Essays in Public Finance and Fiscal Policy*, Oxford Univ. Press, 1955. (『財政と景気政策』木村元一, 大川政三, 佐藤博共訳, 弘文堂, 1957)

15 Cuthbertson, K. & Taylor, M. P. *Macroeconomic Systems*, Oxford : Basil Blackwell, 1987.

16 Davis, O. A., Dempster, M. A. H. & Wildavsky, A. "A Theory of Budgetary Process", *American Political Science Review*, vol. 60, Sep. 1966, pp. 529-547.

17 Domar, E. D. *Essay in the Theory of Economic Growth*, Oxford Univ. Press, New York, 1957. (『経済成長の理論』宇野健吾訳, 東洋経済新報社, 1966, 第9刷)

18 Filmon, R., Romer, T. & Rosenthal, H. "Asymmetric Information and Agenda Control: The Bases of Monopoly Power and Public Spending ", *Journal of Public Economics*, Vol. 17, 1982, pp. 51-70.
19 Hamilton, J. D. & Havin, M. A. "On the Limitations of Government Borrowing : A Framework for Empirical Testing", *American Economic Review*, vol. 76, no. 4, Sep. 1986, pp. 808-819.
20 Harberger, A. C. "The Incidence of the Corporation Income Tax", *Journal of Political Economy*, vol. 30, no. 3, Jun. 1962, pp. 215-240.
21 Hoy, M., Livernois, J., McKenna, C., Rees, R. & Stengos, T. *Mathematics for Economics*, Second ed., The MIT Press, Cambridge, 2001.
22 Jha, R. *Modern Public Economics*, Routledge, 1998.
23 Johansen, L. *Public Economics*, North-Holland, 1965. (『公共経済学』宇田川璋仁訳, 好学社, 1970)
24 Just, R. E., Hueth, D. L. & Schmitz, A. *Applied Welfare Economics and Public Policy*, Prentice-Hall, Englewood Cliffs, 1982.
25 Kotlikoff, L. J. *Generational Accounting*, The Free Press, New York, 1992. (『世代の経済学』香西泰監訳, 日本経済新聞社, 1993)
26 Kydland, F. E. & Prescott, E. C. "Rules Rather than Discretion : The Inconsistency of Optimal Plans", *Journal of Political Economy*, vol. 85, no. 3, 1977, pp. 473-491.
27 Layard, R. & Glaister, S. eds. *Cost-Benefit Analysis*, Second ed., Cambridge Univ. Press, 1994.
28 Leeper, E. M. "Equilibria under 'active' and 'passive' monetary and fiscal policies", *Journal of Monetary Economics*, Vol. 27, 1991, pp. 129-147.
29 Marglin S. A. "The Opportunity Costs of Public Investment", *Quarterly Journal of Economics*, vol. 77, 1963, pp. 274-289.
30 Margolis, J. & Guitton, H. *Public Economics*, Mcmillan, 1969.
31 McNutt, P. A. *The Economics of Public Choice*, Edward Elgar, 1996.
32 Musgrave, R. A. *The Theory of Public Finance : A Study in Public Economy*, McGraw-Hill, New York & London, 1959. (『財政理論』I, II, III, 木下和夫監修, 大阪大学財政研究会訳, 有斐閣, 1963)

Musgrave, R. A. & Musgrave, P. B. *Public Finance in Theory and Practice*, McGraw-Hill, New York, 1980. (『財政学—理論, 制度, 政治』I, II, III, 木下和夫監修, 大阪大学財政研究会訳, 有斐閣, 1983～84)
33 Niskanen, W. A. Jr. *Bureaucracy and Public Economics*, Edward Elgar, 1994.

34 Ott, D. J., Ott, A. F. & Yoo, J. H. *Macroeconomic Theory*, McGraw–Hill Kogakusha, LTD, 1975.
35 Rawls, J. A. *A Theory of Justice*, Harvard Univ. Press, 1971. (『正義論』矢島鈞次監訳, 紀伊國屋書店, 1979)
36 Rolph, E. "Principles of Debt Management", *American Economic Review*, Vol. 47, Jun. 1957, pp. 302–320.
37 Rosen, H. S. *Public Finance*, 6th ed., McGraw–Hill / Irwin, 2002.
38 Sen, A. K. *Collective Choice and Social Welfare*, San Francisco Holden Day, 1970.
39 Shoven, J. B. & Whalley, J. "A General Equilibrium Calculation Effects of Differential Taxation of Income from Capital in the U. S.", *Journal of Public Economics*, Vol. 1, 1972 , pp. 281–321.
40 Stern, N. H. "On the Specification of Model of Optimum Income Taxation", *Journal of Public Economics*, Vol. 6, 1976, pp. 123–162.
41 Stiglitz, J. E. *Economics of Public Sector*, Norton, 1986. (『公共経済学』藪下史郎訳, マグロウヒル好学社, 1989)
42 Tiebout, C. M. "A Pure Theory of Local Expenditure", *Journal of Political Economy*, vol. 64, 1956, pp. 416–424.
43 Tinbergen, J. *On the Theory of Economic Policy*, North–Holland, Amsterdam, 1955. (『経済政策の理論』気賀健三, 加藤寛訳, 巌松堂, 1956)
44 Wildavsky, A. *The Politics of the Budgetary Process*, Little Brown & Company, 1964.
45 Willig, R. D. "Consumer's Surplus without Apology", *American Economic Review*, vol. 66, no. 4, Sep. 1976, pp. 589–597.

事項索引

ア 行

IS‐LM 分析　43, 58, 187
IS カーヴ　43, 45, 46, 48, 50, 51, 58, 59, 60, 61, 62, 63, 187, 188, 189
ISTEA（米，総合陸上交通効率化法）　74
逢い引きのジレンマゲーム　91
アヴェーラビリティ理論　179
アカード（accord）　179
赤字政策　193, 194
足による投票　222, 225
圧力団体　77, 82, 83, 88, 89
アトキンソン（Atkinson）指数　30, 31
維持補修費　207
遺族国庫債券　172, 173
依存財源　208
委託費　215
一時借入金　171
一部事務組合　201
一括移転支出　143
一括固定税　125, 126
一般会計（予算）　67, 176, 177, 201, 211
一般財源　208, 214, 216, 217
　──収入額　212
　──割合　214
一般政府固定資本形成　96
一般政府総支出対 GDP　97
依頼人　87
医療サービス　99
医療保険　97, 98, 99, 100
印紙収入　130, 131
印紙税　130
インフラ整備　97
インフレーション　182
　──率　39, 54, 55, 183
AS カーヴ（総供給関数）　50, 51, 53
永久債　187
エイジェンシー化　76
エイジェンシー・コスト問題　87

衛生費　203
AD カーヴ（総需要関数）　50, 51, 53
X─非効率性　86, 99
NPM（新公共経営）　77
エネルギー対策費　95
エムベディング・エフェクト（embedding effect）　116
沖縄振興開発金融公庫　67
押しのけ（crowding out）　48
　──効果　105, 189, 190,
乙号　66
恩給関係費　95

カ 行

買オペ　180, 190
会計検査院　91
会計法　65
外国為替資金証券　172
外国債　191
概算閣議　69
概算要求　69
外部貨幣供給量　188
外部経済　21, 22, 222
　──効果　15, 21
外部性　228
外部費用　81
外部不経済　21, 22, 23, 24, 25, 222
確実性等価価値　121
確定拠出型年金　102
獲得票最大化　85
核燃料税　211
額面利率　177
陰の価格　113, 115, 153
課税
　──客体　143
　──権　9, 196
　──システム　124, 125
　──対象減価償却控除率　153
　──の公平性　133

242

――の十分性　133
　――のタイミング　193
　――の弾力性　133
　――の普遍性　133
　――の便宜性　133
　――の明確性　133
　――標準　134
　――ベース　76, 152
　――・補助金政策　22, 23
仮想価値評価法　116
加速償却　154, 155
貨幣需要の所得反応度　47, 104
貨幣需要の利子反応度　47, 104
貨幣乗数　44
貨幣の流通速度　190
借換債　172, 177
カルドア（Kaldor）の基準　35, 36
款　66
環境関連税　76
環境権　24, 25
関税　130
間接税　129, 130, 133, 134, 147
間接的コスト　166
間接的便益　116
完全競争市場　10, 14
感度分析　119
管理特別会計　67
元利償還　209
官僚
　――組織　85, 86, 87, 88
　――の行動　85
　　家父長的――　86
　　政治的――　86, 88
寒冷補正　212
機会費用　113, 118, 152, 160, 221, 224
企業会計原則　152
企業持分価値　152
危険回避者　34
危険回避的行動（選択）　120, 121
起債制限比率　218
技術の外部経済　21
基準財政収入額　212, 214
基準財政需要額　212, 214, 217
議定科目　66

基礎的財政収支　198
基礎年金制度　101
期待　43
　――形成　54, 56
　――効用　120
　――値　121
　――便益　121
　――利得　90, 92
帰着　148, 149, 151
既発債　177, 178
揮発油税　130, 214
規模の経済　18
義務的経費　68, 205
逆選択　26
逆弾力性ルール　142
キャッシュ・フロー　152, 156, 158
キャップ（cap）　77
キャピタル・ゲイン　157, 164, 165
　――課税　131, 164, 165
キャピタル・ロス　153, 165, 180
教育費　205, 212
共済年金　98
強制獲得経済　9
行政指導　89
行政事務分担　203
共同税　220
均衡予算（定理）　47, 193
金銭的外部経済　21
均等犠牲　132
金融政策　42, 43, 46, 47, 48, 51, 53, 58, 59, 60, 63, 179, 180
近隣窮乏化政策　62
勤労所得課税控除　144, 145
クラブ理論　223, 224, 225
グラム＝ラドマン＝ホリングス法　76
繰上充当金　207
繰越明許費　66
繰出金　207
繰延債　172
景気政策　39, 103, 104, 186, 187
経済協力関係費　95
経済再建租税法　155
経済的減価償却率　155, 156
経済的厚生　17, 232

事項索引 243

形式収支　217
経常一般財源　216
経常移転収支　57
経常経費（経常的な経費）　209, 212, 216
経常財源　208, 209
経常収支　57, 105
　──比率　216, 219
継続費（──決算報告書）　66, 71
軽油引取税　211, 130
径路依存性　110, 112
ケインジアン（Keynesian）　39, 52, 190
　──ケース　51, 190
　──モデル　43, 104
　ニュー──　39, 52
　ポスト──　39
ゲーム理論　89, 93
　──的対応　56
決算　69, 71
　──委員会　72
　──上の剰余金　72
　──調整資金制度　72
　──報告書　71
検査官会議　71
検査報告書　71
顕示選好アプローチ　115
憲法　65
限界混雑費用　223, 224
限界純便益（限界的便益，限界便益）　22, 126, 88
限界所得税率　145
限界税率　143, 144, 145, 146, 167, 168
限界的コスト　155
限界的税負担　126, 139
限界的損失　22
限界費用価格形成原理　19
減価控除　156
減価償却　151, 153
　──率　152, 153, 156, 157
現金預金比率　44
減債制度　176
現在価値（割引）　101, 117, 118, 153, 156, 194, 196
現物給付　38
現物債　176

項　66
公営事業会計　202
　──内区分　202
公開市場操作　42, 46
航空機燃料税（航空機燃料譲与税）　130, 214, 215
甲号　66
Coase の考え方　23, 24
公共財（──供給）　15, 19, 20, 82, 86, 122, 123, 124, 125, 126, 127, 132
公共支出白書　75
公共事業（──費）　103, 107, 108, 109
　──関係費　95, 97, 103
公共選択学派　52
公共投資　76, 107, 108, 117, 118
　──基準　118
　──乗数（政府支出乗数）　92, 104, 105, 106
公共部門　109, 122
公債依存度　186
公債価格（──支持政策，管理政策）　177, 178, 180, 182
公債残高（──対国民所得比）　97, 103, 108, 180, 197, 198, 199
公債償還　107, 192
公債の中立命題　107, 193
公債費　205, 206, 207
　──比率　217, 218
厚生経済学
　──の第一命題　13
　──の第二命題　13
厚生損失　16, 133, 222, 225
公正取引委員会　17, 18
厚生年金　102
公正の原則　133
公定歩合　42, 46
公的財源の限界費用　139
公的年金　102
公的扶助　101
交付税　219, 220, 231, 233
　特別──　212
　普通──　212, 216, 217, 218
公平の原則　132
公募入札　174

――方式　105
高齢者医療制度　100
功利主義　31, 34, 144, 145, 146
合理的期待（――形成）　52, 53
ゴールデン・ルール　76
国債　171, 172, 173, 174, 175, 176, 177
　交付――　172, 176
　出資・拠出――　172, 173, 174, 176
　短期――　171, 173
　登録――　176
　普通――　172, 173, 174
　利付――　172, 173, 174, 175
　割引――　172, 173, 175
　――整理基金繰入れ　72
　――整理基金特別会計　176, 177
　――登録制度　176
　――の寄託　176
　――発行代り金　176
　――発行世話人会　175
　――発行等懇談会　175
　――費　97
　――振替決済制度　176
国際協力銀行　67
国際収支
　――の安定化　57
国税　129, 130, 220
国民皆年金・皆保険　98
国民経済計算上の区分　202
国民経済上の原則　133
国民健康保険　98
国民生活金融公庫　67
国民年金　68, 101
個人所得税　157, 158
個人退職勘定　161
国庫債務負担行為　66, 71
国庫支出金　215, 220, 225, 226
国庫内移換　71
国庫補助負担金　219, 233
固定資産税　130, 131, 210, 211, 215, 233
COBA（英，費用便益分析コンピュータプログラムマニュアル）　74
混合戦略　89
コントロール・トータル　76
コンプライアンス・コスト（compliance cost）166
コンベンショナル方式　175

サ 行

災害復旧事業費　104, 207
歳計剰余金　72
最終消費支出　96, 97
歳出決算報告書　71
最小徴税費の原則　132, 133
最適課税（――論）　141, 142, 143, 145, 147
最適線型所得税　143
最適税率　148
最適非線型所得税　145
歳入決算明細書　71
歳入債　172
歳入歳出予算　66, 68
歳入予算明細書　66
再分配　145
債務残高の対GDP比　186
債務負担行為（――額）　217, 218
裁量政策（裁量的政策）　39, 41
財源調整機能　214
財源配分　233
財政錯覚　232
財政障害　41
財政収支均衡法　76
財政政策　41, 43, 46, 47, 48, 51, 57, 58, 59, 60, 61, 62, 63, 182, 187, 225
　――上の原則　133
財政投融資（――計画）　67, 68, 109
　――資金特別会計　68
財政法　65, 171, 173, 174, 177
財政力指数　213, 214
財投機関債　68
財務原案　69
財務省議　69
財務省証券　172
作業予算（PB）　74
サプライサイダー（Supplysider）　52
サミュエルソン（Samuelson）条件式　20, 82, 224
産業投資特別会計繰入れ　95
サンセット法　74
産出効果　149, 150

事項索引　245

三位一体　202, 219, 233
暫定予算　68
死荷重（——損失）　16, 83, 86, 99, 133, 222, 225
時間不整合　52, 56
資金調達コスト　153, 156, 157, 158
事業税　210, 211
事業特別会計　67
事業別計画予算（PPBS）　74
資源の配分（最適配分）　9, 133
資産価格　106
資産課税　37, 129, 131
資産効果　188, 189
資産配分予算線　162
支出税　158
支出負担行為計画　71
市場のメカニズム（ルール）　10, 132, 133
自主財源　208
システミック・リスク　176
自然失業率　53, 55
自然成立　70
自然独占　18
次善（Second Best）（——解決，——問題）　19, 27, 29
持続可能性　197, 198, 199, 200
市中消化原則　174
市町村合併　202, 219
市町村税収入　209, 211
失業対策事業費　207
実効購入価格　156
実効税率　151, 155, 158
実質収支　217
実質単年度収支　217
シトフスキー（Scitovsky）の基準　35, 36
自動安定化作用（自動の伸縮性）　40
自動車取得税　210
自動車重量税　130, 214, 215
ジニ（Gini）係数　30, 31
支払計画通知　71
支払準備率（——操作）　42, 44, 46, 180
支払準備量　44
指数化　122
資本収支　57
資本の限界的コスト　155

資本予算　75
社会資本　103, 108
社会的価値判断　36, 116, 143, 145, 146, 147
社会的機会費用率　64, 115, 118
社会的限界代替率　117
社会的限界費用　22
社会の厚生（——関数）　29, 31, 32, 33, 34, 79, 80, 145
社会的時間選好率　64, 117
社会的費用（コスト）　29, 56, 82, 86
社会的無差別曲線　27
社会的目的関数　54, 55
社会的余剰　13, 28, 29, 133, 134, 137
社会福祉　37
社会保険（——費）　37, 98, 101
　　——料負担　104
社会保障関係費　37, 95, 97
社会保障制度改革　76
シャープ（Shoup）税制　202, 219
砂利採取税　211
重加算税　167
従価税　134
重複世代モデル　192, 193
従量課税　133
住宅金融公庫　67
住宅都市環境整備費　104
住民税　130
酒税　130, 211
手段の安定性　64, 197
主要経費　95, 103
需要への効果　187
純現在価値割引基準　118, 119
準公共財　19, 220
準備預金制度　180
償還期限（償還年限）　172, 173
小国モデル　60, 62
少子高齢化　97, 101, 200
使用者費用　152
　　資本の——　152, 153, 154
乗数　106
消費課税　129, 130, 131
消費税　130
消費者余剰　13, 16, 17, 19, 83, 99, 110, 111, 133, 134, 139

情報の非対称性　25, 26, 87
情報の不完全性　15, 25, 232
使用料　208
剰余金繰入れ　72, 176
初期投資　117, 156
食糧証券　172
所得源泉への効果　149
所得効果　112, 160, 161, 164, 229
所得収支　57
所得税　76, 129, 130, 134, 138, 143, 164, 211
所得税率　137, 142
新規財源債　172
人件費　96, 205, 207, 216
シンジケート団引き受け（メンバー）　174, 175
診療報酬システム　100
森林水産基盤整備事業　104
垂直的公平　37
出納整理期限　71
水利地益税　211
スタグフレーション　52
スピルオーバー効果　219, 225, 227, 228
　　──の内部化　228, 231
制限税率　211
生活保護　37, 205
政高官低　88
政策コスト　68
政策の無効性　39, 52, 54, 56
政策評価　75, 77
生産者余剰　13, 16, 83, 113, 133, 134
生産要素集約度　13, 149
性質別歳出　205, 207
政治的過程　77, 82, 88, 91, 93, 123, 233
政治力の非対称性　83
政党・政治家　77, 84, 85, 87, 88, 89, 93
整理特別会計　67
税恩赦期間　168
税額控除　155
税源
　　──移譲　220, 233
　　──税種　133
　　──配分　219
税収入の限界的負担　139
税制改革　76, 77

税制の簡素化　167
税（課税）のタイミング　193, 194, 195, 196
政府関係機関　67, 202
政府管掌　98
政府支出　105, 106, 107, 113
　　──乗数（長期──）　104, 190
政府短期証券　171, 172, 173, 174
政府の失敗　10
税法　152, 165
税務行政　133, 144, 165
税務当局　166, 167
税務費用　168
税務予算　168
税割戻し　163
石油税　130
石油ガス税　214
世代会計　101
世代間再分配　101
節税コスト　165
節税所得　166
零損失相殺税制機会線　164
零ベース予算　74
零和ゲーム　89
線型所得税　144
選好申告　126
選好順序　79, 80
選好表示　123, 126
全損失相殺　156
　　──税制　163
　　──機会線　164
漸変増分主義（増分主義）　72, 87, 88
総固定資本形成　97, 103
総合経済対策　186
総純便益（総便益）　125
相続税　37, 130, 131
総報酬制　102
総務費　205, 206
贈与税　37, 130, 131
即時減価償却　156
測定単位　212
族議員　83, 88
粗限界収益率　157
租税
　　──改革法　155

事項索引　247

——行政上の原則　133
——原則　132
——政策　133
——特別措置　76, 83, 91
——負担率　129
——優遇措置　161

タ　行

対外均衡（対外的均衡）　57, 59, 60
態様補正　212
第5次EPA世界経済モデル　105
代替効果（要素——）149, 150, 160, 161, 164
代替の弾力性　145
代理的市場　115
代理人　87
宅地開発税　211
多根問題　119
多数決（——ルール）　78, 79, 81
ただ乗り（free rider）問題　123, 126
タックス・プライス（tax price）　224, 230, 232
ダッチ方式　175
多年度財政計画　75
たばこ税（たばこ特別税）　130, 210, 211
WTA（積極的受け入れ額）　116
WTP（積極的支払額）　115, 116
単位費用　212
単独事業（費）　207
単年度収支　217
単年度主義　72
単峰型　80, 82, 84
段階補正　212
地域保険　98
地価（——税）　106, 130, 137
地下経済　168
治山治水対策事業費　103
地方公営企業（——法）202, 218
地方公共財　220, 221, 222, 224, 225, 226, 227, 229, 230, 232, 233
地方公共団体　108, 109, 171, 201, 203, 205, 216, 219
地方交付税交付金　109, 202, 211, 212, 214, 225, 226
地方債　109, 208, 209, 216, 217, 218

——元利償還金　217
地方財政計画　67, 68
地方財政法　202, 215
地方消費税　130, 210, 220
——交付金　208
地方自治体（自治体）208, 209, 211, 212, 214, 215, 220, 224〜233
地方自治法　202
地方譲与税　208, 212, 214, 217
地方税　129, 130, 208, 209, 211
——法　209, 211
地方道路税　130
地方道路譲与税　214
地方特例交付金　208
地方独立財源　202
地方分権化　76, 126
地方分権一括法　77, 202, 211, 216, 218, 233
中間投票者（——定理）　82, 85, 226, 232, 233
中期財政計画　76
中小企業総合事業団信用保険部門　67
中小企業対策事業費　95
中立的税制　155
中立命題　193, 194, 195, 196
超過課税　211
超過高率累進課税制度　37
超過負担（——分）118, 126, 133, 134, 136, 137, 138, 139, 141, 146, 167, 196
長期財政計画　75, 200
調査アプローチ　115
調査確率　167
徴税コスト　165, 166, 167
直接税　130, 131, 134, 136, 141
直接的規則　23, 25
直接的コスト　165
直接的便益　116
追加の補正予算　69
通貨代用証券　172
通時の予算制約（——式，——線）159, 160, 161, 193, 194, 199
積立金　207
積立方式　101
丁号　66
定率繰入れ　176
ティンバーゲイン（Tinbergen）の命題　41,

43, 57
摘発コスト　167
手数料　208
手元流動性　179
転嫁（形態）　129, 148, 151
転貸債　218
電源開発促進税　130
等確率　119, 120
等価定理　193, 195, 232
投機的動機　44
凍結効果　164, 179, 180
投資及び出資金　207
投資収支　57
投資税額控除制度　151, 154, 155
投資的経費　205, 212, 216
投資の利子反応度　47, 104
投票者　77
投票のパラドックス　78, 79, 80
等量消費　19
登録免許税　130
道徳的危険　26, 99
道府県税収入　211
道路整備対策事業費　103, 104
特殊法人　67, 109
特定財源　208
特別会計予算　67
特別区　201
特別償却　155
特別とん譲与税　215
特別加算分　211
独禁法　17
独自財源　220
独占レント　86
都市計画税　130, 211
都道府県支出金　209, 216
土木費　205, 212
取引所税　131
取引的動機　44
トレード・オフ　29, 52, 56, 148
とん税　130, 215

ナ 行

内国債　191
内部収益率基準　118, 119

ナッシュ（Nash）均衡解　56, 92
二次的便益　116
二重計算　116
日本銀行（日銀）　71, 73, 106, 174, 175, 177, 178, 180, 188
　——当座預金（当預）　46, 176, 188, 189
　——ネット　176
日本政策投資銀行　67
入札価格制度　23
入湯税　211
入猟税　211
抜け穴化　155
年金　37, 97, 101
　——財政収支　100, 101
　——制度（——改革，——改正）　76, 100, 101, 102
納税者番号　169
能力説　132, 196
農林漁業金融公庫　67
農林水産基盤整備事業　104
農林水産産業費　205
乗換え　179

ハ 行

バーロー（Barro）の中立命題　194, 195
排出権取引　25
排他原則　132
配当所得　157, 222
ハイパーインフレーション　197
ハイ・パワード・マネー　44
配賦　71
発行価格　176, 177
　——差減額繰入れ　176
発行根拠法　172
発行条件　177
発生主義　75
バブル（景気）　95, 106, 186
パレート改善　143
パレート最適（——条件，——点）　12, 13, 20, 21, 25, 27, 78, 149
非競合性　19, 20, 122, 220, 223
非自発的失業者　46
非零和ジレンマゲーム　91
ヒックス（Hicks）

事項索引 249

——の基準　35, 36
——の需要関数　111
——の等価的（補整的）変差　110, 112, 113
——の労働供給関数　136
ビッグバン　95
非排除性　19, 20
ビルト・イン・スタビライザー　40
日雇・船員保険　98
費用・効果（分析）　122, 219
被用者保険　98
標準財政規模　217, 218
標準税率　211
標準施設行政規模　212
標準団体　212
費用逓減（——産業）　15, 18, 219
費用・便益分析　74, 109, 122
表明選好アプローチ　115
BP カーヴ　57, 58, 60
PFI　76
PPBS（事業別計画予算）　74
フィリップス（Phillips）カーヴ　52, 54, 55
封じ込め効果　179
付加価値税　76
不確実性（——要因）　48, 49, 119, 147, 179
賦課方式　101
不完全競争市場　15, 113
複式予算制度　75
扶助費　205
札割れ　177
負担金　208, 209, 215
負担の転嫁　191
普通会計　202, 203
普通建設事業（——費）　207, 216
普通国庫負担金　215
復活折衝　69
不動産取得税　130, 131
負の所得税　37, 144, 145
フライペーパー効果　231, 232, 233
ブラッドフォード・オーツ（Bradford-Oates）の等価定理　232
不良債権（——問題）　107, 186
フリンジ・ベネフィット　77
部　66

物価の安定　49, 56
物件費　207
部分的競争入札　175
部分的損失相殺税制　164
文教及び科学振興費（文教科学振興費）　95, 103
分担金　208, 209
分配上の特性（分配特性）　147, 148
プラザ合意　106
ペイ・アズ・ユー・ゴー（Pay as You Go）　77
別荘等保有税　211
ヘドニック法　115
便益
　——の期待値　121
　——の帰着　116
　——費用比率基準　119
　——流列　118
変更の補正予算　69
編成　69
便宜の原則　132
包括予算調整法　76
防衛関係費　95
貿易収支　57
法人所得課税　131, 148, 152
法人税　130, 151, 153, 158
　——帰着問題　148, 151
　——率　154
法定外普通税　211
法定普通税　211, 212
保険特別会計　67
母子福祉　37
補助金（奨励的——，財政援助的——）　215, 219, 225, 228～233
　一括一般——　231
　一般——　226, 227, 228, 231, 232
　上限有（制限付）特定——　230
　上限無（制限無）特定——　230, 231
　定額——　229, 230
　定率——　229
　特定——　226, 227, 228
　——行政　108
　——の超過負担問題　231
補助事業（——費）　96, 207

補助率　229, 230
補正係数　212
ポリシー・ミックス　59
本会議　70
本予算　68

マ 行

マーシャル（Marshall）の需要関数　111
マーシャル・ラーナー（Marshall&Lerner）の条件　60
マーストリヒト（Maastricht）条約　76
マックス・ミニ（max min）　89
　——基準　143
　——原理　33, 34
窓口販売　174
マネタリスト（monetarist）　52, 190
　——ケース　51
マネタリズム・マークⅠ，マークⅡ（monetarism mark I, II）　39
滴場一致型　78
マンデル・フレミング（Mundell & Fleming）モデル　58, 105
ミニ・マックス（min max）
　——戦略　89, 90
　——分配　34
民生費　205
明確の原則　132
目　66
目的税　211
目的別歳出　203, 206

ヤ 行

誘因効果　148, 165
有価証券取引税　131
有効需要
　——拡大政策　107
　——調整政策　39
融資特別会計　67
融通債　172
郵貯資金　175
歪み　133, 134
　景気循環の——　155
　資源配分の——　155

要素代替効果　149, 150
預金金利自由化　106
預金保険機構　172
予算
　——委員会　70
　——過程　69
　——繰入れ　72, 177
　——原則　65
　——参考書類　66
　——参照書　66
　——執行　69, 71, 73, 76
　——書　66
　——先議権　70
　——総会　70
　——総則　66
　——の議決　70
　——の形式　65
　——の最大化行動　87, 232
　——の作成　70
　——の修正　70
　——の種類　67
　——の態様　67, 68, 69
　——分科会　70
　——編成（——ルール）　69, 77, 88
予備的動機　44
呼び水政策　107

ラ 行

RAS-W（独，交通投資評価の指針）　74
ライフサイクル理論　159
ラグ　48
ラプラス（Laplace）基準　120
ラムゼイ（Ramsey）ルール　142
ランダム便益の分散　121
利益税　132, 196
リカード（Ricardo）の等価定理　193
利子補給金　215
利子割交付金　208
リスク　34, 120, 121, 122, 161, 162, 163
　——資産（——収益）　161, 162, 163
　——選択　163, 164
利得関数　91
利得行列　89, 92
リッケージ　105

事項索引　251

立法科目　66
リバース・モーゲッジ（reverse mortgage）　102
利払費の最小化　177, 178
利払方式　172
利札　172
流通課税　131
流動性　177, 178
　──制約　195
　──選好　44
流動資産価値　179
量出制入　9
旅行費用法（travel cost method）　115
累進課税　40
ルール　39
劣加法性　18
レント　82, 124
レント・シーキング　82, 83, 84, 85, 91, 108
連邦所得税　166
老人医療（老人保健制度，老人福祉）　37, 98
労働供給
　──関数　46, 126, 136
　──の弾力性　137
労働所得（──課税）　139, 143
労働需要関数　46
ロールズ（Rawls）の基準　144, 146
ロールズの分配　145, 148
ローリングシステム　200
ローレンツ（仏，Lorenz）カーヴ　30
ログ・ローリング　81
LOTI（仏，国内交通基本法）　74
ロビー活動（ロビイスト）　82, 88, 91

ワ　行

割引率　117, 119

著者紹介

川瀬雄也（かわせゆうや）

1943年　北海道に生まれる。
1966年　高崎経済大学経済学部卒業
1970年　北海道大学大学院経済学研究科博士課程中退
　　　　札幌大学，北海道立総合経済研究所を経て
現　在　北海学園大学経済学部教授，経済学博士（北海道大学）
専　攻　財政学，理論経済学
著　書　『近代経済学―理論と政策』共著，中央経済社，1986年，
　　　　『公共部門と経済的厚生』新評論，1996年他。

現代財政学の基礎　　　　　　　　　　　（検印廃止）

2004年3月25日　初版第1刷発行

著　者　川　瀬　雄　也

発行者　武　市　一　幸

発行所　株式会社　新　評　論

〒169-0051 東京都新宿区西早稲田3-16-28
電話 03(3202)7391
振替 00160-1-113487番

定価はカバーに表示してあります　　印刷　新　栄　堂
落丁・乱丁はお取替えします　　　　製本　清水製本プラス紙工

©川瀬雄也 2004　　　　　ISBN4-7948-0625-6 C3033
　　　　　　　　　　　　　　Printed in Japan

好 評 刊

| 川瀬 雄也 | 公共部門と経済的厚生 | 3,990円 |

| 石水 喜夫 | 市場中心主義への挑戦
―人口減少の衝撃と日本経済― | 3,360円 |

| 下平尾 勲 編 | 現代の金融と地域経済
―下平尾勲退官記念論集― | 7,875円 |

| 竹内 良夫 | 現代世界の地方財政 | 2,625円 |

| 田口 冬樹
坪井 順一 | 消費者のための経営学 | 2,940円 |

| 佐藤 俊幸 | バブル経済の発生と展開
―日本とドイツの株価変動の比較研究― | 2,520円 |

＊すべて定価・税5％